Die neue Fischkochschule

Die neue Fischkochschule

Das Standardwerk

Küchenpraxis • Warenkunde • 150 Rezepte

Tillmann Hahn
Nicole Knapstein
Fotos Ulrike Kirmse

CHRISTIAN

INHALT

REZEPTE 54

STA003
STA002

Vorwort

Fische und Meeresfrüchte sind der vielfältigste und spannendste Teil im großen kulinarischen Produktportfolio. Die unglaubliche Vielfalt der Spezies, die unterschiedlichen Erscheinungsbilder, Eigenschaften und Aromen üben eine ganz besondere Faszination auf den Betrachter und Naturliebhaber, den Feinschmecker und Koch in mir aus. Die Welt der Gourmetküche hat sich schon immer - neben der großen Vielfalt der Pflanzensorten und den ca. 20-25 immer wieder genutzten Landwirbeltierarten - ganz im ganz Besonderen der Welt der Fische und Meeresfrüchte angenommen. Hunderte davon sind Teil des kulinarischen Repertoires, viele tausend weitere haben wir jedoch noch nie verkostet.
Leider bedeutet dies aber nicht, dass diese alle im Überfluss vorhanden sind. Innerhalb des vergangenen Jahrhunderts, des postindustriellen Zeitalters, haben wir, unsere Eltern und Großeltern selbst miterlebt, wie man es innerhalb von 3-4 Menschengenerationen »schafft«, die Bestände einzelner Spezies vom Status »unerschöpflich« auf »akut bedroht« zu reduzieren. Möglich wurde dies nur durch eine industriell organisierte und hochtechnologisch unterstützte Groß-Fischerei und bedenkenlose Gier. Das darf nicht sein. Als Fischkoch und Meeresliebhaber, Taucher und Nachhaltigkeits-Befürworter muss ich mir genau überlegen, welche Fische ich kaufe und verarbeite. Es liegt in der Verantwortung der Gastronomen und ganz besonders in der Hand derjenigen Köche, die in den Medien omnipräsent sind, gut auszuwählen, welche Fische sie zubereiten und damit ihre Zuschauer zum Nachahmen animieren. Ich jedenfalls will nicht zu den letzten Menschen gehören, die noch Bluefin-Thunfisch oder den Europäischen Aal kannten. Diese Verantwortung hat der Verbraucher ebenfalls. Denn gerade in der westlichen Wohlstandsgesellschaft liegt es wirklich an uns, bewusst auszuwählen, was wir verzehren. Kaum einer von uns muss sich auf das Verfügbare beschränken, wir haben immer die Wahl und mit dieser Wahl, unserer Kaufentscheidung, verfügen wir, bewusst oder unbewusst, über Wohl und Wehe unserer Mitkreaturen. Das gilt nicht nur für Fische und Meeresfrüchte.
Aus den genannten Gründen finden Sie einige sehr gängige und beliebte Fischarten nicht in den Rezepten dieses Buches. So sehr ich diese vielleicht kulinarisch selbst auch schätze, will ich nicht für die Verschärfung ihrer Bedrohung mit verantwortlich sein, denn es gibt ja hervorragende Alternativen. In unseren Breiten gibt es viel mehr lokalen, nachhaltig erzeugten oder gefischten Fisch, als wir glauben - viele davon führen jedoch nur ein Schattendasein, weil sie nicht »en vogue« sind, dazu gehören vor allem die Süßwasserfische. Diese ganz besonders nachhaltigen Fische erkennen Sie sofort an der Kennzeichnung beim Porträt. Höchste Zeit, sie kennen und schätzen zu lernen. Diese Möglichkeit möchte ich Ihnen mit diesem Buch geben. Sie finden hier eine ganz persönliche Auswahl meiner Lieblingsrezepte aus über zwanzig Jahren internationaler Küchenerfahrung.

Tillmann Hahn

Heimat
Stahlbro

Fisch genießen mit gutem Gewissen

Die Meere sind überfischt, lesen wir immer wieder. Fischarten wie der Rote Thun oder der Aal, geschätzt von Feinschmeckern auf der ganzen Welt, stehen ganz weit oben auf der Roten Liste der gefährdeten Arten. Umweltverbände raten, Fisch - wenn überhaupt - nur noch ausnahmsweise als Delikatesse zu genießen. Für alle Fischliebhaber sind das natürlich schlechte Nachrichten.

Erste Erfolge

Es gibt aber auch gute Nachrichten: Unter vernünftiger Regulierung können Fischbestände sich wieder erholen. Und so geschieht es auch. International sind Alaska, Australien und Neuseeland Vorreiter. Dank eines intelligenten Fischereimanagements werden die meisten Bestände in den diesen Ländern zugehörigen Meeresregionen heute nur noch nachhaltig befischt. Aber auch die Europäische Union kann erste Erfolge vorweisen. Rund 60 Prozent der Fischbestände im Nordostatlantik, dem Nord- und Ostsee zugerechnet werden, wird inzwischen eine nachhaltige Bewirtschaftung bescheinigt. Im Jahr 2005 galt das für nicht mehr als sechs Prozent. Ein Erfolgsbeispiel ist der Nordseehering. Aufgrund exzessiver Fischerei kollabierte sein Bestand in den 1970er-Jahren. Daraufhin wurde die Heringsfischerei für einige Jahre ganz verboten und anschließend lange Zeit stark eingeschränkt. Der Bestand erholte sich. Auch Kabeljau und Scholle kommen heute dank strikter Managementpläne in Nord- und Ostsee wieder in vertretbarer Menge vor. Die neue europäische Fischereipolitik mit ihrem Rückwurfverbot und einer verbesserten Fangquotenregelung ist ein weiterer Schritt in die richtige Richtung.

Trotz dieser Erfolgsmeldungen ist natürlich noch lange nicht alles gut. Manche Fischarten können sich nicht so schnell wieder erholen wie der Nordseehering, etwa weil sie sich viel langsamer vermehren - beispielsweise wird ein weiblicher Aal erst mit gut zwölf Jahren überhaupt geschlechtsreif und wandert aus unseren Flüssen und Seen bis zu den Bahamas, um sich fortzupflanzen. Anderen Fischen fehlt die Nahrungsgrundlage oder sie stehen unter dem Fischereidruck verschiedener Nationen, die sich nicht auf gemeinsame

Noch herrscht Ruhe im Fischereihafen Stahlbrode – wenn die Fischfänge eingefahren werden, sieht es hier ganz anders aus.

Aal lieber selten

Aale laichen erst in hohem Alter in der Sargassosee ab, wo sie über Tausende von Kilometern hinwandern müssen. Aal ist stark gefährdet, weil er exzessiv überfischt wurde und es keine Möglichkeit gibt, Brut in Aquakultur zu erzeugen. Aal aus Aquakultur (auch der aus China) stammt von wild gefangener Brut aus Europa (Spanien, Italien) und ist der am stärksten gefährdete Speisefisch, noch stärker sogar als der Wal. Manche Wissenschaftler fürchten sogar, es könnte bereits zu spät für den Europäischen Flussaal sein.

Quoten einigen können. Vor allem im Mittelmeer und im Schwarzen Meer stehen viele Bestände weiterhin an der Schwelle zur Überfischung oder haben diese bereits überschritten. Grundsätzlich problematisch ist auch die Fischerei in der Tiefsee, das heißt in Tiefen zwischen 200 und 2000 Metern. Die hier eingesetzten Grundschleppnetze zerstören am Meeresboden wertvolle Strukturen wie Kaltwasserkorallen, die sich über sehr lange Zeiträume entwickelt haben. Aufgrund ihrer geringen Reproduktionsrate sind Tiefseefischarten darüber hinaus gefährdeter.

Fisch aus der Region

Kann man also als bewusster Verbraucher wirklich mit gutem Gewissen Fisch und Meeresfrüchte genießen, auch ohne lange Internetrecherchen, fundiertes Fachwissen oder das Studium verschiedenster Einkaufsführer? Die Antwort ist Ja. Die zu beachtenden Regeln sind unkompliziert, vor allem, wenn man Lust hat, auch einmal etwas Neues auszuprobieren. Die Zauberworte heißen »Regionalität«, »Vielfalt« und »Frische«. Wenn jeder den in seiner Nähe heimischen Fisch bevor-

Fischer bei der Arbeit – Vater und Sohn Henke laufen aus.

zugt - und davon gibt es meist mehr, als man denkt -, sinkt der Druck auf die weltweit intensiv kommerziell genutzten Arten. Das würde auch die Nachfrage nach den ebenso energieaufwendigen wie umweltbelastenden Aquakulturen, wie sie vor allem in der Lachszucht genutzt werden, deutlich senken. Zudem sollte man nicht immer die Fische essen, die gerade »in Mode« sind und auf jeder Speisekarte stehen. Das bedeutet natürlich nicht, dass man nur noch Exoten kaufen und verzehren dürfte. Man sollte einfach offen und wach dafür sein, was die Region bietet, ob zu Hause oder auf Reisen. Wenn der Fisch dann auch noch in einer kleinen, handwerklichen Fischerei gefangen wurde, umso besser!

Um Fisch aus der Region zu genießen, muss man nicht einmal am Meer sein. Teiche, Seen und Flüsse bieten eine große Auswahl an hochwertigem Süßwasserfisch - und die Binnenfischerei arbeitet schon in ihrem eigenen Interesse nachhaltig, denn ihr Raum ist begrenzt. Der Besatz kommt vor dem Fang. Wie Landwirte müssen Binnenfischer erst »säen«, bevor sie »ernten« können, und für die Qualität ihrer Gewässer Sorge tragen. Geplant und investiert wird langfristig. Auch übermorgen soll es noch Fisch geben.
Aber egal ob am See oder an der See: Die Fischerei ist ein Kulturgut, das es zu erhalten gilt. Die Fischer und ihre Boote bringen Flair in die Häfen und prägen Küstenregionen wie Seenlandschaften. Diese kleine, handwerkliche Fischerei unserer Küsten und Seen hat selbstverständlich einen viel geringeren Einfluss auf die Umwelt als eine industrielle Hochseefischerei, deren Hightech-Fanggeräte in den vergangenen Jahrzehnten stetig leistungsstärker wurden. Es lohnt sich also, einfach einmal im Fischgeschäft oder Restaurant zu fragen, wer den Fisch gefangen hat. Aber auch in gut sortierten Supermärkten findet man inzwischen Marken, deren Produkte sich direkt bis zum Fischer zurückverfolgen lassen. Dieser ist dann nicht ein Käpt'n aus der Werbung, sondern kann über einen Tracking Code zum Beispiel einem konkreten Kutter zugeordnet werden. Das Unternehmen »Kutterfisch«, das den Frischfisch aus eigener Flotte direkt an den Einzelhändler liefert, führt das sehr konsequent vor.
Fisch ist gesund. Fischfleisch ist arm an Bindegewebe, was man schon bei der Zubereitung jeder Art von Fisch merkt. Ein Fisch ist nie zäh und wird sehr schnell gar. Diese Eigenschaft macht das Fischfleisch so leicht verdaulich und gut bekömmlich. Fast noch wichtiger für unseren Körper ist aber die hohe Qualität des Fischfetts. Zwar schwankt der Fettgehalt je nach Art sehr stark (ein Seelachs bringt es auf weniger als ein Prozent Fett, während Hering oder Makrele mit einem Fettgehalt von rund 20 Prozent aufwarten können), aber egal ob mager oder fett: Jeder Fisch liefert viele mehrfach ungesättigte Fettsäuren (Details siehe Seite 27). Jede Fischmahlzeit tut also unserer Gesundheit gut.

Fisch einkaufen

Fischgenuss beginnt mit der Frage, woher man seinen Fisch bezieht. Im Idealfall kommt er natürlich direkt vom Fischer selbst. In vielen Häfen verkaufen die Fischer ihren Fang gleich vom Boot. Mehr Frische und Geschmack geht nicht! Wenn der Fischer gesprächig ist, kann man beim Einkauf sehr viel über den Fisch erfahren. Zum Teil übernehmen die Genossenschaften für die Fischer den Verkauf und verarbeiten den Fisch auch weiter. Für alle, die nicht an der Küste oder einem fischreichen See wohnen, ist diese wunderbare Art Fisch zu kaufen jedoch leider dem Urlaub vorbehalten.
Die beste Alternative ist ein guter Fischhändler. Er bietet nicht nur frischen Fisch, sondern auch Auswahl. Ein guter Händler weiß genau, wo sein Fisch herkommt, und gibt gerne Auskunft. Gratis bekommt man oft auch noch Tipps für die Zubereitung dazu. Besonders wichtig beim Fischkauf ist jedoch Vertrauen. Selbst für erfahrene Fisch-

käufer wird es immer schwieriger, frischen Fisch von länger gelagertem zu unterscheiden. Rosa Kiemen, die oft als Qualitätsmerkmal genannt werden, haben Fische nur direkt an der See, denn auch bei fachgerechter Lagerung verfärben sich die Kiemen schon nach kurzer Zeit. Aber nicht nur die Natur hat ihre Tücken: Manche Fischhändler schrecken vor schmutzigen Tricks nicht zurück und verwenden teilweise sogar Chemikalien, um den Anschein von Frische zu wahren. Eingefallene Fischaugen werden prall aufgespritzt und Verfärbungen des Fleisches durch Kohlenmonoxidgas aufgehoben. Selbst fauliger Geruch kann eliminiert werden. So bemerkt der Käufer die minderwertige Qualität leider erst beim Essen.

Verwechslung ausgeschlossen

Wer keinen Händler seines Vertrauens in der Nähe hat, kann sich immerhin an dem 2012 noch einmal nachgebesserten Fischetikettierungsgesetz orientieren. Jeden frischen, geräucherten oder tiefgekühlten Fisch und jede Meeresfrucht, die über den Handel angeboten wird, begleiten strikt vorgegebene Informationen. Neben der Handelsbezeichnung, die behördlich festgelegt ist, muss heute auch immer der lateinische Name stehen. Verpflichtend ist auch die Angabe des Fanggebietes. In der Seefischerei muss in Zukunft (zum Jahresende 2014) das Fanggebiet noch detaillierter angegeben werden, beispielsweise »Nordostatlantik/Keltische See«. So kann man den Fisch einem genauen Bestand zuordnen. Bei Fischen, Krebsen oder Muscheln aus der Binnenfischerei oder aus Aquakultur wird neben dem Herkunftsland auch die Region benannt werden. Eindeutig unterschieden werden muss auch zwischen Wildfang und Aquakultur. Und dank der Verschärfung des Gesetzes kann heute jeder Kunde an der Frischfischtheke auf den ersten Blick sehen, ob das Fischfilet schon einmal eingefroren war. Aufgetaute Ware muss jetzt als solche gekennzeichnet werden. All diese Vorschriften gelten jedoch nicht für Fischsalate und -marinaden, Schlemmerfilet und Konserven - ein Grund mehr, dieses Buch häufiger in die Hand zu nehmen und seinen Fisch selbst zuzubereiten! Mit ein bisschen Übung wird man sich mit der Zeit sicher zum »nachhaltigen Fischkoch« entwickeln und den ganzen Fisch verwerten, nicht nur das Filet. Denn aus dem, was beim Filetieren abfällt, lassen sich feine Fischfonds, leckere Füllungen und Frikadellen herstellen.

Frische Nordseekrabben

Ein Kapitel für sich ist die Nordseekrabbe. Wer die Gelegenheit hat, diese kleine Delikatesse frisch und mit Schale zu erwerben, sollte sie nutzen. Krabbenpulen ist keine Hexerei, und belohnt wird die Mehrarbeit mit einem herrlichen Aroma, das mit den konservierten Krabben aus dem Supermarkt nicht zu vergleichen ist.
Nebenbei erspart man dem Lebensmittel den Transport nach Marokko oder Osteuropa, wo ein Großteil der Nordseekrabben aufgrund der niedrigeren Lohnkosten von Hand gepult wird. Überhaupt ist es sinnvoll gerade beim Einkauf von frischem Fisch und Meeresfrüchten die Umweltbilanz nicht aus den Augen zu verlieren.

Fischbestände managen

Wenn es um Nachhaltigkeit in der Fischerei geht, ist immer wieder die Rede vom »richtigen Management«. Hinter diesem etwas abstrakten Begriff verbirgt sich einfacher formuliert die Regulierung von Fangmengen, Fangzeiten und manchmal auch der

Die roten Fahnen werden zur Markierung der Netze eingesetzt.

Auch Fische haben Saison

Ähnlich wie Tomaten im Winter das Aroma fehlt, schmecken viele Fische außerhalb der richtigen Saison eher fad. Ein gutes Beispiel hierfür ist die »Maischolle«. Bis zum April sind Schollen mager und voller Rogen. Ab Mai werden sie dann zwar genießbar, wirklich gut sind sie aber noch lange nicht. Am besten ist ihr Fleisch erst im August und September, prall und aromatisch nach einem nahrungsreichen Sommer. Einen Saisonkalender finden Sie auf Seite 18/19.

Fanggebiete mit dem Ziel, einen Fischbestand langfristig optimal zu bewirtschaften, das heißt möglichst viel Fisch für den Fischer, ohne den Fischbestand zu gefährden. Der modernste und - wie Alaska, Neuseeland oder Australien beweisen - auch bereits erfolgreiche Ansatz ist die Ausrichtung am sogenannten Maximum Sustainable Yield (MSY), dem maximalen nachhaltigen Ertrag. Für den Fischer bleibt das Ziel der auf lange Sicht höchste Ertrag. Auf der anderen Seite ist der Anspruch jedoch ehrgeiziger. Der Fisch soll mehr als nur vor Überfischung geschützt werden. Richtgröße ist vielmehr die Produktivität des Bestandes. Diese soll so hoch wie möglich sein.

In der neuen Europäischen Fischereipolitik ist der MSY als verbindlicher Maßstab für die Fangquoten verankert. Außerdem dürfen Fischer nun ihren Beifang nicht mehr ins Meer zurückwerfen. Bislang waren sie oft dazu gezwungen, weil untermaßige Fische oder solche, für die es keine Quote gab, nicht angelandet werden konnten. Das Rückwurfverbot ist ein zusätzlicher Anreiz für die Fischerei, selektive Fangmethoden zu bevorzugen, denn jeder Fisch, der zu klein oder schwer zu vermarkten ist, muss angelandet werden, auch wenn er weniger oder nichts einbringt. Umgekehrt fordert das Rückwurfverbot auch den Verbraucher. Wächst die Bereitschaft, auch nicht so bekannte Fische zu probieren, landet weniger »Beifang« in der Produktion von Fischmehl.

Neben den Fangquoten stehen häufig die Fangmethoden in der öffentlichen Diskussion. Vor allem Umweltverbände prangern immer wieder pauschal bestimmte Techniken an. Schlepp- oder Stellnetze stehen dabei ganz oben an auf der Liste des Verdammenswerten. Allerdings ist hier auch viel Polemik im Spiel. Natürlich müssen auch die Auswirkungen der Fischerei auf die Umwelt berücksichtigt werden. Akzeptiert man jedoch, dass die Nutzung des Meeres immer ein Eingriff in das ursprüngliche System ist, müssen die Anstrengungen vor allem darauf abzielen, die Auswirkungen auf die Umwelt zu minimieren und Fangtechniken nicht pauschal, sondern in Bezug auf ihren Einsatzort zu beurteilen. So sind Schleppnetze, die heute durch größere Maschenweiten und Fluchtfenster oft deutlich weniger Beifang aus dem Meer holen, lange nicht überall zu verurteilen. Stellnetze dagegen sind sogar eine sehr umweltschonende Art der Fischerei. Sie sind äußerst selektiv und beeinflussen den Meeresboden in keiner Weise. Dennoch beurteilen Umweltverbände die Stellnetzfischerei als potenzielle Gefahr für Wale und Seevögel. Mit Erfahrung und technischen Hilfsmitteln lassen sich solche Beifänge aber an vielen Orten auf ein Minimum reduzieren.

Zertifizierte Nachhaltigkeit

Wer seinen Fisch im Supermarkt kauft, wird überall auf das blau-weiße Siegel des Marine Stewardship Council (MSC) stoßen. Vielfach verlangt der Handel heute von seinen Lieferanten diese Zertifizierung. Der MSC ist eine unabhängige Organisation, die nachhaltige Fischereien in allen Weltmeeren auszeichnet. Geprüft wird im Hinblick auf drei wesentliche Kriterien: die nachhaltige Nutzung der Bestände, die Schonung der

Siegel für Wildfisch

MSC – Marine Stewardship Council
Der Marine Stewardship Council (MSC) ist eine unabhängige Organisation, die nachhaltige Fischereien in allen Weltmeeren auszeichnet. Geprüft wird im Hinblick auf drei wesentliche Kriterien: die nachhaltige Nutzung der Bestände, die Schonung der Ökosysteme sowie ein funktionierendes Managementsystem. Das Zertifizierungsverfahren ist jedoch sehr aufwendig und deshalb für kleinere Fischereien einfach zu kostspielig.

FOTS – Friend of the Sea
Friend of the Sea (FOTS) will als Non-Profit-Organisation die Meeresumwelt erhalten. Geprüft und bewertet werden der Zustand der Fischbestände, die Fischereimethoden und der Schutz des marinen Lebensraums. Auch soziale Aspekte sowie die Vermeidung von Müll werden berücksichtigt. Die Zertifizierungskosten sind auch für kleinere Fischereien tragbar.

Naturland Wildfisch
Naturland ist ein anerkannter ökologischer Anbauverband, der seit einiger Zeit weltweit auch nachhaltige Fischereien zertifiziert. Dabei geht es um die nachhaltige Nutzung der Fischbestände, immer mit Blick auf das ganze Ökosystem. Aber auch soziale und ökonomische Aspekte wie die Arbeitsbedingungen in der Fischerei und faire Preise stehen hier auf dem Prüfstand.

SAFE
Das Siegel SAFE ist ein eingetragenes Warenzeichen, das in Deutschland von dem Verein »Gesellschaft zur Rettung der Delphine e.V.« (GRD) vergeben wird. Die GRD kontrolliert ausschließlich, ob beim Thunfischfang keine für Delfine tödlichen Fangmethoden zum Einsatz kommen. Nachhaltigkeit und Selektivität spielen bei diesem Siegel keine Rolle.

Siegel für Zuchtfisch

EU-Biosiegel
Seit 2009 gelten für die Erzeugung und Kennzeichnung von Ökofisch und -meeresfrüchten die EU-Rechtsvorschriften für den ökologischen Landbau. Sie schreiben eine artgerechte Besatzdichte vor und fördern gleichzeitig die Artenvielfalt. Pflanzliche Futtermittel müssen aus ökologischer Erzeugung stammen; der Fischfang allein zum Zweck der Tierfutterherstellung ist verboten. Öko-Fisch darf weder chemisch-synthetische Futterzusatzstoffe noch gentechnisch erzeugtes Futter bekommen oder vorbeugend mit Medikamenten und Hormonen behandelt werden.

Naturland, Bioland, Demeter, Gäa, Biokreis
Diese ökologischen Anbauverbände haben eigene Regelwerke für die Aquakultur und gehen damit weit über die EU-Verordnung hinaus.

FOTS – Friend of the Sea
Die Kriterien von Friend of the Sea für eine nachhaltige Aquakultur verlangen vor allem den Schutz kritischer Habitate wie Mangroven oder Feuchtgebiete, die Begrenzung der Besatzdichte und den Verzicht auf gentechnisch veränderte Organismen und Hormone. In dem geforderten Standard spielen soziale Aspekte ebenso eine Rolle wie die schrittweise Reduzierung des CO_2-Fußabdrucks.

ASC – Aquaculture Stewardship Council
Der Aquaculture Stewardship Council (ASC) ist eine noch junge, sehr breit aufgestellte, unabhängige Organisation, die weltweit Aquakulturen nach einheitlichen Standards zertifiziert. Dazu gehören Basiskriterien wie die Einhaltung rechtlicher Vorschriften, aber auch der Schutz der Umwelt, die Schonung von Ressourcen, der Erhalt der Artenvielfalt und Soziales. Die Standards sind ein Kompromiss verschiedenster Interessengruppen. Gentechnisch veränderte Organismen im Futter sind zum Beispiel nicht ausgeschlossen.

Tägliche Routine beim Einholen der Netze. Was sie heute wohl gefangen haben?

Ökosysteme sowie ein funktionierendes Managementsystem. Eine solche Zertifizierung lohnt sich aber nur für große Fischereien. Ist der Umsatz zu gering, sind Aufwand und Kosten der Zertifizierung unverhältnismäßig hoch und somit für die Fischer unrentabel. So trägt der MSC zwar auf der einen Seite dazu bei, Fischereien weltweit zur Nachhaltigkeit zu bewegen, gleichzeitig aber wird auf der anderen Seite für die kleinen, handwerklichen Fischereien der Zugang zum Handel wie zum Verbraucher, der das Siegel immer stärker nachfragt, zunehmend erschwert. Und auch die Fischfacheinzelhändler können sich eine Zertifizierung häufig nicht leisten und darum keinen MSC-zertifizierten Fisch anbieten.

Fisch aus Aquakultur – eine Alternative?

Viele Fische und Meeresfrüchte aus Aquakultur kann man guten Gewissens genießen, je nachdem, wie sie gehalten und natürlich wie weit sie

transportiert wurden. Grundsätzlich spricht für die Zucht von Wassertieren, dass sie, um Körpermasse aufzubauen, weniger Nahrung brauchen als Landtiere. Im Idealfall wählt man einen Fisch, der sich nicht selbst von Fisch ernährt, wie etwa Karpfen oder Schleie. Wenn die Fische zudem extensiv gehalten werden, schmecken sie nicht nur besser, sie müssen auch kaum zugefüttert werden, sondern ernähren sich von dem, was der Teich hergibt. Und egal, wo man in Deutschland wohnt, der Weg zur nächsten Karpfenzucht ist sicherlich nicht weit. Fischzuchten im Meer - das bekannteste Beispiel ist der auf der ganzen Welt beliebte Lachs - sind dagegen meist eine Belastung für die marine Umwelt. Wenn die Zuchtfische selbst Fisch fressen, können sie sogar zur Überfischung beitragen. So sollte man sich bei Lachs, Dorade & Co. auf jeden Fall für die Bio-Variante entscheiden.

Ökologisch und regional

Bio-Produkte erkennt man eindeutig am EU-Bio-Siegel oder einfach am Produktnamen, denn die Bezeichnungen »Bio-« und »Öko-« sind - zumindest bei der Kennzeichnung von Lebensmitteln - geschützt. Nur Fisch und Meeresfrüchte, die nach den EU-Vorschriften für die ökologische Aquakultur produziert wurden, dürfen auch so heißen. Damit ist unter anderem garantiert, dass der Fischanteil im Futter aus der Verarbeitung von Speisefischen stammt. Eine Fischerei ausschließlich für die Fischzucht ist damit ausgeschlossen. Die pflanzlichen Bestandteile des Futters wurden ökologisch angebaut. Und keinesfalls darf ein ausgewiesener Öko-Fisch vorbeugend mit Medikamenten und Hormonen behandelt werden. Natürlich sind gentechnisch veränderte Organismen vollkommen ausgeschlossen - beim Besatz ebenso wie beim Futter.
Zusätzlich lässt die ökologische Aquakultur dem Fisch ausreichend Platz und beeinträchtigt die natürliche Umgebung so wenig wie möglich.

Diese Fragen sollten Sie sich vor dem Einkauf stellen

Jeder, der in der EU Fisch verkauft, muss Auskunft darüber geben können, welche Spezies er handelt, woher diese kommt und mit welchen Methoden sie gefangen wurde. Deshalb gilt: Munter nachfragen! Das gestärkte Interesse führt zu erhöhter Aufmerksamkeit und besserer Recherche beim Händler oder Anbieter.

Darauf kommt es an:

Bei Wildfängen:

- Ist die Fischart bedroht?
- Ist der Bestand gefährdet?
- Wie und wo wurde der Fisch gefangen? (Möglichst nicht so weit entfernt)
- Ist es ein Fisch mit einem kurzen Lebenszyklus?
- Ist es die richtige Saison? (und nicht die Fortpflanzungsphase)

Bei Aquakultur:

- Wurde eigens für das Fischfutter gefischt?
- Enthält das Futter gentechnisch veränderte Organismen?
- Wurde der Fisch artgerecht gehalten? (Möglichst in einer Bio-Aquakultur)
- Wo wurde der Fisch produziert? (Möglichst regional)

Rundum ökologisch wird der Fisch aber wirklich erst, wenn der Weg vom Teich zum Teller vertretbar kurz bleibt. Deshalb ist die Kombination aus ökologischer Qualität und regionaler Herkunft die allerbeste Variante. Wahrscheinlich ist es auch ganz im Sinne der Nachhaltigkeit, anstelle eines tiefgekühlten Bio-Pangasius aus Vietnam lieber eine gewöhnliche Forelle aus einer benachbarten Teichanlage zu kaufen. Mehr Genuss verspricht der frische Fisch in jedem Fall!

Saisonkalender

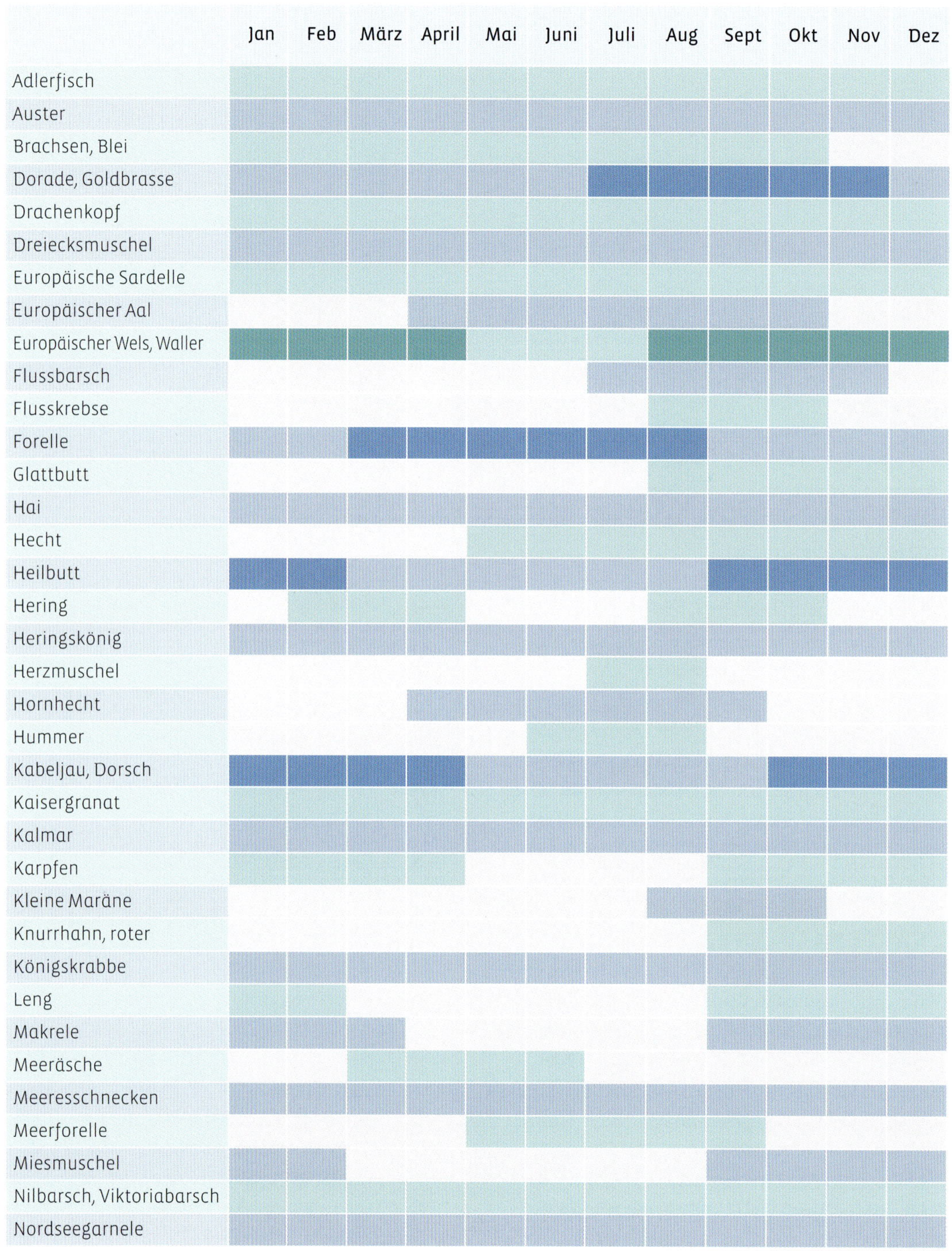

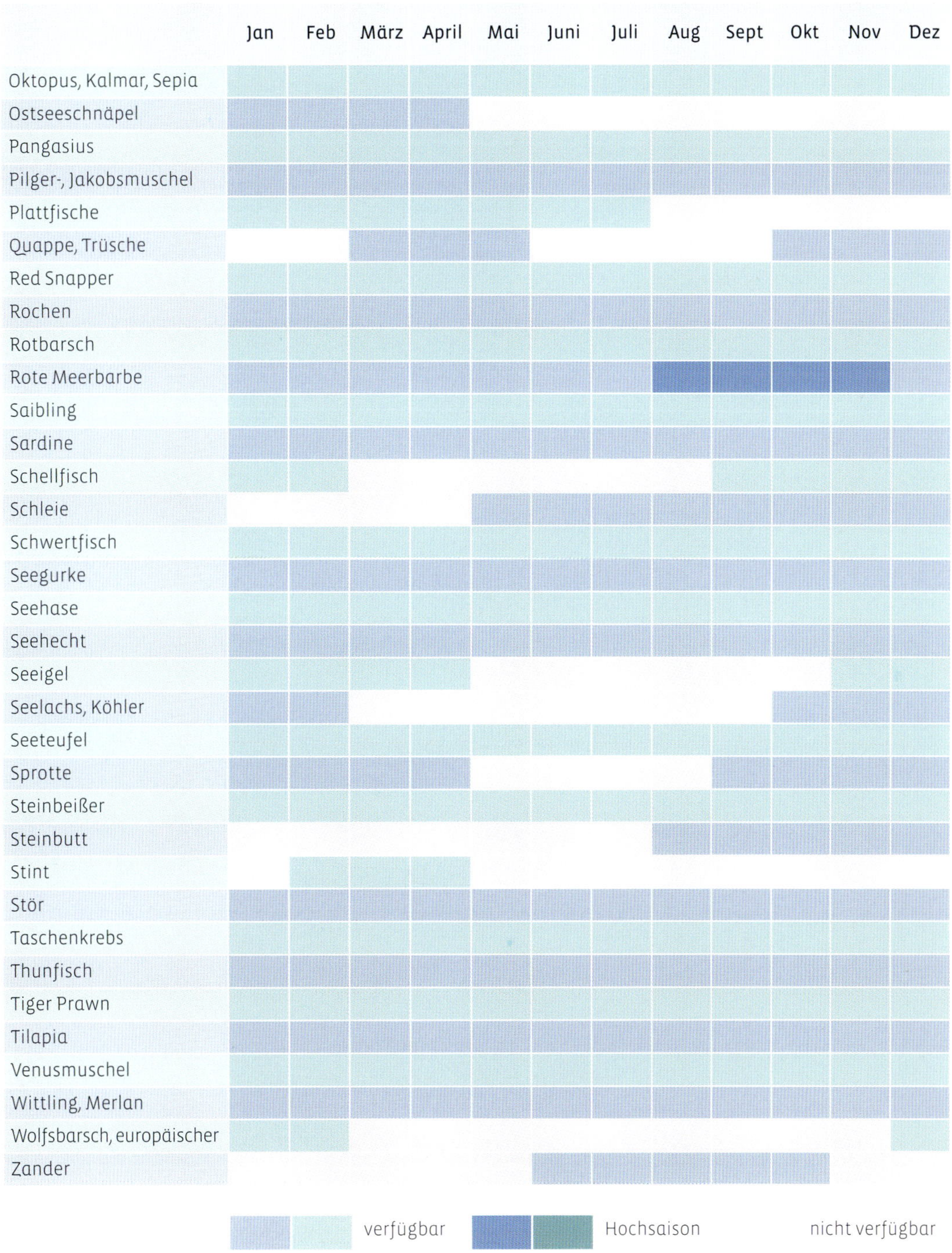
Jan
Feb
März
April
Mai
Juni
Juli
Aug
Sept
Okt
Nov
Dez
Oktopus, Kalmar, Sepia
Ostseeschnäpel
Pangasius
Pilger-, Jakobsmuschel
Plattfische
Quappe, Trüsche
Red Snapper
Rochen
Rotbarsch
Rote Meerbarbe
Saibling
Sardine
Schellfisch
Schleie
Schwertfisch
Seegurke
Seehase
Seehecht
Seeigel
Seelachs, Köhler
Seeteufel
Sprotte
Steinbeißer
Steinbutt
Stint
Stör
Taschenkrebs
Thunfisch
Tiger Prawn
Tilapia
Venusmuschel
Wittling, Merlan
Wolfsbarsch, europäischer
Zander
verfügbar
Hochsaison
nicht verfügbar

Kochschule

Die Vielfalt der Speisefische

Die Biologen teilen die Fische in zwei Klassen auf. Da gibt es zum einen die sogenannten Knorpelfische und zum anderen die Knochenfische. Diese werden im Folgenden mit ihren Merkmalen vorgestellt.

Merkmale der Knochenfische

Die meisten Fische gehören zu der Klasse der Knochenfische. Was die Biologen Knochen nennen, ist Fischessern besser bekannt unter der Bezeichnung Gräten. Knochenfische bewohnen die salzigen Ozeane ebenso wie das Süßwasser von Flüssen und Seen. Dabei gibt es nicht wenige Arten, die zwischen beidem wandern. Die Knochenfische machen es dem Fischkoch einfach. Trotz der Vielfalt an Arten und Aromen ist ihr Körperaufbau fast immer gleich. Ihr Skelett beginnt mit dem Schädelknochen, an dem sich auch die sieben Kiemenbögen befinden. Der vorderste Kiemenbogen bildet den Unterkiefer. Daran schließen sich Wirbelsäule und Rippen an. Die Brust und Bauchflossen liegen paarig am Schultergürtel beziehungsweise am Becken. Die Rücken-, After- und Schwanzflossen, die kein Pendant haben, sind mit der Wirbelsäule verbunden. Manche Arten - zum Beispiel die Lachsartigen - verfügen über eine zusätzliche Fettflosse, die zwar kein Skelett hat, aber hornartig verstärkt sein kann.

Merkmale der Knorpelfische

Knorpelfische sind bis auf wenige Ausnahmen im Meer zu Hause. Besonders ins Auge fallen ihr unterständiges Maul sowie ihre Haut, die entweder nackt oder von Plakoidschuppen bedeckt ist. Diese ähneln in Wachstum und Substanz eher Zähnen als den üblichen Fischschuppen. Wichtigstes Unterscheidungsmerkmal ist aber neben der fehlenden Schwimmblase ihr Knorpelskelett, das sehr viel leichter ist als Knochen. So haben die Knorpelfische auch ohne Schwimmblase ausreichend Auftrieb. Zusätzlich hilft ihnen ihre große, ölhaltige Leber dabei, nicht auf den Boden zu sinken. Viele Arten verfügen außerdem über tragflächenartige Brustflossen. Als bewusster Genießer sollte man die Knorpelfische aber schnell wieder vergessen. Sind doch Haie und Rochen die einzigen Vertreter dieser Klasse, die auch auf unserer Speisekarte stehen - wo sie aber besser nicht stehen sollten. Denn beide (Über-)Ordnungen sind stark gefährdet. Auch weil sie oftmals als Beifang in den Netzen landen. Haie pflanzen sich erst sehr spät fort und haben wenig Nachkommen. Das macht sie besonders anfällig für eine Überfischung. Über das Fortpflanzungsverhalten der Rochen weiß man bisher wenig.

Knochenfische

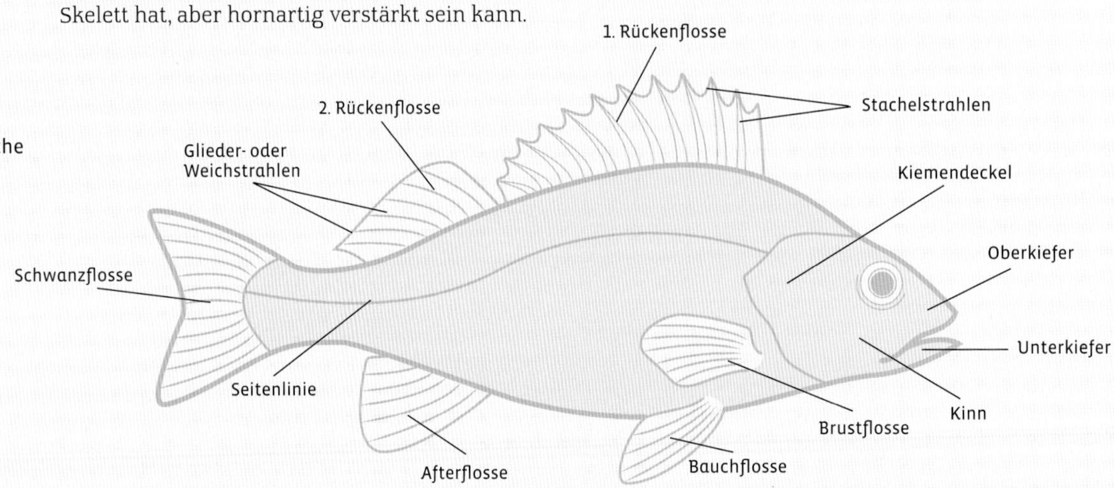

Unterschiede Meeresfisch und Süßwasserfisch

Was unterscheidet aber Meeresfisch von Süßwasserfisch? Einfach ausgedrückt ist es der Geschmack nach Meer. Der kommt vermutlich daher, dass der Salzwasserfisch ständig Wasser mit seiner Umgebung austauscht - zum einen über Haut, Kiemen und Schleimhäute, zum anderen über das Trinken. Das Meerwasser hat einen höheren Salzgehalt als er selbst - und da Wasser dorthin drängt, wo es salziger ist, gibt sein Körper ständig Flüssigkeit nach außen ab. Diesen Flüssigkeitsverlust muss der Fisch wieder durch Trinken ausgleichen. Beim Süßwasserfisch ist es genau umgekehrt: Die Salzkonzentration im Fisch ist größer als die im Wasser., dadurch nimmt der Fisch ständig Fluss- oder Seewasser und damit dcn Geschmack seiner Umgebung auf.

Porträts der Meeresfische: Rundfische

- Adlerfisch *Argyrosomus spp.* (S. 79)
- Dorade, Goldbrasse *Sparus aurata* (S. 59)
- Drachenkopf *Scorpaena scrofa* (S. 237)
- Europäischer Wolfsbarsch *Dicentrarchus labrax* (S. 108)
- Europäische Sardelle *Engraulis encrasicolus* (S. 239)
- Hai *Selachii, Charcharhinidae* (S. 237)
- Heilbutt *Hippoglossus hippoglossus* (S. 237)
- Hering *Clupea harengus* (S. 96)
- Heringskönig, Petersfisch *Zeus faber* (S. 238)
- Hornhecht *Belone belone* (S. 131)
- Kabeljau, Dorsch *Gadus morhua* (S. 65)
- Knurrhahn *Chelidonichthys lucerna* (S. 88)
- Leng *Molva molva* (S. 72)
- Makrele *Scomber scombrus* (S. 92)
- Meeräsche *Chelon spp.* (S. 112)
- Red Snapper *Lutjanus malabaricus* (S. 238)
- Rochen *Raja spp.* (S. 238)
- Rotbarsch *Sebastes spp.* (S. 238)
- Rote Meerbarbe *Mullus barbatus* (S. 122)
- Sardine *Sardina pilchardus* (S. 102)
- Schellfisch *Melonogrammus aeglefinus* (S. 239)
- Schwertfisch *Xyphias gladius* (S. 239)
- Seehase *Cyclopterus lumpus* (S. 239)
- Seehecht *Merluccius merluccius* (S. 118)
- Seelachs, Köhler *Pollachius virens* (S. 128)
- Seeteufel *Lophius spp.* (S. 165)
- Sprotte *Sprattus sprattus* (S. 83)
- Steinbeißer *Anarhichas spp.* (S. 240)
- Stint *Osmerus eperlanus* (S. 240)
- Thunfisch *Thunnus spp.* (S. 240)
- Wittling, Merlan *Merlangius merlangus* (S. 74)

Porträts der Meeresfische: Plattfische

- Flunder *Platichthys flesus* (S. 135)
- Glattbutt *Scophthalmus rhombus* (S. 154)
- Limandes, Echte Rotzunge *Glyptocephalus cynoglossus* (S. 135)
- Scholle, Goldbutt *Pleuronectes platessa* (S. 135)
- Seezunge *Solea solea* (S. 135)
- Steinbutt *Scophthalmus maximus* (S. 160)

Porträts der Süßwasserfische: Rundfische

- Bach-, Meer-, Regenbogenforelle *Salmo trutta fario, Salmo trutta trutta, Oncorhychus mykiss* (S. 204)
- Europäischer Aal *Anguilla anguilla* (S. 241)
- Europäischer Wels, Waller *Silurus glanis* (S. 216)
- Flussbarsch *Perca fluviatilis* (S. 171)
- Hecht *Esox lucius* (S. 228)
- Karpfen *Cyprinus carpio* (S. 194)
- Kleine Maräne *Coregonus albula* (S. 214)
- Lachsarten *Salmo salmothymus, Oncorhynchus spp.* (S. 178)
- Nilbarsch, Victoriabarsch *Lates niloticus* (S. 241)
- Ostseeschnäpel *Coregonus maraena* (S. 189)
- Pangasius *Pangasius spp.* (S. 241)
- Quappe, Trüsche *Lota lota* (S. 210)
- Saibling *Salvelinus spp.* (S. 220)
- Schleie *Tinca tinca* (S. 232)
- Stör *Acipenser spp.* (S. 184)
- Tilapia *Oreochromis spp.* (S. 241)
- Zander *Sander spp.* (S. 224)

Die Vielfalt der Meeresfrüchte

Das, was kulinarisch unter Meeresfrüchte fällt, ist sehr vielseitig in seiner Biologie und ebenso in Geschmack und Zubereitung. Eine Klasse, die auf unseren Tellern nicht fehlen sollte, sind die Krebstiere - oder Krustentiere in der Küchensprache.

Merkmale der Krebstiere

Dazu gehört die kleine Nordseekrabbe ebenso wie der prachtvolle Hummer. Aber anders als ihr Name vermuten lässt, ist die Nordseekrabbe eigentlich ein Zehnfußkrebs ebenso wie die Eismeergarnele oder die Black Tiger Prawns. Eine biologisch echte Krabbe ist der Taschenkrebs, ein Nationalgericht auf Helgoland. Der Hummer dagegen bildet eine eigene Familie, zu der auch der Kaisergranat zählt. Allen Krebstieren gemeinsam ist der Panzer, der geknackt werden muss, um an das delikate Fleisch zu gelangen. Und auch wenn keine Art wie die andere schmeckt, mögen die meisten Menschen entweder keine oder alle. Generell sind die Krebstiere aus dem Meer kulinarisch bei uns relevanter als die Süßwasserexemplare.

Merkmale der Schalenweichtiere

Muscheln und Schnecken ordnet der Biologe den Schalenweichtieren zu. Ihr wirbelloser Körper ist geschützt durch eine harte Schale aus Kalk. Auch wenn das für einen ungeübten Blick nicht zu sehen ist, haben Muscheln und Schnecken unter anderem ein Herz und einen Mund und sogar einen Fuß. Bis auf die Schale ist an ihnen alles genießbar. Muscheln öffnen ihre Schalen beim Kochen. Wenn man sie allerdings - wie beispielsweise die Auster - roh genießen möchte, bedarf es Geschick und des richtigen Messers, um sie zu öffnen. Ebenfalls zu den Weichtieren - nur ohne Schale - zählen Tintenfische. Sie gehören in die Klasse der Kopffüßer. Kulinarisch interessant sind hier vor allem Kalmar, Sepia und Oktopus.

Merkmale der Stachelhäuter

Exoten in der Küche sind Meeresfrüchte aus dem Stamm der Stachelhäuter, zu der Seegurken wie Seeigel gehören, die je eine eigene Klasse bilden. Seegurken haben statt eines Skeletts einen Hautmuskelschlauch, den Seeigel umgibt ein Kalkskelett. Gegessen werden vom Seeigel nur die Keimdrüsen.

Meerwasser: Porträts Krustentiere

- Hummer Homarus americanus, Homarus gammarus (S. 303)
- Kaisergranat Nephrops norvegicus (S. 245)
- Königskrabbe Lithodes santolla, Paralithodes camtschaticus (S. 303)
- Languste Panulirus spp. (S. 303)
- Nordseegarnele Crangon crangon (S. 260)
- Taschenkrebse Cancridae (S. 251)
- Tiger Prawn Panaeus monodon (S. 256)

Meerwasser: Porträts Schalen-, Weichtiere

- Auster Ostrea spp., Crassostrea spp. (S. 273)
- Herz-, Venus- und Dreiecksmuschel Cerastoderma edule, Acanthocardia aculeata, Venus spp., Donax spp. (S. 264)
- Kalmar Loligo vulgaris (S. 291)
- Miesmuschel Mytilus spp. (S. 269)
- Oktopus, Krake, Tintenfisch Octopus spp. (S. 288)
- Pilger-, Jakobsmuschel Pecten spp. (S. 278)
- Wellhornschnecke Buccinum spp. (S. 284)
- Brandhorn Bolinus brandaris (S. 284)

Meerwasser: Porträts Stachelhäuter

- Seegurke Cucumaria spp., Holothuria spp., Stichopus spp. (S. 303)
- Seeigel Paracentrotus lividus (S. 295)

Süßwasser: Porträts Krustentiere

- Sumpf-, Edelkrebs Astacus leptodactylus, Astacus astacus (S. 301)

Köstlich, frischer Hecht! Rezepte finden Sie ab Seite 229.

Wie erkenne ich frische Fische und Meeresfrüchte?

Fisch und Meeresfrüchte müssen frisch sein, nur dann versprechen sie echten Genuss. Aber wie erkenne ich einen frischen Fisch auf dem Markt oder im Fischgeschäft? Wie kann ich feststellen, ob die Muschel beim Kauf noch lebt?

Tipps für den Einkauf

Ein paar einfache Regeln helfen: Am besten kauft man den Fisch im Ganzen, denn es ist weitaus schwieriger, die Frische eines Filets zu erkennen. Zuerst sieht man sich die Augen an. Sie sollten glänzen und hervorstehen. Die dahinterliegenden Kiemen sind bei sehr frischem Fisch innen leuchtend rot **(Bild 1)** und bei normal frischem Fisch rosa. Sie dürfen nicht verklebt sein. Frisches Fischfleisch gibt auf Fingerdruck sanft nach, der Finger hinterlässt aber keine Delle. Dieser Test funktioniert auch bei manchen Filets. Beim ausgenommenen frischen Fisch ist die Bauchhöhle einfarbig, glatt und glänzend. Das sind wichtige Merkmale, auf die man beim Einkauf achten sollte.

Eine gute Orientierung beim Fischkauf bietet auch der Geruchssinn. Zwar ist es eine Mär, dass frischer Fisch nicht riechen darf - insbesondere Meeresfische haben oft einen intensiven Eigengeruch -, aber Fisch darf niemals stinken, und keinesfalls darf der Geruch faulig oder kohlig sein. Übrigens: Fangfrischen Fisch muss man entweder sofort zubereiten oder warten, bis sich die rasch eintretende Totenstarre wieder gelöst hat. Das kann wenige Stunden, aber auch mehr als einen Tag dauern. Nach der Totenstarre ist der Fisch besonders zart. Fisch in Totenstarre ist eher gummiähnlich und keinesfalls zu empfehlen.

Gefrorener Fisch kann frischer sein als »frischer« Fisch. Grundsätzlich sind Transport und Lagerung von frischem Fisch heute mit speziellen Kühl-LKWs und Mengen an Eis kein Problem mehr. Frischer Fisch hat eine Haltbarkeit von etwa 14 Tagen ohne bedeutenden Qualitätsverlust, wenn er permanent vom Fang bis zur Verwendung unter schmelzendem Eis (bei 0,5 bis 1 °C) liegt. Die Lagerung unter schmelzendem Eis muss aber ununterbrochen gewährleistet sein: Fischgroßhändler wissen, dass jede Stunde, die frischer Fisch bei deutlich über 4 °C gelagert wird, seine Haltbarkeit um einen ganzen Tag verkürzt.

Vorsicht vor Manipulation

Bei manchen Arten kann sowohl das Aussehen, als auch der Geruch manipuliert werden. Pralle Fischaugen werden von findigen Fischhändlern mit der Injektionsspritze wieder hergestellt, wenn sie durch zu lange Lagerung schon eingefallen waren. Selbst grau verfärbtes Fleisch und unangenehmer Geruch kann durch den Einsatz von gasförmigem Kohlenmonoxid so manipuliert werden, dass der Fisch wieder frisch scheint. Eine hundertprozentig sichere Frischebestimmung ist folglich ohne Labor kaum möglich. Vertrauen spielt daher eine extrem große Rolle im Fischgeschäft.

Frische Krusten- und Schalentiere

Garnelen und Krebse werden in den meisten Fällen bereits gegart angeboten, weil sie extrem empfindlich sind. Anderenfalls sollten sie lebend gekauft **(Bild 2)** und sofort verarbeitet werden, da sie innerhalb kürzester Zeit verderben.

Muscheln kauft man immer lebendig oder gefroren: Grünschalmuscheln, Pilgermuscheln, Austern

Digitaler Einkaufshelfer

Unter http://www.qim-eurofish.com/ wird eine kostenlose App angeboten, die beim Einkauf hilft, frischen Fisch zu erkennen.

Küchenpraxis

Rezepte bringen einerseits immer wieder Anregungen für geübte und weniger geübte Köche, sie stellen neue Ideen und überraschende Kombinationen vor und sorgen andererseits auch für Sicherheit während der Zubereitung und anschließenden Hochgenuss. Nun sind Fisch und Meeresfrüchte ein umfassendes und anspruchsvolles Thema, weswegen es besonders wichtig ist, dass Anfänger die Rezepte im Buch genau befolgen. Nach einer Weile hat man Routine und ein Gespür für das besondere Lebensmittel entwickelt und braucht für unzählige Variationen des Erprobten eigentlich kein Rezept mehr. Dann kann man sich auf neues Terrain wagen.
Einige Vorgänge wiederholen sich und werden mit der Zeit selbstverständlich. Aber zunächst ist es wichtig, sich ein gewisses Know-how über Fisch und Meeresfrüchte anzueignen. Wir wollen auf den folgenden Seiten zur Küchenpraxis wichtige Grundlagen für eine erfolgreiche Fischküche legen, können aber natürlich nicht alle möglichen und denkbaren Fragen vorwegnehmen.

Schritt für Schritt zum Fischkoch

Zunächst einmal muss der Fisch eingekauft werden. Schon stellt sich die Frage, wo man ihn besorgt und wie man seine Qualität und Frische erkennt (siehe Seite 28/29). Was tun, wenn der Fisch kurz gelagert werden muss? Das erfahren Sie auf Seite 30/31. Wenn dann ein Rezept ausgewählt ist und alle anderen Zutaten besorgt sind, geht es an die Vorbereitung: ob Rundfisch oder Plattfisch, ob Garnele oder Kaisergranat, Auster oder Kalmar – in diesem Kapitel finden Sie genaue Beschreibungen mit Stepfotos zu den Themen Schuppen (Seite 34/35) und Schälen (Seite 40/41), Ausnehmen, Häuten und Filetieren (Seite 36/37 und 38/39), Auslösen und Zerkleinern (Seite 40/41). Wir stellen Ihnen außerdem die wichtigsten Garmethoden vor (Seite 44/45), damit Sie sehen, was genau bei welcher Methode mit dem Gargut geschieht – so könnten Sie künftig auch selbst entscheiden und variieren, mit welcher Methode Sie Fisch und Meeresfrüchte zubereiten möchten.
Im Anschluss an die Garmethoden finden Sie auf Seite 48-51 Grundrezepte, beispielsweise für Fonds, auf die in den Rezepten verwiesen wird. Auch ein paar feine Saucen zu Fisch stellen wir hier vor. Den Abschluss der Kochschule bilden die Utensilien (Seite 52/53), die Sie natürlich nicht alle auf einmal kaufen müssen, deren Anschaffung sich aber lohnt, wenn Sie künftig öfter Fisch und Meeresfrüchte zubereiten möchten.

F(r)isch voran

Generell gilt meiner Meinung nach beim Kochen: beherztes Probieren geht über Studieren! Man muss sich ja nicht gleich als Erstes an die schwierigsten Aufgaben machen, die teuersten Zutaten riskieren oder sich zusätzlichem Druck durch weniger gut bekannte Gäste aussetzen: Kochen Sie zuerst einmal für sich selbst, Ihre Familie und gute Freunde. Oder Sie kochen in vertrauter Runde gemeinsam, das macht – mit den richtigen Leuten – noch mehr Spaß, und das Risiko, an einem Fehler schuld zu sein, wird gerecht aufgeteilt.
Das Gericht, das für Sie am besten geklappt und geschmeckt hat, können Sie das nächste Mal für andere Gäste kochen. Und noch etwas: Niemand wird erwarten, gleich ein mehrgängiges Menü serviert zu bekommen, das vom ersten bis zum letzten Gang selbst gekocht ist. Lieber ein gelungenes Hauptgericht mit einem gekauften Dessert abrunden, als sich in zu schwierige Abenteuer zu stürzen – das ist meine generelle Empfehlung beim Kochen für Gäste. Es ist wichtig zu wissen, dass es beim Kochen nie nur einen einzigen richtigen Weg zum gelungenen Ergebnis gibt. Wenn Sie das Gefühl haben, eine gute Lösung zu sehen, probieren Sie sie aus. Experimentierfreude und Selbstvertrauen, Instinkt und Gefühl ist beim Kochen sehr wichtig.

Und vergessen Sie nicht: Egal, ob Sie eines der feinen Rezepte ausprobieren oder ganz mutig experimentieren: Fisch und Meeresfrüchte sorgen nicht nur für Genuss, sondern sind auch sehr gut für uns.

Gesunder Genuss

Meeres- und Süßwasserfische schmecken nicht nur köstlich, sondern versorgen den Körper auch mit wichtigen Nährstoffen. Sie liefern hochwertiges und leicht verdauliches Eiweiß sowie wertvolle Mineralstoffe (vor allem Jod) und einen hohen Gehalt der Vitamine A, B und D. Die im Fisch enthaltenen Fettsäuren sind äußerst wertvoll für Herz, Gehirn und Immunsystem - und gehören damit also zu den »guten Fetten«. Besonders wichtig für den Menschen sind die ungesättigten Omega-3-Fettsäuren, die vor allen in fetten Fischen wie Hering, Lachs, Sardelle und Makrele enthalten sind. Sie haben viele positive Auswirkungen auf unseren Organismus: Sie stärken das Immunsystem, vermindern die Entzündungsneigung im Gewebe, senken den Blutdruck, hemmen die Blutgerinnung und somit die Thrombosegefahr und beugen Herzrhythmusstörungen vor. Auch das Fleisch von Krustentieren ist hochwertig, weil es wertvolles Eiweiß liefert und gleichzeitig wenig Fett enthält. Schalentiere sind ebenfalls fettarm, aber reich an Eiweiß, Mineralstoffen und Vitaminen.

Im Folgenden finden Sie eine Übersicht über die Nährwerte einiger Fische und Meeresfrüchte. Ernährungswissenschaftler empfehlen übrigens, mindestens ein- bis zweimal pro Woche Fisch zu essen. Das wird mit den Rezepten in diesem Buch sicher kein Problem sein!

je 100 g *	Energie (kcal)	Fett gesamt (g)	Fett MUFS (g)	Omega-3-Fettsäuren
Aal	281	24,5	3,2	1,81
Auster	66	1,2	0,3	0,24
Barsch (Flussbarsch)	81	0,8	0,2	0,19
Brasse	116	5,5	1,6	1,47
Flunder	72	0,7	0,2	k.A.
Flusskrebs	65	0,5	0,1	0,08
Forelle	103	2,7	1	0,77
Garnele	87	1,4	0,5	0,39
Hecht	81	0,9	0,4	0,31
Hering	233	17,8	4,2	k.A.
Hummer	81	1,9	0,7	0,61
Kabeljau	76	0,6	0,3	k.A.
Karpfen	115	4,8	1,1	0,58
Lachs	202	13,6	4,2	3,57

je 100 g *	Energie (kcal)	Fett gesamt (g)	Fett MUFS (g)	Omega-3-Fettsäuren
Makrele	182	11,9	2,7	2,32
Meeräsche	k.A.	k.A.	k.A.	0,58
Miesmuschel	69	2	0,5	0,4
Sardine	118	4,5	1,6	1,52
Scholle	86	1,9	0,7	0,56
Seehecht	94	2,5	0,9	0,82
Seelachs	81	0,9	0,5	0,48
Seeteufel	k.A.	k.A.	k.A.	0,27
Seezunge	82	1,4	0,3	0,28
Sprotte	k.A.	k.A.	k.A.	3,89
Steinbutt	82	1,7	0,6	k.A.
Thunfisch	226	15,5	4,7	4,21
Wels/Waller	k.A.	k.A.	k.A.	0,85
Zander	83	0,7	0,2	0,22

* verzehrbarer Anteil

Wie erkenne ich frische Fische und Meeresfrüchte?

Fisch und Meeresfrüchte müssen frisch sein, nur dann versprechen sie echten Genuss. Aber wie erkenne ich einen frischen Fisch auf dem Markt oder im Fischgeschäft? Wie kann ich feststellen, ob die Muschel beim Kauf noch lebt?

Tipps für den Einkauf

Ein paar einfache Regeln helfen: Am besten kauft man den Fisch im Ganzen, denn es ist weitaus schwieriger, die Frische eines Filets zu erkennen. Zuerst sieht man sich die Augen an. Sie sollten glänzen und hervorstehen. Die dahinterliegenden Kiemen sind bei sehr frischem Fisch innen leuchtend rot **(Bild 1)** und bei normal frischem Fisch rosa. Sie dürfen nicht verklebt sein. Frisches Fischfleisch gibt auf Fingerdruck sanft nach, der Finger hinterlässt aber keine Delle. Dieser Test funktioniert auch bei manchen Filets. Beim ausgenommenen frischen Fisch ist die Bauchhöhle einfarbig, glatt und glänzend. Das sind wichtige Merkmale, auf die man beim Einkauf achten sollte.

Eine gute Orientierung beim Fischkauf bietet auch der Geruchssinn. Zwar ist es eine Mär, dass frischer Fisch nicht riechen darf - insbesondere Meeresfische haben oft einen intensiven Eigengeruch -, aber Fisch darf niemals stinken, und keinesfalls darf der Geruch faulig oder kohlig sein. Übrigens: Fangfrischen Fisch muss man entweder sofort zubereiten oder warten, bis sich die rasch eintretende Totenstarre wieder gelöst hat. Das kann wenige Stunden, aber auch mehr als einen Tag dauern. Nach der Totenstarre ist der Fisch besonders zart. Fisch in Totenstarre ist eher gummiähnlich und keinesfalls zu empfehlen.

Gefrorener Fisch kann frischer sein als »frischer« Fisch. Grundsätzlich sind Transport und Lagerung von frischem Fisch heute mit speziellen Kühl-LKWs und Mengen an Eis kein Problem mehr. Frischer Fisch hat eine Haltbarkeit von etwa 14 Tagen ohne bedeutenden Qualitätsverlust, wenn er permanent vom Fang bis zur Verwendung unter schmelzendem Eis (bei 0,5 bis 1 °C) liegt. Die Lagerung unter schmelzendem Eis muss aber ununterbrochen gewährleistet sein: Fischgroßhändler wissen, dass jede Stunde, die frischer Fisch bei deutlich über 4 °C gelagert wird, seine Haltbarkeit um einen ganzen Tag verkürzt.

Vorsicht vor Manipulation

Bei manchen Arten kann sowohl das Aussehen, als auch der Geruch manipuliert werden. Pralle Fischaugen werden von findigen Fischhändlern mit der Injektionsspritze wieder hergestellt, wenn sie durch zu lange Lagerung schon eingefallen waren. Selbst grau verfärbtes Fleisch und unangenehmer Geruch kann durch den Einsatz von gasförmigem Kohlenmonoxid so manipuliert werden, dass der Fisch wieder frisch scheint. Eine hundertprozentig sichere Frischebestimmung ist folglich ohne Labor kaum möglich. Vertrauen spielt daher eine extrem große Rolle im Fischgeschäft.

Frische Krusten- und Schalentiere

Garnelen und Krebse werden in den meisten Fällen bereits gegart angeboten, weil sie extrem empfindlich sind. Anderenfalls sollten sie lebend gekauft **(Bild 2)** und sofort verarbeitet werden, da sie innerhalb kürzester Zeit verderben.

Muscheln kauft man immer lebendig oder gefroren: Grünschalmuscheln, Pilgermuscheln, Austern

Digitaler Einkaufshelfer

Unter http://www.qim-eurofish.com/ wird eine kostenlose App angeboten, die beim Einkauf hilft, frischen Fisch zu erkennen.

und Miesmuscheln bekommt man in guter Qualität auch tiefgekühlt. Ebenso das Fleisch von Herzmuscheln.
Beim Kauf müssen lebendige Muscheln unversehrt und möglichst geschlossen sein. Leicht geöffnete Muscheln können noch gut sein und werden mit dem Vitalitätstest geprüft: Wenn man mit einem Löffel gegen die Schale klopft, schließt sie sich langsam **(Bild 3)**. Wenn das nicht geschieht, unbedingt aussortieren! Nach dem Kochen hingegen werden diejenigen Muscheln aussortiert, die sich nicht geöffnet haben.

Aufbewahren und haltbar machen

Wie bleibt Fisch lange frisch und was sollte man bei der Lagerung beachten? Wie bewahrt man Austern und andere Muscheln am besten auf? Das alles erfahren Sie auf den folgenden Seiten.

Lagerung von Fisch

Geschlachteten Fisch lagert man am besten unter schmelzendem Eis in Gefäßen, aus denen das Tauwasser ablaufen kann **(Bild 1 und 2)**. Deswegen haben Transportkisten für Fisch Löcher. Meist sind sie aus Polystyrol, einem isolierenden Material. So ist eine Temperatur um 1 °C gewährleistet, bei der die empfindlichen Eiweiße optimal erhalten bleiben. Frischfisch kann übrigens 14 Tage verzehrfrisch bleiben. Fisch von großen Trawlern wird vielleicht montags gefangen und erst freitags angelandet. Dann ist er einen Tag zum Großhändler unterwegs. Ein weiterer Tag vergeht, bis er im Restaurant oder beim Fischhändler gelandet ist. Da ist der frische Fisch also schon eine Woche alt! Aber er ist wirklich - sachgerechte Lagerung vorausgesetzt - verzehrfrisch, hält jetzt aber nur noch drei bis fünf Tage.
Wenn man das Wissen über die Haltbarkeit von Fisch für den Verbraucher praktisch umsetzt, wird klar: nach einem Tag im Kühlschrank ohne Eis ist auch sehr frischer Fisch fällig für den Verbrauch.
Um die feine Textur von Fischfleisch optimal zu erhalten, muss er sehr vorsichtig angefasst werden. Man hebt ihn am besten immer am Kopf und Schwanz gleichzeitig an. Mit den Innereien sollten auch die Kiemen entfernt werden, was in Deutschland oft vergessen wird, aber international und insbesondere in den USA Standard ist. Die Handelsbezeichnungen »g&g« (gilled & gutted) sowie »h&g« (headed & gutted) stehen dafür. Näheres zum Ausnehmen finden Sie auf Seite 36/37 und 38/39.

1

2

Lagerung von Krustentieren

Generell sollte man Krustentiere so rasch wie möglich nach dem Einkauf zubereiten. Frische Garnelen vom Fischhändler können Sie noch ein bis zwei Tage ungeschält im Kühlschrank aufbewahren, wenn Sie den Kopf zuvor entfernt haben. Tiefgekühlte Garnelen in einem Sieb über einer Schüssel langsam im Kühlschrank auftauen lassen.

Lagerung von Muscheln

Wer eine größere Menge Austern kauft, sollte sie im ungeöffneten Originalgebinde horizontal stehend bei 2 bis 4 °C (nicht in Eis!) an einem dunklen Ort aufbewahren. Staunässe vermeidet man, indem man Löcher in den Boden der Transportverpackung macht. Kleinere Mengen kann man mit der tiefen Schalenseite nach unten in ein Gefäß mit Löchern umsetzen und mit einem feuchten Tuch abdecken. Austern sind empfindlich und leiden unter Temperaturschwankungen.
Miesmuscheln mögen im Gegensatz zu Austern Eis, aber ebenfalls keine Staunässe. Auch hier muss der Behälter Löcher haben. Man gibt die Muscheln in den Behälter und das Eis obendrauf. Sandklaffmuscheln wie Venus- und Teppichmuscheln lagert man wie Austern ohne Eis bei 2 bis 4 °C. Man kann sie zubereiten wie Miesmuscheln oder aber roh auf einer Schalenhälfte wie Austern servieren.
Manchmal kommt es vor, dass lagernde Muscheln sich etwas öffnen. Das ist kein Problem, solange sie sich bei Berührung wieder schließen. Muscheln, die sich nicht wieder schließen, wenn man den Vitalitätstest macht (siehe Seite 28/29), die vertrocknet sind oder schlecht riechen, sind tot und müssen unbedingt entsorgt werden. Nach dem Kochen entfernt man die Muscheln, die sich nicht geöffnet haben.

Was aber tun mit frischem Fisch, den man nicht sofort zubereiten und essen kann? Im Folgenden stellen wir Ihnen einige Methoden vor, mit denen Sie die Haltbarkeit verlängern können. Das geht vom Vakuumieren mit modernen Geräten bis zu ganz ursprünglichen Methoden wie Räuchern über Edelholzspänen, Trocknen und Einsalzen.

Vakuumieren

Vakuum bedeutet Abwesenheit von Sauerstoff, und wenn kein Sauerstoff mit dem Lebensmittel reagieren kann, hält es länger. Bei frischem Fisch, der ein eher empfindliches Lebensmittel ist, ist zu bedenken, dass der Druck, der durch das Vakuum auf die Zellen wirkt, dem Fisch Saft entzieht **(Bild 3)**. Gut geeignet ist diese Methode für gebeizten Fisch, um diesen noch länger zu konservieren.

Einfrieren und Auftauen

Hier gilt: schnell einfrieren und langsam auftauen. Das verhindert Zellwandschäden mit Saftverlust durch sich bildende Eiskristalle. Den Fisch zum Einfrieren flach auslegen und in einem leeren Kühlgerät einfrieren. Der volle Gefrierschrank eignet sich nicht zum Einfrieren, sondern nur zum Lagern von bereits gefrorenen Lebensmitteln.
Alternativ kann man natürlich gefrorenen Fisch für den Vorrat kaufen. Auftauen lässt man Fisch am besten langsam und schonend über Nacht im obersten Fach des Kühlschrankes: Fisch in ein Sieb oder auf ein Gitter über eine Schüssel legen, in die das Tauwasser abläuft **(Bild 2, Seite 30)**.

Beizen

Beim Beizen wird dem Fischfleisch über mehrere Stunden oder auch Tage Wasser entzogen. Dadurch wird er nicht nur länger haltbar, sondern sein Geschmack konzentriert sich und seine Textur verfestigt sich. Das Fischfilet wird mit Salz und Zucker bestreut, dazu können Gewürze und Kräuter gegeben werden. Der gewürzte Fisch wird beschwert, mit Folie abgedeckt und zwei Tage in den Kühlschrank gestellt.
Eine andere Methode ist das kurze Beizen in Essig oder Zitrussaft, bei dem ebenfalls Wasser entzogen wird. Die Säure verändert die Textur des Fisches in ähnlicher Weise wie Kochen. So sieht der Fisch gegart aus, schmeckt wunderbar intensiv und wird haltbarer. Typische Rezepte sind Bismarckhering, Ceviche (siehe Seite 113), Tiradito (siehe Seite 177) und Escabeche (siehe Seite 107).

Räuchern

Hier unterscheidet man zwischen heißem und kaltem Räuchern. Für Ersteres benötigt man einen Räucherofen im Freien. Vor dem Räuchern zieht der Fisch etwa zwei Stunden in gesättigter Lake. In dieser Zeit bereitet man die Räucherkammer vor: Feuer machen, Buchenspäne (oder andere Edelholzspäne wie Apfelholz) in Wasser einweichen und Roste oder Haken zum Aufnehmen der Fische bereitlegen.
Beim kalten Räuchern werden im Profibereich sehr aufwendige Anlagen betrieben. Es geht aber auch ohne Räucherofen auf Terrasse oder Balkon. Man braucht einen großen Bräter, Wok oder Topf mit passendem Deckel, in den ein Kuchengitter oder Metallsieb hineinpasst. Unten im Topf glimmen die Späne und darüber auf dem Gitter liegt das Räuchergut **(Bild 4 und Bild 5)**. Noch simpler geht es mit einem großen, stabilen Pappkarton: Hier erhitzt man die Räucherspäne in einer kleinen Pfanne auf der Herdplatte, stellt diese auf einen hitzefesten Untergrund auf Terrasse oder Balkon und den Fisch auf einen Teller daneben. Nun stülpt man den Karton oder eine Blechwanne über die Pfanne und den Fisch, fertig! Je nach Hitze und Rauchentwicklung beträgt die Räucherzeit zwischen zehn und 30 Minuten.

Trocknen und Einsalzen

Etwas besonderes sind die getrockneten, sozusagen ewig haltbaren Spezialitäten Stockfisch und Klippfisch. Stockfisch ist ungesalzen und kann als Snack pur oder mit Butter bestrichen genossen werden. Für andere Zubereitungen weicht man ihn drei bis fünf Tag in kaltem Wasser ein. Der stark gesalzene Klippfisch wird erst genießbar, nachdem man ihn 36 Stunden in kaltem Wasser eingelegt hat, dabei muss das Wasser alle acht Stunden gewechselt werden **(Bild 6 und 7)**.

4

5

6

7

Fisch schuppen und Kiemen entfernen

Nun liegt der frische Fisch in der Küche und muss zum Garen vorbereitet werden. Als Erstes werden die Schuppen entfernt, das ist für fast alle Zubereitungen notwendig. Wenn Sie den Fisch nicht selbst gefangen, sondern beim Fischhändler Ihres Vertrauens gekauft haben, können Sie den Händler natürlich bitten, das Schuppen für Sie zu übernehmen. Er wird das gerne tun. Aber glauben Sie mir, es lohnt sich, diese Arbeit selbst zu übernehmen, denn es macht einem einmal mehr bewusst, was für ein besonderes Lebensmittel man in den Händen hält.

Zubereitungstipps

Ich empfehle generell, Fischen, die man im Ganzen auf den Tisch bringen möchte, Kopf und Flossen nicht abzuschneiden, denn ein »vollständiger« Fisch sieht auf der Tafel einfach besonders schön und ästhetisch aus. Die einzige Ausnahme bilden hier die teilweise giftigen spitzen Flossenstacheln von einigen Fischen (wie beispielsweise bei Drachenkopf oder Zander). Diese müssen aber nicht abgeschnitten werden, sondern lassen sich mit einer Zange abstumpfen und somit unschädlich machen.

Kiemen entfernen

Wenn Sie meiner Empfehlung folgen und den Fisch mit Kopf servieren möchten, dann müssen Sie allerdings die Kiemen entfernen, denn wenn sie mitgegart werden, bekommt der Fisch - egal, wie er zubereitet worden ist - einen bitteren Beigeschmack. Das geht mit der Küchenschere ganz leicht. Man muss die Kiemen dazu erst an einer Ansatzstelle abschneiden **(Bild 3)**. Dann zieht man sie mit etwas Fingerspitzengefühl heraus und hält sie dabei gut fest. So lässt sich auch die zweite Ansatzstelle ohne Probleme durchtrennen.

Fisch schuppen

Geschuppt wird immer gegen den Strich, am besten im großen Spülbecken unter fließend kaltem Wasser. Wenn der Fisch sehr groß oder das Spülbecken eher klein ist, kann man auch eine große weite Plastiktüte verwenden: Der Fisch und beide Arbeitshände befinden sich innerhalb der Tüte, so wird verhindert, dass die Schuppen in der ganzen Küche herumfliegen.

Das richtige Utensil

Wenn Sie öfter ganze Fische zubereiten, lohnt sich die Anschaffung eines professionellen Fischschuppers (siehe Seite 53): Das Schuppen geht nicht nur leichter und schneller, auch die Verletzungsgefahr ist deutlich geringer. Ich ziehe ein Modell vor, bei dem man schiebend arbeitet und nicht ziehend. Aber das bleibt natürlich jedem selbst überlassen. Für den Anfang und für kleine Fische (beispielsweise Sardinen) genügt auch ein stabiles Kochmesser, bei dem mit der stumpfen Seite geschuppt wird, oder auch ein Tafelmesser, bei dem Sie die nicht zu scharfe Klinge zum Schuppen verwenden können.

Sonderfälle beachten

Es gibt übrigens auch Fische, die keine Schuppen haben oder deren Schuppen so klein sind, dass man sie mitessen kann. Um dies zu prüfen, streifen Sie mit den Fingern vom Schwanz des Fisches aus in Richtung Kopf. Wenn sich die Haut glatt und geschmeidig anfühlt, haben die Fische keine oder nur sehr kleine Schuppen. Dies trifft beispielsweise auf Spiegelkarpfen, Makrele, Forelle, Saibling und Waller zu.

Und so wird's gemacht

Den Fisch am Schwanz gut festhalten. Das geht am besten mit einem Küchentuch oder einem Stück Küchenpapier, denn damit haben Sie einen guten Griff, und der Fisch kann nicht so leicht wegrutschen.

Den Fisch mit dem Kopf nach unten unter den kalten Wasserstrahl halten und mit dem Messer oder Fischschupper in Richtung des Kopfes die Schuppen gegen den Strich kräftig abschaben **(Bild 1 und Bild 2)**. Dabei sorgfältig und mit Ruhe arbeiten.

Zum Entfernen der Kiemen den Kiemendeckel mit einer Hand anheben und mit der anderen Hand mit der Küchenschere die Kiemen herausschneiden **(Bild 3)**.

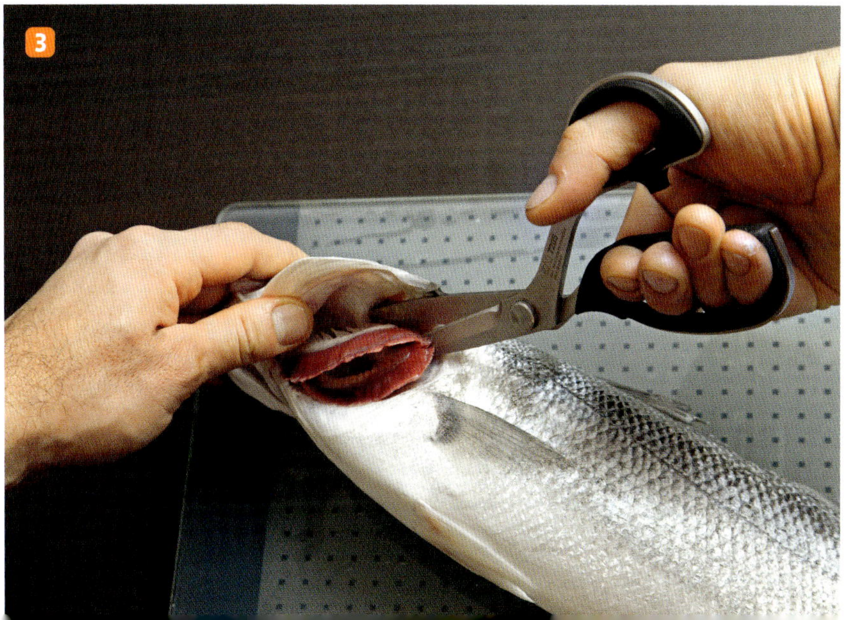

Rundfisch ausnehmen und filetieren

Nach dem Schuppen und dem Entfernen der Kiemen muss ein Rundfisch ausgenommen werden. Danach kann er im Ganzen zubereitet oder - wenn er sehr groß ist (beispielsweise Lachs) - in Tranchen geschnitten weiter verarbeitet werden. Für die meisten Rezepte jedoch wird der Fisch filetiert. Auch hier gilt wieder: Natürlich können Sie den Fischhändler bitten, dies für Sie zu erledigen. Sie können auch perfekt vorbereitete Fischfilets kaufen. Wenn Sie sich aber mit dem ganzen Fisch beschäftigen, erhalten Sie neben der Fingerfertigkeit und dem befriedigenden Gefühl, etwas selbst geschafft zu haben, auch die ganzen wunderbaren »Abfälle«, aus denen sich hervorragende Fonds zubereiten lassen.

Und so wird's gemacht

Den Fisch nach dem Schuppen nochmals waschen und trocken tupfen. Seitlich auf die Arbeitsfläche legen und mit einem scharfen Messer den Bauch von der Afteröffnung bis zum Kopf aufschneiden (**Bild 1**).

Die beiden Bauchhälften auseinanderziehen und die Innereien vorsichtig mit der Hand herausziehen (**Bild 2**). Reste mit einem kleinen Messer herausschneiden. Achtung, an der hellen Leber hängt die schwarzgrüne Galle, diese darf nicht verletzt werden, denn die austretende Flüssigkeit würde den Fisch verderben. Die Bauchhöhle des Fisches gründlich auswaschen.

Zum Filetieren den Fisch wieder auf die Arbeitsfläche legen, den Kopf gut festhalten und dahinter schräg bis zur Mittelgräte einschneiden (**Bild 3**).

Von dort die Messerschneide in Richtung Schwanz drehen und das Filet entlang der Mittelgräte abschneiden, dabei den Fisch mit der anderen Hand gut festhalten. Den Fisch umdrehen und das andere Filet genauso herauslösen.
Mit einer Pinzette oder einer speziellen Grätenzange (Abbildung siehe Seite 52) lassen sich übrige Gräten ganz einfach herausziehen **(Bild 4)**. Dafür mit einem Finger über das Filet fahren, so spürt man die Gräten am besten auf.

Für viele Rezepte werden die Filets mit Haut verwendet, beispielsweise für gebratene oder gegrillte Zubereitungen, hier wird die Haut knusprig und besonders lecker. Es gibt aber auch Menschen, die keine Haut mögen, und Rezepte, für die man Filets ohne Haut benötigt. Zum Enthäuten legen Sie das Filet mit der Haut nach unten auf die Arbeitsfläche, schneiden es am schmalen Ende ein, halten das Hautende mit einer Hand fest und schneiden das Filet ganz knapp über der Haut von der schmalen zur breiteren Seite ab.

Qualitätsmerkmal Schnitt

Zum Filetieren und Schneiden von Fisch sind sehr scharfe, am besten rasiermesserscharfe, lange schmale Klingen wichtig. Ein Filetiermesser hat eine leicht flexible Klinge, während ein Sashimimesser eine starre, einseitig asymmetrisch geschliffene Klinge hat, die es ermöglicht, in einem Zug glatt durch ein Fischfilet zu schneiden. Der glatte Schnitt ist ein wichtiges Qualitätsmerkmal – wenn Sie im Restaurant Sashimi essen, sollten Sie darauf achten. Mangelnde Schneidefertigkeiten sind ein schlechtes Zeichen und deuten häufig auch auf sonstige Mängel im Betrieb hin.

Sashimi schneiden

Und so wird's gemacht

Für Sashimi sind alle vorherigen Arbeitsschritte gleich. Dann muss das Fischfilet zusätzlich mit einem sehr scharfen Messer leicht schräg in gleichmäßige Scheiben geschnitten werden. Das Messer dabei nur ziehend führen, nicht hin- und hersägen **(Bild 5)**.

Plattfisch filetieren und häuten

Plattfische werden in der Regel schon ausgenommen verkauft, wie man an der eingeschnittenen Tasche hinter dem Kopf gut sehen kann. Während kleinere Plattfische, wie beispielsweise Seezunge, häufig im Ganzen als Portionsfisch zubereitet werden, müssen größere Plattfische wie Steinbutt oder Heilbutt vor dem Garen filetiert beziehungsweise portioniert werden.

So wird's gemacht:

Den Plattfisch mit der dunklen Seite nach oben auf die Arbeitsfläche legen. Mit einem großen Messer mit flexibler Klinge einen geraden Schnitt auf der Seitenlinie des Fisches vom Kopf bis zum Schwanz machen **(Bild 1)**.

Das Messer dann am Rand des Kopfes ansetzen und am Kopf entlang einschneiden. Dann die Haut und das Fleisch entlang des Flossensaumes einschneiden. Dabei den Fisch mit der anderen Hand gut festhalten **(Bild 2)**.

Das obere Filet abtrennen: dafür das Messer unter dem Fleisch ganz flach von der Seitenlinie bis zum Flossensaum über die Gräten führen **(Bild 3)**. Das zweite obere Filet genauso lösen und abheben. Den Fisch umdrehen und die Filets auf der hellen Seite nach der gleichen Methode herauslösen: Zuerst einen geraden Schnitt auf der Seitenlinie von Kopf bis Schwanz machen. Das Messer dann am Kopf entlangführen. Anschließend entlang des Flossensaumes Fleisch und Haut einschneiden. Das Messer von der Seitenlinie flach über die Gräten bis zum Rand führen und so das dritte und das vierte Filet herauslösen.

Für viele Zubereitungen wird das Filet anschließend gehäutet: dazu das Filet mit der Haut nach unten auf die Arbeitsfläche legen, am schmalen Ende zwischen Haut und Fleisch einschneiden, die Haut mit einer Hand festhalten und das Filet mit einem flachen Schnitt vom schmalen zum breiten Ende von der Haut trennen. Wenn das Filet noch einen etwas unregelmäßigen Flossensaum hat, kann man diesen wegen der Optik notfalls mit einem scharfen Messer gerade schneiden. Flossensaum schmeckt ganz hervorragend und um Lebensmittelverschwendung zu vermeiden, sollte er möglichst mitgegessen werden.

Ganzen kleinen Plattfisch häuten

Kleine Plattfische werden zuerst gehäutet und anschließend filetiert, weil das Häuten auf diese Weise einfacher geht.

So wird's gemacht:

Den Fisch mit der dunklen Haut nach oben auf die Arbeitsfläche legen. Die Haut am Schwanzende quer einschneiden **(Bild 4)** und mit der Messerspitze so weit ablösen, dass man sie mit der Hand greifen kann. Oder Sie tauchen das Schwanzende des Fisches kurz in siedendes Wasser, dann lässt sich die Haut gut ablösen. Die Finger einer Hand in Salz tauchen (dann rutschen sie nicht ab) oder aber das Hautende mit mehrmals gefaltetem Küchenpapier greifen. Die Haut mit einem Ruck über die ganze Länge des Fisches abziehen **(Bild 5)**. Den Plattfisch umdrehen, wiederum einen Schnitt am Schwanzende machen und die helle Seite ebenso häuten. Dieses Vorgehen funktioniert bei Limande sowie bei See- und Rotzunge optimal. Die Scholle muss hingegen vom Kopf her gehäutet werden.

Auslösen von Krusten- und Weichtieren

Viele kulinarisch interessante Krustentiere haben den Aufbau der fleischigen Schwänze mit gegliederten Panzern gemeinsam. Daher ähnelt sich auch der Prozess des Auslösens bei Garnelen, Kaisergranaten und Flusskrebsen. Anders ist der Körperbau der echten Krabben, deren Fleisch sich in den Beinen und Scheren befindet.
Muscheln und Schnecken gehören zu den Weichtieren, wobei Muscheln eine zweiteilige Schale haben, während die Schale von Schnecken aus einem Stück besteht. Zum Herauslösen braucht man in jedem Fall ein Werkzeug, zumindest ein Messer mit flacher, sehr stabiler Klinge.
Das fachgerechte Auslösen von Meeresfrüchten aus ihrem Panzer oder ihrer Schale ist ein Schlüssel zu ihrem Genuss. Vor allem Anfänger schrecken oft davor zurück, noch dazu, wenn sie dafür spezielles Werkzeug benutzen sollen. Wenn Ihre Gäste unerfahren sind, übernehmen Sie das Auslösen am besten selbst und servieren die Gerichte. Wenn man aber mit Leuten speist, die Erfahrung im Umgang mit Meeresfrüchten haben, kann man gemeinsam die gegarten Krebse auslösen und genießen. Ein guter Einstieg für Köche wie Gäste sind in jedem Fall Garnelen. Sie lassen sich leicht aus der Schale lösen, weil diese relativ weich ist.

Garnelen auslösen

So wird's gemacht:
Die Garnele an Kopf und Schwanz fassen und den Schwanz mit einer drehenden Bewegung vom Kopf ablösen. Nun den Garnelenschwanz mit einem spitzen Messer oder einer kleinen Schere an der Bauchseite einschneiden. Dann mit beiden Händen die Schalenteile abziehen **(Bild 1)**.
Den Schwanzfächer nicht entfernen. Falls vorhanden, den dunklen Darm am Rücken entfernen. Dazu den Darm an einem Ende mit einem kleinen Messer oder zwei Fingern fassen und vorsichtig herausziehen, ohne dass er reißt **(Bild 2)**.

Besonders dekorativ sehen Garnelen aus, wenn man die Schwänze der Länge nach bis zur Hälfte einschneidet und aufgeklappt wie Schmetterlinge serviert.

So wird's gemacht:
Dazu Rücken- und Bauchseite der von Schale und Darm befreiten Garnele mit einem kleinen Messer leicht einschneiden. Dann die Garnele vom Rücken her in der Mitte durchschneiden - den Schwanzfächer dabei aussparen, durch ihn halten die Hälften noch zusammen **(Bild 3)**.

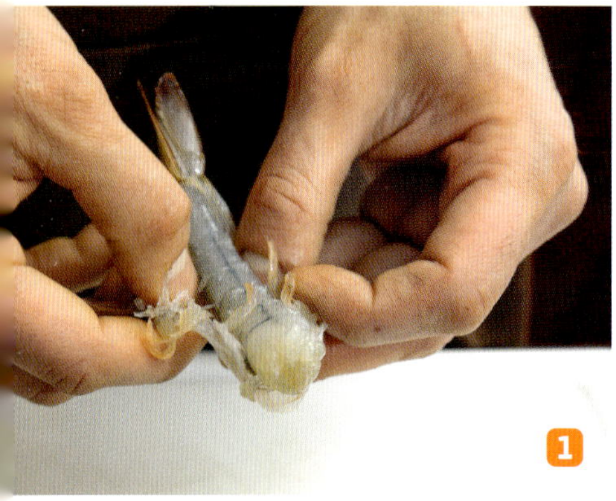
1

2

3

4

Gegarten Flusskrebs auslösen

So wird's gemacht:
Den Flusskrebs am Kopf festhalten und den Schwanz mit der anderen Hand mit einer drehenden Bewegung abziehen **(Bild 4)**. Den Schwanzfächer abdrehen und den daran hängenden Darm entfernen. Den Panzer jetzt mit den Fingern aufbiegen, bis die Unterseite aufbricht und das Fleisch frei liegt **(Bild 5)**. Die Scheren vom Kopfteil abdrehen und das Fleisch herauslösen. Das geht am besten mit einer Schere.

5

Austern auslösen

Dafür benutzt man ein Austernmesser und einen Kettenhandschuh. Die Spitze des Austernmessers am Scharnier radial zwischen den Schalen ansetzen und vorsichtig einführen, bis das Messer fest sitzt. Dann um die eigene Längsachse drehen, bis das Scharnier aufbricht. Von der Seite den Schließmuskel im vorderen Drittel der Auster durchtrennen und die obere Schale abnehmen. So erhält man nur wenige Schalensplitter, die das Fleisch verunreinigen können. Zum Essen mit der schärferen Seite des Austernmessers das Fleisch von dem Muskel, der die Schale zusammenhält, abtrennen.

7

Pilgermuscheln aus der Schale lösen

So wird's gemacht:
Die Pilgermuscheln mit einer Bürste unter dem kalten Wasserstrahl reinigen. Mit der flachen Schalenseite nach oben festhalten - wer empfindliche Hände hat, nimmt hierzu ein Küchentuch. Eine stabile Messerklinge zwischen die Schalenhälften schieben **(Bild 6)** und den Schließmuskel durchtrennen. Die flache Schalenseite abheben und das Muschelfleisch und den orangefarbenen Corail vom grauen Rand lösen **(Bild 7)**.

6

Weichtiere vorbereiten

Häufig werden Kalmar, Sepia und Oktopus unter dem Oberbegriff Tintenfische zusammengefasst. Das ist nicht ganz korrekt, aber man kann sagen, dass diese kulinarisch wichtigen Kopffüßer einiges gemeinsam haben: Sie liefern viel hochwertiges Protein und sind wohl die einzigen Meerestiere, die man auch in Zukunft unbesorgt genießen kann, denn sie sind durch die Eingriffe ins Ökosystem der Meere eher auf dem Vormarsch und werden zahlreicher.
Die Vorbereitung ist wirklich ganz einfach, meist muss man nur den Kopf abschneiden und die Innereien herauswaschen. Beim Kalmar zieht man das transparente Fischbein aus dem Körperbeutel und bei der Sepia die kalkige Rückenplatte, den Schulp. Der Oktopus hat keine innere Schale.
Besonders beliebt sind bei uns Kalmare, vermutlich, weil sie so vielseitig sind und beinahe jeder sie schon einmal im Urlaub am Mittelmeer genossen hat. Außerdem sind Kalmare leicht vorzubereiten und daher ein guter Einstieg für Anfänger in Sachen Meeresfrüchte.

Tintenfisch und Tinte

Fast alle Kopffüßer besitzen einen Tintenbeutel, aus dem bei Gefahr eine schwarzbraune Flüssigkeit ausgestoßen wird, um den Angreifer zu erschrecken und seine Sicht auf die vermeintlich leichte Beute zu erschweren. Die Tinte wurde früher zum Schreiben und Malen verwendet; heute erfreuen sich Feinschmecker an der natürlichen Lebensmittelfarbe. Vor allem Nudeln und Reis lassen sich damit wunderbar färben, zudem verleiht die Tinte einen feinen Geschmack. Wer ganze Tiere kauft, bekommt den Tintenbeutel dazu, ansonsten verkaufen Fisch- und Feinkosthändler die Tinte auch extra.

Kalmar und Sepia

So wird's gemacht:

Den Kalmar kalt waschen und abtropfen lassen. Wer möchte, zieht die rötliche dünne Haut mit den Fingern vom Körperbeutel ab. Das muss man aber nicht machen. Den Körperbeutel mit einer Hand festhalten und mit der anderen die Fangarme mit dem Kopf und den Eingeweiden aus dem Beutel ziehen **(Bild 1)**. Dabei den Tintenbeutel nicht verletzen.

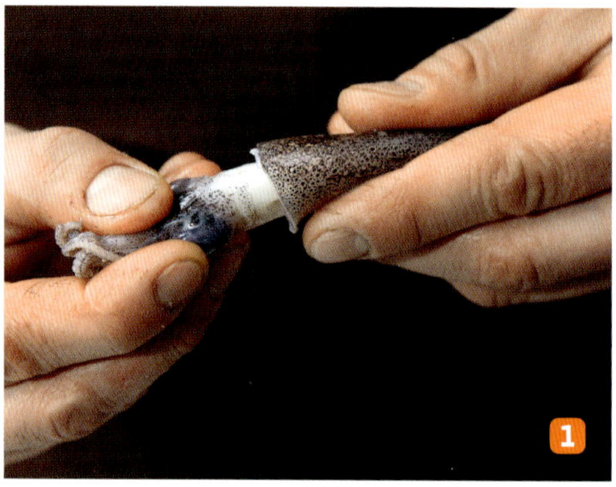
1

Die Fangarme knapp vor den Augen abtrennen, am besten den Schnitt so setzen, dass die Arme noch durch einen Ring miteinander verbunden sind **(Bild 2)**.
Im Inneren der Fangarme befindet sich das Kauwerkzeug. Dieses kann man leicht von unten

2

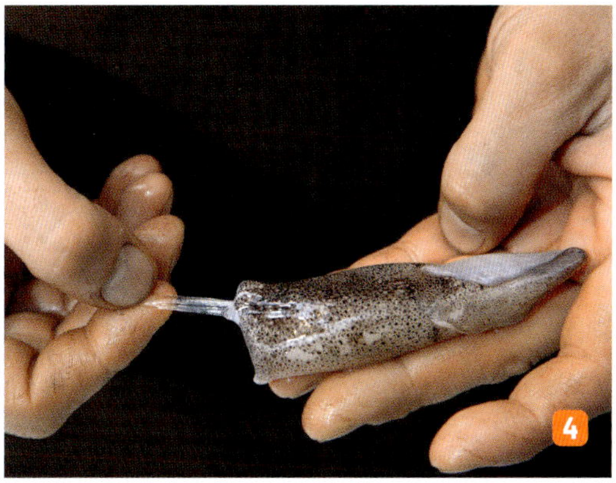

mit den Fingern herausdrücken **(Bild 3)**.
Das transparente Fischbein aus dem Körperbeutel herausziehen **(Bild 4)**. Es wird nicht verwendet.
Für Calamari fritti den Körperbeutel in Ringe schneiden. Wird er im Ganzen gegrillt, den Beutel über Kreuz mit einem scharfen Messer nicht zu tief einschneiden **(Bild 5)**.

Sepia wird bei uns nicht so oft angeboten wie Kalmar. Die Vorbereitung ist ähnlich, nur wird der eher runde Körperbeutel aufgeschnitten, damit man die Innereien entfernen kann. Sepia lässt sich also nicht füllen oder in Ringe schneiden, sonst aber genauso zubereiten wie Kalmar.

Oktopus

So wird's gemacht:
Oktopus (auch unter Krake oder Pulpo im Handel) ebenfalls kalt waschen. Auf die Arbeitsfläche legen und den Körperbeutel knapp hinter den Augen abschneiden **(Bild 6)**. Die Innereien aus dem Körperbeutel ziehen. Nach Wunsch die rötliche Haut mit den Händen abziehen - das macht man meist bei großen Tieren, deren Haut zäh sein kann. Den Beutel innen und außen waschen.
In der Mitte der Fangarme befindet sich auch beim Oktopus das Kauwerkzeug. Dieses mit den Händen herausdrücken **(Bild 7)** und abschneiden. Die Fangarme abschneiden **(Bild 8)** und nach Rezept weiter verarbeiten. Sie werden meistens nicht gehäutet.

Garmethoden im Überblick

Die Eiweißstruktur von Fischen und dem Großteil der Meeresfrüchte ist leicht verdaulich. Da meistens weniger Kollagen als beispielsweise in Schlachtfleisch enthalten ist, empfindet man das Fleisch von den meisten Fischen und Meeresfrüchten daher als relativ zart. Gegenbeispiele sind Meerohren (Abalone), große Kopffüßer wie Oktopus und manche Fische wie Stör oder Hai.

Aus diesem Grund sind kurze Garzeiten und Garmethoden mit relativ niedrigen Temperaturen zwischen 50 °C und 120 °C (Kochen, Dünsten, Dämpfen, Sous-vide) im Prinzip vollkommen ausreichend, um Fische und Meersfrüchte zuzubereiten. Lediglich unter dem Aspekt der Krusten- und Geschmacksbildung durch die Maillard-Reaktion sind die Garmethoden mit relativ hohen Temperaturen (120 °C bis 300 °C) bei Fisch und Krustentieren interessant.

Für Fische und Meeresfrüchte kommen alle auch sonst üblichen Garmethoden zum Einsatz:

- **Braten** (mit Fett in einer Pfanne, **Bild 1**)
- **Dünsten** (im eigenen Saft und mit Aromagebern in Topf oder Pfanne auf dem Herd oder auf einem Backblech im Backofen, **Bild 2**)
- **Dämpfen** (auf einem Metallgitter oder Bambuskörbchen über kochendem Wasser, **Bild 3**)
- **Kochen** (in etwa 100 °C heißem Wasser)
- **Frittieren** (in einer Teighülle in 160 °C bis 200 °C heißem Fett, **Bild 4 und 5**)
- **Pochieren** (in Wasser zwischen 70 °C und 95 °C, **Bild 6**)
- **Grillen** (auf dem Rost über Holzkohlenglut bzw. Gasflamme bei mehreren Hundert Grad, **Bild 7**) oder auch unter dem Backofengrill

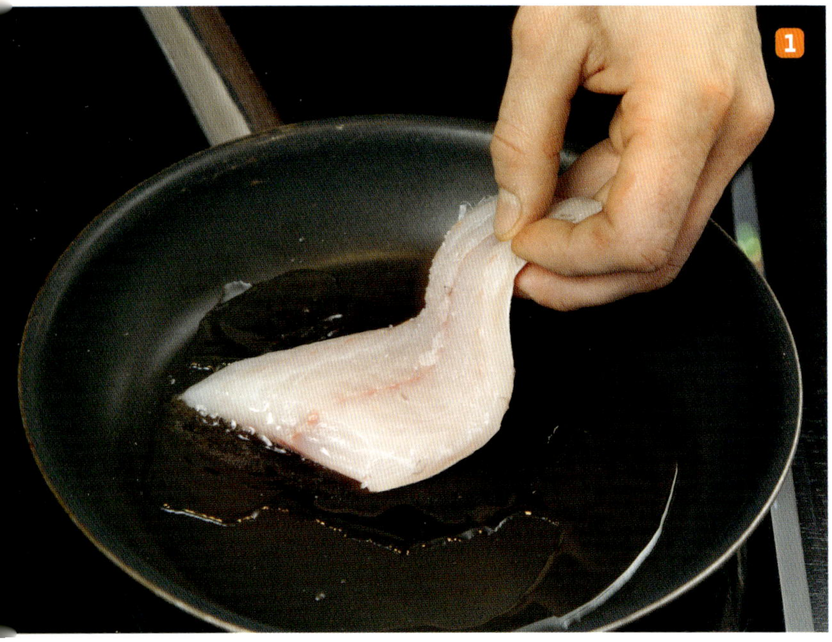

3

4

5

6

7

- **Backen/Rösten** (trocken garen in 160 °C bis 250 °C heißer Luft im Backofen, **Bild 10**)
- **Garen in Pergamentpapier** (im Backofen, **Bild 8, 9 und 10**)
- **Garen in der Salzkruste** (**Bild 11 und 12**)
- **Sous Vide** (Schonendes Garen im Vakuumbeutel im Wasserbad)

Was beim Garen passiert

Der Hauptvorteil sogenannter schonender, sanfter Garmethoden gegenüber den heißen Garmethoden liegt darin, dass das Wasser länger im Gargut erhalten bleibt (Saftigkeit) sowie die Tatsache, dass man in vielen Fällen auf die Zugabe von Fett beim Garen verzichten kann. Die oft zitierte Zerstörung von Vitaminen und Mineralstoffen durch größere Hitze ist wissenschaftlich übrigens nicht gut zu belegen. Denn zum einen kommt die einwirkende Temperatur von außen ja in der Regel nie in der gleichen Höhe im Gargut an. Und zum anderen sind die entscheidenden vitaminzerstörenden Faktoren einfache UV-Lichteinwirkung und Sauerstoffeinwirkung - und diese finden bereits statt, wenn das Lebensmittel bei Zimmertemperatur in der Küche liegt. Und was die wasserlöslichen Vitamine betrifft, so werden diese gerade durch das Garen in Wasser und anderen wasserhaltigen Medien beim Pochieren und Kochen ausgewaschen. Mineralstoffe hingegen lassen sich gar nicht zerstören: Sie sind das, was übrig bleibt, wenn man ein Lebensmittel durch Hitze und Oxidation völlig zerstört (verbrennt), nämlich Asche. Reine Asche besteht nur aus Mineralstoffen.

Zubereitungstipps

Die von mir favorisierte Garmethode für Fisch ist unbestritten das Dünsten (gegenüber dem Kochen oder Pochieren), und zwar auf dem Blech im Ofen, weil dabei durch die geringe Hitzeeinwirkung die Saftigkeit erhalten bleibt und keine Geschmacks- oder Inhaltsstoffe durch Kochmedien ausgewaschen werden. Ferner kann man bei dieser Methode in vielfältiger Weise aromagebende Zutaten wie Öle, Butter, Säfte, Wein, Kräuter und Gewürze verwenden, um das Gargut zu würzen und zu verfeinern. Gleichzeitig entsteht zusammen mit dem Saft, der aus dem Gargut austritt, eine einfache, aber aromatische Sauce, die mit den Beilagen serviert werden kann.
Das Sous-vide-Garen verhält sich sehr ähnlich und hat den weiteren Vorteil einer gewissen Haltbarkeitsverlängerung durch das Fernhalten von Keimen von außen auf das Produkt. Dabei wird das Gargut zusammen mit den geschmacksgebenden Zutaten in einen Folienbeutel unter Ausschluss von Luft eingeschweißt und dann im Wasserbad gegart. Bei gradgenau steuerbaren Wasserbädern in der Profiküche kann man so auch ganz besondere Texturen und visuelle Effekte erzielen, die bei allen anderen - im Hinblick auf die Temperaturführung ungenaueren - Garmethoden nur zufällig oder gar nicht möglich sind. Probieren Sie diese spannende Methode doch einmal mit dem Rezept auf Seite 70 aus!

Grundrezepte für die Fischküche

Brühe (Fond) ist ein Oberbegriff für Flüssigkeiten, die beim Herauskochen der Aromastoffe von Lebensmitteln entstehen. Man verwendet dafür Knochen mit anhaftendem Gewebe von Landwirbeltieren und Fischen, außerdem Schalen von Krustentieren, Gemüse, Kräuter und Gewürze. Die Geschmacksstoffe werden mithilfe von Wasser aus den Zutaten herausgelöst. Häufig verfeinert man Brühe und Fond mit Wein, Spirituosen und Säften.
Aus Fond entsteht bei der weiteren Verarbeitung durch Einkochen (Konzentration), Abbinden und Klären (Geschmacksintensivierung durch Fleischzusatz) Suppe, Sauce, klare Jus und gebundene Velouté, Kraftbrühe (Consommés), Kraftsauce (Demiglace) und Reduktion (Glace).
Industriell hergestellte Fonds genügen nicht den Anforderungen guter Küche, und darum kann ich sie nicht empfehlen. Zugegeben, es braucht Zeit und ist aufwendig, einen guten Fond oder eine Jus selbst zu machen, aber die Mühe lohnt sich. Am besten kochen Sie gleich eine größere Menge und frieren sie in kleinen Portionen ein.
Fischfarce wird für viele Füllungen gebraucht, auch dafür finden Sie ein Grundrezept (siehe Seite 50). Auf Weißwein-Velouté (siehe Seite 51) basieren einige feine Saucen in diesem Buch. Und weil Dips und Saucen überhaupt ein wichtiges Thema sind, haben wir hier ein paar Klassiker und neue Kreationen für Sie versammelt (siehe Seite 51).

Kalbsjus

Für 1 l Jus

100 ml Pflanzenöl, 3 kg Kalbsknochen vom Rücken (keine Röhrenkochen!)
60 g Zwiebeln, grob gewürfelt
40 g Karotte, grob gewürfelt
40 g Knollensellerie, grob gewürfelt
20 g Lauch, grob zerkleinert
25 g Tomatenmark, 500 ml Rotwein
10 Pfefferkörner, 2 Lorbeerblätter
3 Zweige Thymian

Das Öl in einem großen Topf erhitzen und die Knochen darin rundherum kräftig anrösten, dabei immer rühren und wenden, damit eine gleichmäßige dunkle Bräunung entsteht. Das klein geschnittene Gemüse dazugeben und etwa 10 Minuten mitrösten. Das Tomatenmark hinzufügen und weitere 10 Minuten rösten. Das Ganze mit dem Rotwein ablöschen. Die Gewürze, den Thymian und 5 l Wasser dazugeben und mindestens 3 Stunden köcheln lassen.
Danach alles vorsichtig durch ein mit einem Tuch ausgelegtes Sieb in einen anderen Topf passieren. Auf 1 l einkochen lassen. Das dauert je nach Größe des Topfes und Stärke der Kochplatte 1-2 Stunden.

Weißweinsauce ohne Fond

Für 250 ml Sauce
250 ml Weißwein, 3 Schalotten, 20 g Butter
1 Knoblauchzehe, angequetscht
1 Zweig Thymian, 1 Zweig Estragon
25 ml Vermouth (z. B. Noilly Prat), 25 ml Sherry
100 ml Sahne, Salz und Tabasco

Den Weißwein auf 50 ml einkochen. Inzwischen die Schalotten fein würfeln und in der Butter farblos anschwitzen. Den Knoblauch und die Kräuter dazugeben. Vermouth, Sherry und die Sahne hinzufügen und alles etwa 10 Minuten köcheln lassen. Durch ein feines Sieb passieren und mit Salz und Tabasco abschmecken.

Fischfond

Für 2 l Fond
2 kg Fischkarkassen, in 5 cm große Stücke gehackt und gewässert
400 ml Weißwein, 100 ml Vermouth (z. B. Noilly Prat oder Martini bianco)
100 g Petersilienwurzel, grob gewürfelt
50 g Lauch, nur das Weiße, grob zerkleinert
75 g Knollensellerie, grob gewürfelt, 50 g Fenchel
75 g Champignons, dunkle Lamellen und dunkle Stellen am Hut entfernt
50 g Zwiebel, 1 Lorbeerblatt, 10 Pfefferkörner
½ TL Anis, ½ TL Fenchelsamen, ½ TL Koriander

Alle Zutaten in einen Topf geben und mit 5 l kaltem Wasser bedecken. Das Ganze bei niedriger Temperatur langsam zum Kochen bringen und etwa 20 Minuten köcheln lassen. Dann weitere 30 Minuten ziehen lassen. Vorsichtig durch ein mit einem Tuch ausgelegtes Sieb in einen anderen Topf passieren. Die passierte Flüssigkeit auf 2 l einkochen. Das dauert je nach Größe des Topfes und Stärke der Kochplatte 30 Minuten bis 2 Stunden.

Heller Geflügelfond

Für 2 l Fond
2 kg Geflügelkarkassen oder Suppenhuhn, 500 ml Weißwein
100 g Petersilienwurzel, grob gewürfelt, 50 g Lauch, nur das Weiße, grob zerkleinert
75 g Knollensellerie, grob gewürfelt, 50 g Zwiebel, grob gewürfelt
75 g Karotte, grob gewürfelt, 2 Lorbeerblätter
20 Pfefferkörner, 3 Zweige Estragon

Die Geflügelkarkassen oder das Suppenhuhn mit allen anderen Zutaten in einen Topf geben. Mit 5 l kaltem Wasser bedecken. Bei niedriger Temperatur etwa 2 Stunden köcheln lassen, bis sich das Fleisch ganz leicht von den Knochen lösen lässt.
Vorsichtig durch ein mit einem Tuch ausgelegtes Sieb in einen anderen Topf passieren. Die passierte Flüssigkeit auf 2 l einkochen lassen. Das dauert je nach Größe des Topfes und Stärke der Kochplatte 30 Minuten bis 2 Stunden.

Krustentierfond

Für 1 l Fond
2 kg Krustentierschalen, 100 g Butter
500 g Suppengemüse (Karotte, Sellerie, Lauch, Fenchel, Zwiebel), in Würfel geschnitten
4 cl Weinbrand, 1 Dose geschälte Tomaten (300 g)
2 l ungesalzene Hühner- oder Gemüsebrühe (ersatzweise Wasser)
4 EL Fischgewürz- und Kräutermischung (Anis, Fenchel, Koriander, weißer Pfeffer
Dill, Estragon)

Die Krustentierschalen in einem stabilen Gefrierbeutel oder in ein Küchentuch gepackt mit dem Fleischklopfer oder einem schweren Stieltopf zerkleinern. In einem großen Topf die Butter zerlassen und die zerkleinerten Schalen darin anschwitzen. Wenn die Flüssigkeit verdampft ist und der Topfinhalt beginnt am Boden eine Schicht zu bilden, das gewürfelte Suppengemüse dazugeben und ebenfalls anschwitzen. Mit dem Weinbrand und den Tomaten ablöschen und mit der Brühe knapp bedecken. Die Gewürz- und Kräutermischung dazugeben und alles bei niedriger Temperatur zugedeckt etwa 1 Stunde sanft köcheln lassen. Durch ein mit einem Tuch ausgelegtes Sieb in einen anderen Topf passieren. Diese Flüssigkeit bei hoher Temperatur auf etwa 1 l einkochen.

Fischfarce

Für etwa 350 g Farce
250 g Zanderfilet ohne Haut
Salz, frisch gemahlener Pfeffer
100 ml eiskalte Sahne
gemischte Kräuter, gehackt

Das Zanderfilet für die Farce anfrieren oder, wenn es gefroren gekauft wurde, nur halb auftauen lassen. Filet grob zerkleinern und in den Mixer geben. Mit Salz und Pfeffer würzen und in Intervallen mit der Maschine bearbeiten, bis eine kompakte, relativ glatte Masse mit glänzender Oberfläche entstanden ist. Erst jetzt die eiskalte Sahne dazugeben und weiter mixen, bis Fisch und Sahne sich vollständig verbunden haben. Die gehackten Kräuter dazugeben und die Farce abschmecken.

TIPPS: Die Farce darf beim Mixen keinesfalls warm werden. Die Proteine in der Masse würden dann vorzeitig binden und die Masse später nicht fest werden. Wenn die Masse sich also nicht mehr kalt anfühlt, den Vorgang unterbrechen und den ganzen Mixeraufsatz mit Messer kurz in den Tiefkühler geben.

Man kann die Farce mit allen festfleischigen Fischen machen. Nicht gut geeignet sind Kabeljau, Schellfisch und ähnlich weiche Fische.

Auch aus rohen Garnelen lässt sich Farce zubereiten, da diese eine hervorragende Bindung erzeugen. Garnelenfarce hat einen rosa Farbton. Man kann Farcen auch einfärben, indem man einen Teil der Sahne durch färbende Flüssigkeiten ersetzt, etwa durch Rote-Bete-Saft, Safranfond oder Petersiliensaft. Auch Currypulver, Tomaten- und Spinatpulver sind geeignet.

Weißwein-Velouté

Für 250 ml Sauce

250 ml Weißwein, 200 ml Fischfond (Grundrezept siehe Seite 49), 3 Schalotten, 20 g Butter
25 ml Vermouth (z. B. Noilly Prat), 100 ml Sahne, 1 Zweig Estragon, Salz

Den Weißwein auf 50 ml einkochen lassen. Den Fischfond auf 100 ml einkochen lassen. Inzwischen die Schalotten fein würfeln und in der Butter farblos anschwitzen. Die eingekochten Flüssigkeiten, den Vermouth, die Sahne und den Estragon dazugeben. Alle Zutaten etwa 10 Minuten kochen lassen und durch ein feines Sieb passieren. Die Sauce mit Salz abschmecken und gegebenenfalls mit angerührter Speisestärke binden.

Feine Dips und Saucen

Klassische Cocktailsauce

100 ml Mayonnaise, 2 EL Ketchup, 2 EL Weinbrand
1 EL Zitronensaft, Salz

Amerikanische Cocktailsauce

100 ml Ketchup, 2 EL Meerrettich (aus dem Glas)
1 TL Tabasco, 1 EL Limettensaft, 1 EL Worcestersauce, Salz

Curry-Mandarinensauce

100 ml Mayonnaise, 2 EL Madras-Currypulver
½ Dose Mandarinen, Zucker, Salz

Kräutersauce

100 ml griechischer Joghurt
1 Bund gemischte Kräuter (Petersilie, Kerbel, Dill, Estragon, Schnittlauch), gehackt
1 Schalotte, gehackt, 1 TL Sojasauce
Salz, frisch gemahlener Pfeffer

Rouille

100 ml Mayonnaise, 1 Knoblauchzehe, fein zerdrückt
1 TL Cayennepfeffer, 3 EL kräftige Gemüsebrühe
5 EL Olivenöl, ¼ g gemahlener Safran

Die Zutaten jeweils mischen und die Sauce abschmecken.

Wichtige Küchenutensilien im Überblick

Küchenbasics

- Küchengarn (1)
- Mörser mit Stößel (2)
- Schneidebrett (3)
- stabile Haushaltsschere
- Zahnstocher / Schaschlikspieße
- Stabmixer
- (Elektrischer) Zerkleinerer

Entfernen von nicht verzehrbaren Teilen

- Fischschupper (4)
- Grätenzange oder -pinzette (5)
- Bürste zum Säubern von Muscheln und Schnecken

Schneiden und Zerteilen

- Filetiermesser mit langer, flexibler Klinge (6)
- stabiles Kochmesser (7)
- kurzes Sägemesser
- Sushimesser
- Hummerschere (8)
- Fischbesteck

Garen

- Fischbräter / Fischgitter **(9)**
- ovale Fischpfanne / ovaler Fischkochtopf (Poissoniere) **(10)**
- große Töpfe
- Fritteuse
- Wok
- Grill
- Grillpfanne
- Topf mit Sieb- und Dämpfeinsatz
- Bambuskorb
- ofenfeste Form und Backblech
- heißes / kaltes Wasserbad (Schüssel oder Schlagkessel auf Topf / Eis)
- Rouladennadeln zum Testen des Garzustandes von Fisch

Weitere Hilfsmittel

- Fischschaufel / Pfannenheber **(11)**
- Schaumlöffel zum Herausheben aus Fond, Suppe oder Frittieröl **(12)**
- großes grobes / feines Sieb **(13)**
- Spitzsieb zum Passieren
- Musselintuch zum Auslegen des Siebes **(14)**

Rezepte

FISCHE

MEERWASSERFISCHE

Rund 97 Prozent des gesamten Wasserbestands auf der Erdoberfläche besteht aus Salzwasser. In unseren Ozeanen lebt eine unbeschreibliche Artenvielfalt - Fische in allen erdenklichen Farben, Mustern und Formen. Heute bekommt man in Deutschland neben den heimischen Arten aus Ost- und Nordsee Fische aus aller Welt. Daraus ergeben sich auch für die Küche unzählige Möglichkeiten: ob gebratener Wolfsbarsch oder gegrillte Flunder, im Ganzen gefüllte Rotbarbe, Leng im Bierteig oder Sprotte in einer Suppe - frischer Fisch schmeckt immer wunderbar und immer wieder anders. Die den Rezepten vorangestellten Porträts enthalten interessante Infos über den jeweiligen Fisch.

Dorade/ Goldbrasse
(Sparus aurata)

Familie: Meerbrassen

Vorkommen: Mittelmeer, nordafrikanische, iberische und französische Atlantikküste, seltener in der Nordsee

Saison: ganzjährig, am besten Juli bis Oktober

Geeignete Garmethoden:
Backen, Grillen, Braten, Frittieren, Dünsten

Kann ersetzt werden durch: Barsch, Knurrhahn, Seehecht, Zander

Für die Fischerei auf Goldbrassen gibt es bislang keine Regulierung, weshalb ihr Bestand auch nicht erfasst ist. Fest steht allerdings, dass ein Großteil der Goldbrassenfischerei im Mittelmeer nicht nachhaltig ist. Wer den schmackhaften Fisch mit gutem Gewissen genießen möchte, entscheidet sich also am besten für eine Dorade aus ökologischer Aquakultur.

Frittierte Dorade in süßsaurer Mandarinensauce

Für 4 Personen 1 Stunde 15 Minuten

1 ganze Dorade (1,5–2 kg), 1 kg Mandarinen zum Entsaften, 20 Mandarinenfilets
1 Knoblauchzehe, fein gehackt, 1 milde Chilischote, fein gehackt oder in Ringe geschnitten
Olivenöl zum Braten, 100 g Zucker, 2 EL Thai-Fischsauce, Maisstärke
2 Frühlingszwiebeln, 2 l Pflanzenöl zum Frittieren
100 ml helle Sojasauce, Saft von ½ Zitrone, 200 g Weizenmehl

Die Dorade ausnehmen, waschen und trocken tupfen. Seitlich auf die Arbeitsfläche legen. Den Fisch mit einem scharfen Messer vom Kopf beginnend knapp hinter den Kiemen schräg nach hinten einschneiden, bis das Messer an die Mittelgräte stößt. Im Abstand von 5 mm parallel weitere Schnitte setzen, bis das ganze Filet in dachziegelartig überlappende Scheiben zerschnitten ist, die aber noch fest an der Mittelgräte haften. Dabei schneidet man immer wieder durch die Gräten, die dadurch beim Essen kaum noch zu spüren sind.

Den Fisch wenden und das Ganze auf der anderen Seite mit dem anderen Filet wiederholen. Den Fisch zugedeckt kalt stellen.

Die Mandarinen entsaften bzw. filetieren. Knoblauch und Chilischote in etwas Öl anbraten und mit dem Mandarinensaft ablöschen. Den Zucker dazugeben und das Ganze etwas einkochen lassen, dann mit der Fischsauce abschmecken und mit etwas angerührter Stärke binden. Die Sauce heiß halten.

Die Frühlingszwiebeln waschen, putzen und in Ringe schneiden.

Das Öl zum Frittieren in einem großen, weiten Topf oder im Wok auf 160 °C erhitzen.

Die Sojasauce mit dem Zitronensaft mischen und die Dorade darin 1 Minute marinieren. Dabei die Filetlappen auffächern, damit die Marinade überallhin gelangt.

Den Fisch leicht abtropfen lassen und dann in einer großen Schüssel im Weizenmehl wenden, sodass auch in alle Zwischenräume Mehl gelangt. Das Mehl sollte den Fisch rundherum dünn umschließen und zwischen jeden einzelnen Filetlappen gelangen. Das überschüssige Mehl abschütteln und den Fisch sofort in heißem Öl langsam goldbraun frittieren. Dabei immer wieder mit einer Kelle heißes Öl über den Fisch geben, damit alle Zwischenräume schön knusprig werden.

Den frittierten Fisch auf einer Servierplatte anrichten, mit der Mandarinensauce übergießen und mit den rohen Mandarinenfilets und den Frühlingszwiebeln bestreut servieren.

Dorade auf marokkanische Art mit Chermoula und Couscous

Für 4 Personen 45 Minuten

Für die Sauce:
2 Knoblauchzehen, fein gehackt, 2 EL Olivenöl, 500 g reife Tomaten, enthäutet und Samen entfernt, gewürfelt (oder stückige Tomaten aus der Dose), 1 TL gemahlener Kreuzkümmel
1 Msp. Cayennepfeffer, Saft von 1 Zitrone, 20 g Salzzitronenschale, fein gehackt (aus dem Orientladen), Salz, frisch gemahlener Pfeffer, Zucker
10 Zweige Koriandergrün, klein gehackt

Für den Couscous:
½ l Hühner- oder Gemüsebrühe (oder Gemüsesaft, z. B. Karotte, Tomate, Rote Bete oder Spinat), 4 EL Olivenöl, 1 EL Ras el Hanout, Salz
½ l Instant-Couscous, 100 g Butter

Für den Fisch:
1 Dorade (1,5–1,8 kg, oder 800 g Doradenfilet), Salz, frisch gemahlener Pfeffer
Olivenöl für das Blech, 3 Knoblauchzehen, angequetscht
5 Zweige Thymian, 200 ml Weißwein

Für die Sauce den Knoblauch im Olivenöl andünsten und mit den Tomatenwürfeln ablöschen, Kreuzkümmel, Cayennepfeffer, Zitronensaft und Salzzitronenschale dazugeben und alles etwa 10 Minuten kochen lassen. Kräftig mit Salz, Pfeffer und Zucker abschmecken. Den Koriander erst kurz vor dem Servieren dazugeben.

Für den Couscous die Brühe zum Kochen bringen, das Olivenöl dazugeben, mit Ras el Hanout und Salz kräftig abschmecken. Den Couscous in die kochende Flüssigkeit einrühren, den Deckel auflegen und den Topf vom Herd nehmen. Couscous etwa 10 Minuten quellen lassen und dann sorgfältig mit einer Gabel auflockern. Dabei die Butter portionsweise unterrühren. Den Couscous nochmals abschmecken. Den Backofen auf 180 °C vorheizen.

Den Fisch schuppen, ausnehmen, waschen und trocken tupfen. Außen und innen mit Salz und Pfeffer würzen und auf ein mit Olivenöl bestrichenes Backblech legen. Knoblauch und Thymian dazugeben und den Weißwein dazugießen. Den Fisch etwa 15 Minuten dünsten. Den Ofen abschalten und den Fisch weitere 5-10 Minuten im Ofen ziehen lassen (Filets nur 3-4 Minuten auf der geschuppten Hautseite braten).

Dorade gefüllt mit Rogencreme und Kräutern

Für 4 Personen

1 Stunde

1 Dorade (1,5–1,8 kg)
6 rohe Garnelenschwänze, geschält
Salz
100 ml eiskalte Sahne
frisch gemahlener Pfeffer
100 g Tobiko (Fliegenfisch-Rogen) oder Maränenkaviar
200 g Schweinenetz (Flomen, beim Metzger vorbestellen), gewässert
1 Bund gemischte Gartenkräuter, fein gehackt

Zum Servieren:
1 türkisches Fladenbrot
200 g Taramasalata (Karpfenrogencreme, gekauft)

Die Dorade vom Rücken auslösen, die Filets aber nicht vom Kopf und Schwanz lösen, sondern nur die Mittelgräte herausnehmen. Dazu die Mittelgräte von beiden Seiten freilegen und dann mit der Flossenschere am Kopf und am Schwanz abtrennen. Die kleinen Bauchgräten und weitere übrige Gräten mit einer Zange entfernen.

Die Garnelenschwänze mit Salz mit Hilfe eines (elektrischen) Zerkleinerers fein mahlen. Die kalte Sahne dazugeben und alles zu einer glatten Farce verarbeiten. Mit Pfeffer abschmecken und den Rogen untermischen. Diese Masse in den Fisch zwischen die beiden Filets streichen. Den Backofen auf 160-170 °C vorheizen.

Das gut gewässerte Schweinenetz auf der Arbeitsfläche ausbreiten und die Kräuter darauf verteilen. Den Fisch darauflegen und in das Netz einwickeln. Den Fisch in einer großen Pfanne auf beiden Seiten scharf anbraten und anschließend etwa 15 Minuten im Ofen fertig garen.

Den Fisch herausnehmen und das Schweinenetz entfernen. Den Fisch mit dem Fladenbrot und Taramasalata servieren.

Kabeljau/ Dorsch
(Gadus morhua)

Familie: Dorsche

Vorkommen: Nordwestatlantik, Nordostatlantik

Saison: ganzjährig, am besten aber Oktober bis April

Geeignete Garmethoden: Braten, Dünsten, Backen

Kann ersetzt werden durch: Seelachs, Schellfisch

In der Nord- und Ostsee sowie im gesamten Nordostatlantik gibt es dank eines sinnvollen Managements wieder mehr Kabeljau. In der Ostsee, wo der Fisch als Dorsch bezeichnet wird, hat sich sein Bestand sogar recht gut erholt. Immer noch bedenklich ist es dagegen um die Kabeljaubestände im Nordwestatlantik bestellt. Deshalb sollte man immer lieber regionsbewusst einkaufen. Der heimische Kabeljau schmeckt am besten in den Wintermonaten. Im kalten Wasser wird sein Fleisch zart und fest.

Kabeljau in Algen-Salzkruste mit Nudeln, Wildkräutern und Senfsauce

Für 2 Personen 1 Stunde plus 1 Stunde Garen

Für den Fisch:
1 kg grobes Meersalz mit Algen oder frische Algen vom Strand, 1 Eiweiß
1 Tasse Weizenmehl, 1 Kabeljau aus der Ostsee (etwa 800 g)
1 Knoblauchzehe, halbiert

Für die Sauce:
100 ml trockener Weißwein, 2 Zweige Thymian, 3 EL kalte Butter, 50 g Zwiebel, grob gewürfelt
½ Bund Suppengemüse (Karotte, Sellerie, Lauch), gewürfelt, 200 ml Fischfond (Grundrezept siehe Seite 49), 100 ml Sahne, Salz, frisch gemahlener Pfeffer, Zucker, Zitronensaft
50 g Gartenkräuter (glatte Petersilie, Estragon, Dill und Kerbel), gehackt
2 EL grober Steinmühlensenf, 1 Eigelb

Für die Wildkräuter:
20 g Schalotte, fein gewürfelt, 1 EL Butter, 160 g zarte Wildkräuter (z. B. Melde, Giersch, Sauerampfer, Guter Heinrich), 1 Knoblauchzehe, Salz, frisch gemahlener Pfeffer, Zucker
frisch geriebene Muskatnuss

160 g frische Bandnudeln (Rezept siehe Seite 190), Butter zum Schwenken

Für die Salzkruste das Meersalz mit den Algen, dem Eiweiß, etwas Wasser und dem Mehl vermischen. Den Backofen auf 160 °C vorheizen. Den Thymian und die zwei halben Knoblauchzehen in die Bauchöffnung geben. Den Fisch mit der Bauchöffnung nach unten auf ein Backblech legen. Den ganzen Fisch rundherum mit der Salzmasse etwa 1 cm dick abdecken. Die Salzmasse etwas andrücken und mit nassen Händen glatt streichen, bis das Ganze eine schöne Form hat. Den Kabeljau in der Salzkruste im Ofen etwa 1 Stunde backen.

Für die Sauce den Weißwein mit dem Thymian aufkochen und reduzieren. In einem anderen Topf 1 EL Butter sanft erhitzen und die Zwiebel und das Suppengemüse darin glasig dünsten. Den Fischfond angießen und in 15-20 Minuten einkochen lassen.

Wenn der Wein fast ganz eingekocht ist, zum Fischfond geben, die Sahne dazugeben und die Sauce mit Salz, Pfeffer, Zucker und Zitronensaft abschmecken. Durch ein feines Sieb passieren und mit 2 EL kalter Butter aufmixen.

Inzwischen für die Wildkräuter die Schalotte in der Butter anschwitzen, die Wildkräuter und den Knoblauch dazugeben und ansautieren. Mit Salz, Pfeffer, Zucker und Muskatnuss abschmecken.

Die Nudeln kochen, abgießen, leicht salzen und in etwas Butter schwenken. Kurz vor dem Servieren die Gartenkräuter, den Senf und das Eigelb in die Sauce rühren.

Den Fisch in der Salzkruste auf den Tisch stellen und die Salzhaube abnehmen. Den Fisch filetieren und mit den Nudeln, den Wildkräutern und der Sauce servieren.

Kabeljau mit Tomatenconfit, Senfsauce und Gutem Heinrich

Für 4 Personen 45 Minuten

100 ml kalt gepresstes Rapsöl, 3 Knoblauchzehen, 2 Zweige Thymian, 20 reife Kirschtomaten
Salz, frisch gemahlener Pfeffer, Rapsöl, 200 ml Riesling, 200 ml Fischfond (Grundrezept siehe Seite 49), 4 Schalotten, fein gewürfelt, 1 EL Crème fraîche, 100 g Butter, 4 EL Körnersenf
250 g Guter Heinrich, Zucker, frisch geriebene Muskatnuss, 600 g Kabeljaufilet

Das Rapsöl mit 1 Knoblauchzehe und 1 Zweig Thymian auf über 100 °C erhitzen. Die Kirschtomaten darin blanchieren, herausheben, kalt abschrecken und enthäuten. Salzen und pfeffern, in einen kleinen Topf geben, mit Rapsöl bedecken und ziehen lassen.

Den Riesling auf 50 ml einkochen. Den Fischfond mit der Hälfte der Schalottenwürfel etwas reduzieren. Beides mischen, die Crème fraîche dazugeben, mit Salz und Pfeffer würzen und mit 50 g Butter und dem Senf aufmixen, abschmecken.

Den Guten Heinrich waschen und in Salzwasser blanchieren. Die übrigen Schalottenwürfel in der übrigen Butter anschwitzen, mit 1 Knoblauchzehe, Salz, Pfeffer, Zucker und Muskatnuss würzen und das Kraut darin schwenken.

Die Fischfilets bei niedriger Temperatur im Rapsöl mit dem übrigen Knoblauch und Thymian auf beiden Seiten braten. Alles anrichten und sofort servieren. Dazu passen deftige Bratkartoffeln.

Klippfischpüree vom Kabeljau mit Tomaten und Petersilienöl

Für 4 Personen 30 Minuten

Für das Fischpüree:
400 g gewässerter Klippfisch, ½ l Milch, 1 Knoblauchzehe, angequetscht, 1 Zweig Thymian
1 mehligkochende Kartoffel, gekocht, etwa 100 ml Olivenöl, Salz, frisch gemahlener Pfeffer

Für die Tomaten und das Petersilienöl:
20 Kirschtomaten, 6 EL Olivenöl, 1 Knoblauchzehe, 2 Zweige Thymian, Salz, Zucker
frisch gemahlener Pfeffer, ½ Bund Petersilie, grob zerkleinert

Den Fisch in der Milch mit der Knoblauchzehe und dem Thymianzweig etwa 5 Minuten pochieren. Zerkleinern und mit der durchgepressten Kartoffel und Olivenöl mit dem Stabmixer pürieren. Mit Salz und Pfeffer abschmecken. Den Backofen auf 160–170 °C vorheizen.

Die Kirschtomaten mit dem Öl, Knoblauch, Thymian, Salz, Zucker und Pfeffer mischen und im Ofen 10–15 Minuten garen, bis sie innen heiß sind und aufplatzen. Die Petersilie mit 3 EL Olivenöl und Salz im Mixer pürieren. Mit dem Fischpüree und den Tomaten anrichten.

Kabeljau-Chicorée-Roulade mit Butter-Eier-Sauce und Kresse

Für 4 Personen 1 Stunde

Für die Roulade:
600 g Kabeljaufilet, 2 Stauden Chicorée, 30 g Zucker, 40 ml Orangensaft
Salz, frisch gemahlener Pfeffer, 100 g Fischfarce (Grundrezept siehe Seite 50)

Für die Sauce:
100 ml Fischfond (Grundrezept siehe Seite 49)
100 ml Weißwein
Speisestärke
250 g ungesalzene Rohmilchbutter
2 Strauchtomaten, enthäutet, Samen entfernt, fein gewürfelt
6 Eier, wachsweich gekocht, gehackt
1 Bund Schnittlauch, fein gehackt
1 Kästchen Kresse, fein gehackt
Estragon
Salz, frisch gemahlener Pfeffer
2 Knoblauchzehen
3 Zweige Thymian

Kerbel zum Garnieren

Für die Fischroulade das Fischfilet waschen und trocken tupfen, eventuell vorhandene Gräten mit der Pinzette herausziehen. Den Chicorée waschen, trocken tupfen und in einzelne Blätter zerteilen. Die Blätter mit Zucker, Orangensaft, Salz und Pfeffer in einer Pfanne zugedeckt 5 Minuten dünsten, damit die Blätter nicht braun werden.

Die Chicoréeblätter auf einem Küchentuch in zwei Reihen so nebeneinanderlegen, dass die Spitzen sich wie bei einem Reißverschluss treffen und leicht überlappen. Mit einem zweiten Tuch abdecken und fest andrücken, um die Oberfläche zu trocknen. Oberes Tuch entfernen. Die entstandene Fläche mit der Fischfarce bestreichen. Die Fischfilets darauflegen. Das Ganze mithilfe des Küchentuches fest zu einer Roulade aufrollen. Die Roulade kalt stellen.

Für die Sauce den Fischfond mit dem Weißwein etwas einkochen und mit angerührter Stärke leicht binden. Die Butter zerlassen. In einem zweiten Topf Tomatenwürfel, Eier und Kräuter mischen. Die Butter dazugeben und mit Salz und Pfeffer kräftig abschmecken. Den gebundenen Fond hinzufügen, alles ganz vorsichtig vermischen, nicht mehr rühren.

Den Backofen auf 170 °C vorheizen. Die Fischroulade vorsichtig aus dem Küchentuch wickeln und in vier gleich große Stücke schneiden. In einer Pfanne in etwas Butter mit dem Knoblauch und dem Thymian sanft anbraten. Der Chicorée soll kaum Farbe annehmen. Im Ofen etwa 3 Minuten fertig garen. Die Sauce auf Teller verteilen, den Fisch darauf anrichten und mit frisch gezupften Kerbelblättern garnieren.

Kabeljaufilet mit Sauce hollandaise und Senfvinaigrette

Für 4 Personen 45 Minuten

Für den Fisch:
600 g Kabeljaufilet
Salz, frisch gemahlener Pfeffer
50 ml Olivenöl
2–3 Stücke unbehandelte Orangenschale
1 Knoblauchzehe, angequetscht
1 Zweig Thymian

Für die Sauce:
300 ml Weißwein
2–3 Eigelb
150 g warme Butter (ca. 60 °C)
Salz, Cayennepfeffer, Zitronensaft

Für die Vinaigrette:
125 ml Hühnerbrühe
1 Schalotte, fein gehackt
Salz, frisch gemahlener Pfeffer
3–4 EL grober Steinmühlensenf
Olivenöl
Zitronensaft

100 g Winterportulak zum Garnieren

Die Fischfilets waschen und trocken tupfen. Mit Salz und Pfeffer würzen und mit Olivenöl, Orangenschale, Knoblauch und Thymian in einen Gefrierbeutel geben.

Die Luft herausstreichen und den Beutel verschweißen oder mit Kunststoff-Klebestreifen verschließen. Die Öffnung dreimal umfalzen und nochmals mit Klebestreifen sichern. Den Fisch im Päckchen im Wasserbad bei 50 °C 15-20 Minuten sanft garen. So bleibt er besonders saftig.

Inzwischen für die Sauce hollandaise den Weißwein auf 40-50 ml einkochen lassen. Die Eigelbe mit der Weißweinreduktion und den Gewürzen über dem warmen Wasserbad schaumig aufschlagen. Die warme Butter zuerst tropfenweise, dann nach und nach unterschlagen und die Mischung mit Salz, Cayennepfeffer und Zitronensaft kräftig abschmecken.

Für die Vinaigrette die Hühnerbrühe mit der Schalotte erhitzen und etwa auf die Hälfte reduzieren, mit Salz und Pfeffer abschmecken und abkühlen lassen. Den Senf unterrühren, etwas Olivenöl und einige Spritzer Zitronensaft hinzufügen.

Die Sauce hollandaise auf vorgewärmte Teller geben, die Senfvinaigrette darüberlaufen lassen, den Fisch obenauf anrichten und mit Winterportulak garnieren.

Leng
(Molva molva)

Familie: Dorsche

Vorkommen: Nordostatlantik

Saison: Herbst und Winter

Geeignete Garmethoden:
Dünsten, Braten, Backen, Frittieren

Kann ersetzt werden durch: Kabeljau

Zum Bestand dieses größten Vertreters der Dorschfamilie gibt es keine konkreten Daten. Meist kommt der Raubfisch als Beifang in der Fischerei mit Grundschleppnetzen oder Stellnetzen an Land. Da der Leng sehr langsam wächst und erst spät geschlechtsreif wird und sich fortpflanzt, ist er jedoch potenziell anfällig für eine Überfischung.

Leng im Bierteig mit Frankfurter Grüner Sauce

Für 4 Personen

45 Minuten

Für den Teig:
100 g Mehl
100 g Speisestärke
1 Prise Backpulver
150 ml Bier (am besten Doberaner Klosterbier)
1 Ei, getrennt
1 EL Öl
Salz, frisch gemahlener Pfeffer

Für die Sauce:
1 Bund Kräuter für Grüne Sauce (Gartenkresse, Petersilie, Borretsch, Pimpinelle, Sauerampfer, Dill, Kerbel, Estragon, Schnittlauch)
4 Eier, hart gekocht
200 ml griechischer Joghurt
100 ml Mayonnaise
Salz, frisch gemahlener Pfeffer

Für den Fisch:
600 g Lengfilet
Salz
Mehl
Butterschmalz oder Öl zum Ausbacken

Für den Teig Mehl, Stärke, Backpulver, Bier, Eigelb, Öl, Salz und Pfeffer in einer Schüssel verrühren. Das Eiweiß zu steifem Schnee schlagen und unterheben.

Für die Sauce die Kräuter waschen, trocken schütteln und fein schneiden bzw. hacken. Die Eier pellen und ebenfalls hacken. Kräuter und Eier mit Joghurt und Mayonnaise mischen und mit Salz und Pfeffer kräftig abschmecken.

Das Lengfilet waschen und trocken tupfen. Salzen und in Mehl wenden, dann in den Bierteig tauchen und in reichlich Butterschmalz oder Öl knusprig ausbacken. Auf Küchenpapier abtropfen lassen. Mit der Grünen Sauce und Pellkartoffeln servieren.

Wittling/Merlan
(Merlangius merlangus)

Familie: Dorsche

Vorkommen: Nordostatlantik

Saison: ganzjährig

Geeignete Garmethoden:
Braten, Dünsten, Backen

Kann ersetzt werden durch: Kabeljau

Der Wittling wird gezielt mit Grundschleppnetzen gefangen, weshalb Umweltverbände vom Verzehr abraten. Als Beifang wird er nicht sonderlich geschätzt, weil der Speisefisch keine hohen Preise erzielt. Eine wissenschaftliche Bestandsaufnahme gibt es für den Fisch nicht, entsprechend auch keinen Managementplan.

Wittling mit Steinpilzen und Mandel-Duqqa

Für 4 Personen

45 Minuten

Für die Duqqa:
100 g geschälte Mandeln
3 EL Kreuzkümmelsamen
2 EL Korianderkörner
1 TL Meersalz
½ TL schwarzer Pfeffer
2 EL weiße Sesamsamen

Für die Steinpilze:
6 Zweige Petersilie, Blätter abgezupft
1 Knoblauchzehe, geschält
400 g frische Steinpilze, geputzt (oder Steinchampignons vom Markt)
Salz, frisch gemahlener Pfeffer
80 g kalte Butter, gewürfelt
60 ml kalt gepresstes Olivenöl extra vergine

Für den Fisch:
600 g Wittlingfilet mit Haut, Gräten entfernt
Salz, frisch gemahlener Pfeffer
Olivenöl zum Braten
Zitronensaft

Den Backofen auf 180 °C vorheizen und die geschälten Mandeln auf einem Backblech rösten, bis sie ziemlich dunkel sind. Abkühlen lassen und mit den Gewürzen und den Sesamsamen mittelfein zermahlen.

Die Petersilienblätter klein zupfen und mit dem Knoblauch fein hacken, dabei beides gut vermischen.

Den Backofen auf 160–170 °C vorheizen. Die Fischfilets waschen und trocken tupfen, mit Salz und Pfeffer würzen. In der Duqqa wenden und auf der Hautseite in Olivenöl in einer Pfanne kurz anbraten. Die Fischfilets wenden und mit etwas Zitronensaft beträufeln. Anschließend auf ein Backblech geben und im heißen Ofen etwa 3 Minuten fertig garen.

Inzwischen die Steinpilze in Scheiben schneiden und in der Fischpfanne anbraten, salzen und pfeffern. Die Knoblauchpetersilie über den Steinpilzen verteilen, die Butterwürfel und das Olivenöl dazugeben und kurz mit den Pilzen durchschwenken.

Fischfilets und Steinpilze anrichten. Die übrige Duqqa zum Dippen auf einen Teller geben.

Wittling im Auberginenmantel mit marokkanischen Tomaten M'Chermel

Für 4 Personen 1 Stunde 30 Minuten

2 lange dünne violette Auberginen
Olivenöl zum Braten
150 g Fischfarce (Grundrezept siehe Seite 50)
600 g Wittlingfilet ohne Haut
Salz, frisch gemahlener Pfeffer
120 ml Weißwein-Velouté (Grundrezept siehe Seite 51)
50 ml Aceto balsamico
kalte Butter

Für die Tomaten:
1 kleine Zwiebel, gehackt
Olivenöl zum Braten
2 EL gemahlene Gewürze (Kreuzkümmel, Koriander, Chilipulver)
1 Dose geschälte Tomaten (330 g), püriert
Salz
2 EL Honig
je 15 gelbe und rote Kirschtomaten, enthäutet, quer halbiert
2 Schalotten, fein gewürfelt
1 Bund Frühlingszwiebeln, in feine Ringe geschnitten
feines Meersalz, frisch gemahlener Pfeffer

Die Auberginen putzen, der Länge nach halbieren und in dünne Scheiben schneiden. Ganz kurz in Olivenöl anbraten. Mit Küchenpapier trocken tupfen und nebeneinander überlappend auf einem Küchentuch auslegen, Hautstreifen nach unten.

Die Fischfarce auf den Auberginen verstreichen. Das Fischfilet waschen und trocken tupfen, mit Salz und Pfeffer würzen und in die Mitte der Farce legen. Unter Anheben des Tuches das Ganze zu einer festen, eher flachen Rolle formen. Kalt stellen.

Für das Tomatenfondue die Zwiebel im Öl anbraten, die Gewürze dazugeben und mitrösten. Mit den geschälten Tomaten ablöschen und in etwa 20 Minuten einkochen lassen. Mit Salz und Honig abschmecken und durch ein feines Sieb passieren.

Die Kirschtomaten mit den Schalotten in Olivenöl andünsten. Salzen und pfeffern, die passierte Tomatensauce und die Frühlingszwiebeln hinzufügen. Warm stellen.

Die Weißwein-Velouté aufkochen, mit Aceto balsamico abrunden und die kalte Butter einmixen.

Den Backofen auf 160-170 °C vorheizen. Die Fischroulade schräg in vier gleich große Stücke schneiden und diese in Olivenöl anbraten, bis die Auberginen etwas Farbe annehmen. Wenden und kurz braten. Im heißen Ofen etwa 3 Minuten fertig garen.

Zum Anrichten die Tomaten in tiefe Teller geben und den gebratenen Fisch im Auberginenmantel daraufsetzen. Die Velouté mit dem Stabmixer aufschäumen und dazugeben.

Adlerfisch
(Argyrosomus regius)

Familie: Umberfische

Vorkommen: Nordostatlantik, Mittlerer Ostatlantik

Saison: ganzjährig

Geeignete Garmethoden:
Braten, Dünsten, Backen, roh

Kann ersetzt werden durch: Wolfsbarsch

Früher war der Adlerfisch nur an den Küsten Frankreichs und Spaniens bei Fischessern beliebt. Sein Aufstieg zu gastronomischer Bekannt- und Beliebtheit über den lokalen Markt hinaus hat seinen Bestand in jüngerer Vergangenheit jedoch minimiert, nicht zuletzt weil er sehr leicht zu fangen ist. Auf dem deutschen Markt wird der Adlerfisch inzwischen meist aus Aquakultur angeboten.

Gedünstete Adlerfischroulade in Zucchini mit Sauce Pistou

Für 4 Personen

1 Stunde

Für die Sauce:
1 l heller Geflügelfond (Grundrezept siehe Seite 49), 1 TL Speisestärke
1 Bund glatte Petersilie, 2 Bund Basilikum, 50 g junger Parmesan, frisch gerieben
100 ml Olivenöl, 100 g Butter, Salz, Tabasco

Für den Fisch:
2 Zucchini, am besten 1 grüne und 1 gelbe
Salz
150 g Fischfarce (Grundrezept siehe Seite 50)
600 g Adlerfischfilet ohne Haut
frisch gemahlener Pfeffer
1 Knoblauchzehe, gequetscht
Thymianblättchen

Für die Sauce den Geflügelfond mindestens auf die Hälfte einkochen lassen, um das Aroma zu konzentrieren. Die Speisestärke mit etwas kaltem Wasser verrühren und den Fond damit binden, bis er die Konsistenz einer Sauce hat. Noch einmal aufkochen lassen.

Die Kräuter waschen, trocken schütteln und die Blätter abzupfen. Eine große Metallschüssel (mindestens 2 l Inhalt) auf Eis stellen.

Kräuter und Parmesan mit dem Öl in den Becher eines Mixers geben. Das Gerät auf kleinste Stufe stellen und nach und nach den kochenden Fond dazugießen. Den Deckel auflegen und mit einem Handtuch festhalten. Nun den Mixer stufenweise auf höchste Stufe bringen und etwa 1 Minute mixen, bis sich eine grasgrüne, homogene Flüssigkeit gebildet hat. Die Butter dazugeben und kurz weitermixen. Die Sauce durch ein feines Sieb in die auf Eis gesetzte Schüssel gießen und darin sofort kalt rühren (so bleibt die grüne Farbe erhalten).

Für die Fischroulade die Zucchini waschen, putzen, längs in dünne Scheiben schneiden und ganz kurz in Salzwasser blanchieren. Die Scheiben trocken tupfen und nebeneinander überlappend auf einem Küchentuch auslegen. Falls grüne und gelbe Zucchini verwendet werden, abwechselnd eine grüne und eine gelbe Scheibe nehmen.

Die Farce auf die Zucchini streichen. Das Fischfilet waschen, trocken tupfen, mit Salz und Pfeffer würzen und in die Mitte der Farce legen. Das Ganze mithilfe des Tuches zu einer festen, flachen Rolle formen und diese kalt stellen.

Den Backofen auf 150 °C vorheizen. Die Fischroulade mit einem scharfen Messer schräg in gleich große Stücke schneiden und mit etwas Flüssigkeit auf ein gebuttertes Backblech oder in eine Pfanne geben. Knoblauch und Thymianblätter dazulegen und die Stücke im Ofen 5-8 Minuten dünsten. Oder in der Pfanne in Butter zugedeckt dünsten.

Die Sauce kurz erhitzen, aber nicht kochen lassen. Mit Salz und Tabasco abschmecken. Auf Teller geben und die Fischrouladenstücke daraufsetzen.

Pescaccio vom Adlerfisch

Für 4 Personen

20 Minuten plus 2–3 Stunden Anfrieren

400 g Adlerfischfilet
100 g Thai-Spargel
Salz
30 ml Austernsauce
50 g Blaumohn
50 ml feines Olivenöl
15 g Fleur de Sel
frisch gemahlener weißer Pfeffer
Zitronensaft

Das Fischfilet waschen und trocken tupfen. In Frischhaltefolie fest einrollen und anfrieren.

Inzwischen den Thai-Spargel waschen, putzen und in kochendem Salzwasser bissfest kochen. Abgießen und mit der Austernsauce vermischen. Den Blaumohn in einer Pfanne ohne Fett rösten, bis er duftet.

Vier Teller mit Olivenöl einpinseln und mit Fleur de Sel bestreuen. Das angefrorene Fischfilet in hauchdünne Scheiben schneiden. Die Fischscheiben auf den Tellern auslegen und mit etwas Salz und weißem Pfeffer würzen. Den gerösteten Blaumohn darüberstreuen und mit etwas Zitronensaft beträufeln. Den Spargel darauf anrichten.

AUF DER FLUCHT VOR FAULEN FISCHEN

Der Legende nach wurde der junge Henrik Ibsen von seinem Vater Knud regelmäßig dazu gezwungen, »surströmming«, eine schwedische Fischspezialität aus Heringen, die durch ihre eigenen Faulgase konserviert werden und entsprechend schmecken, zu essen. Noch nicht einmal Henriks Einwand, Norweger und kein Schwede zu sein, erweichte den gestrengen Vater. So musste ihm der Verzehr der ekelerregenden Speise wie eine unausweichliche Strafe vorkommen, die ihn regelrecht heimsuchte. Dass er insgesamt 27 Jahre seines Lebens fern der Heimat verbrachte, soll wohl daran gelegen haben, dass »surströmming« in Italien und Deutschland nicht erhältlich war. Eine gewisse Sympathie für Fischiges schien er sich trotzdem bewahrt zu haben, denn zu fortgeschrittener Stunde soll er in heiterer Runde des Öfteren vermeldet haben, er fühle sich »so wohl wie ein Fisch im Wasser«.

(Nach Archi W. Bechlenberg)

Sprotte
(Sprattus sprattus)

Familie: Heringsartige

Vorkommen: Nordostatlantik, Ostsee, Mittelmeer, Schwarzes Meer

Saison: Januar bis April, September bis Dezember

Geeignete Garmethoden:
Braten, Grillen, Räuchern, Einlegen, Frittieren

Kann ersetzt werden durch: Sardelle

Ein Großteil aller gefangenen Sprotten geht leider in die Fischmehlproduktion. Zweifellos wäre es besser, den Fisch als Ganzen zu genießen und dem Fischer einen angemessenen Preis dafür zu bezahlen. Der Sprottenbestand in der Ostsee ist in einem guten Zustand und wird nachhaltig befischt. Über die anderen Bestände liegen jedoch keine verlässlichen Zahlen vor.

Sprotten und Fischfilets in rustikaler Fischsuppe

Für 4 Personen

30 Minuten

1 kg Sprotten
500 g Krustentierkarkassen
3 EL Olivenöl
3 EL indisches Currypulver
1 Knolle Fenchel, gewürfelt
1 Stange Lauch, klein geschnitten
2 Stangen Sellerie, klein geschnitten
1 Zwiebel, fein gewürfelt
400 g geschälte Tomaten aus der Dose
200 ml Weißwein
10 cl Vermouth (z. B. Noilly Prat)
1 l Fischfond (Grundrezept siehe Seite 49)
600 g Fischfilets (Flunder, Steinbutt, Hering, Meerforelle, Meeräsche, evtl. Garnele)
Salz, frisch gemahlener Pfeffer
200 g Suppengemüse, sehr fein gewürfelt
100 g Fenchel, in feine Streifen geschnitten
frittierte Kräuter
frisches Baguette mit Kräuteröl zum Servieren

Die Sprotten von Kiemen, Blut und Schleim befreien, gut wässern und etwas klein hacken.

Die Krustentierschalen und die gehackten Fische in etwas Olivenöl anschwitzen, mit dem Currypulver bestauben und weiterschwitzen. Die Gemüsewürfel dazugeben. Mit den Tomaten ablöschen, Wein, Vermouth und den Fond dazugeben und aufkochen.

Alles etwa 20 Minuten ziehen lassen und dann durch ein grobes Sieb (Durchschlag) oder die »Flotte Lotte« passieren. Dabei soll ein Teil des Gemüses und die Fischeiweißreste von den Karkassen mit durchs Sieb gehen. Das gibt der Suppe ihren deftigen und kräftigen Charakter.

Die Fischfilets waschen und trocken tupfen, mit Salz und Pfeffer würzen. Die Gemüsewürfel in etwas Olivenöl kurz anschwitzen. Die Fischfilets in etwas Olivenöl braten und auf Teller verteilen. Die Suppe dazugießen, die Fenchelstreifen in die Mitte geben, die kleinen Gemüsewürfel und die frittierten Kräuter darauf verteilen.

Dazu schmeckt eine längs geschnittene Baguettescheibe, die mit Kräuteröl bestrichen und getoastet wurde.

Eingelegte Sprotten mit Absinth und Gewürzen

Für 4 Personen

30 Minuten
plus mehrere Tage Einlegezeit

20 frische Sprotten
Salz
3 g Rosmarin, fein gehackt
2 g frisch gemahlener Pfeffer
3 g Ingwerpulver
3 g gemahlene Muskatblüte
1 g Nelkenpulver
4 Knoblauchzehen, in Scheiben geschnitten
2 milde Chilischoten, klein geschnitten
4 EL Sherryessig
15 cl Absinth
200 ml Olivenöl

Die Sprotten hinter den Kiemen von beiden Seiten einschneiden und die Köpfe nach unten abziehen. Das Rückgrat kommt dann mit den ganzen Innereien mit.

Die so vorbereiteten Doppelfilets waschen, trocken tupfen, leicht salzen und mit dem Rosmarin und den gemahlenen Gewürzen bestreuen. Auf jedes Doppelfilet eine Scheibe Knoblauch und ein Stückchen Chili legen.

Die Sprotten in ein Einmachglas schichten und mit dem Essig und dem Absinth beträufeln. Mit Olivenöl bedecken und zugedeckt im Kühlschrank ein paar Tage ziehen lassen. (Man kann sie bis zu 4 Wochen ziehen lassen.)

Zum Verzehr die Sprotten mit einer sauberen Gabel oder Zange entnehmen und mit frisch gebackenem Baguette genießen.

Frittierte Sprotten mit Tatarensauce

Für 4 Personen

30 Minuten

Für den Tempurateig:
100 g Weizenmehl Type 405
100 g Maisstärke
1 Eigelb
1 EL Öl
Salz
100 g Eiswürfel, gerade geschmolzen

Für die Sauce:
1 Schalotte
1 Knoblauchzehe
2 Essiggurken
200 ml Mayonnaise
10 g glatte Petersilie, fein gehackt
20 g Schnittlauch, fein gehackt
10 g Kerbel, fein gehackt
1 Eigelb, hart gekocht
1 EL Worcestersauce
10 g Körnersenf
1 EL Kapern, fein gehackt
Salz, frisch gemahlener Pfeffer

40 Ostseesprotten, frisch oder langsam aufgetaut
Salz, frisch gemahlener Pfeffer
Mehl
Öl zum Frittieren

Für den Teig Mehl, Stärke, Eigelb, Öl und Salz gut mischen und so viel Eiswasser dazugeben, dass der Teig sehr flüssig ist. Je flüssiger der Teig, umso dünner und delikater wird die Knusperkruste.

Für die Sauce Schalotte, Knoblauch und Essiggurken sehr fein würfeln. Mit der Mayonnaise und den Kräutern, dem Eigelb, der Worcestersauce, dem Senf und den Kapern mischen und mit Salz und Pfeffer abschmecken.

Die Fische waschen und gut trocken tupfen. Mit Salz und Pfeffer würzen, mehlieren und durch den Teig ziehen. In der Fritteuse oder in einem großen Topf das Öl auf 160-180 °C erhitzen und die Sprotten darin knusprig braun frittieren. Auf Küchenpapier abtropfen lassen und mit der Tatarensauce servieren.

Roter Knurrhahn
(Chelidonichthys lucerna)

Familie: Knurrhähne

Vorkommen: Nordostatlantik, westliche Ostsee, Mittelmeer, Schwarzes Meer

Saison: vor allem September bis Dezember

Geeignete Garmethoden:
Braten, Grillen, Fischsuppe, Eintopf

Kann ersetzt werden durch: Dorade, Seehecht

Gezielt gefangen wird der Knurrhahn mit Reusen oder Stellnetzen. In beiden Fällen handelt es sich um selektive Fangmethoden, die den Meeresboden schonen. Meist landet der urig aussehende Fisch aber einfach als Beifang im Netz. Trotzdem ist der schmackhafte Knurrhahn, vor dessen Zubereitung viele zurückschrecken, eher nicht gefährdet.

Knurrhahn mit Gemüsefumet, Tomatenconfit und Rouille

Für 4 Personen

1 Stunde

Für die Rouille:
½ rote Paprikaschote, enthäutet, Samen und Scheidewände entfernt, im Salamander gegrillt, 2 Eigelb, 1 Kartoffel, gekocht, 2 Knoblauchzehen, Salz, 150 ml Olivenöl
Saft von ½ Zitrone, Cayennepfeffer

Für das Tomatenconfit:
12 Kirschtomaten, 1 Knoblauchzehe, angedrückt, 20 ml Olivenöl, Salz, frisch gemahlener Pfeffer, Zucker, 1 Rosmarinzweig, 3 Basilikumblätter, 1 Spritzer Estragonessig

Für den Gemüsefumet:
1 Karotte, 1 Stange Lauch, ¼ Sellerieknolle, 1 Fenchelknolle mit Grün, 2 Schalotten, gehackt, 20 ml Olivenöl, 500 ml kräftiger Fischfond (Grundrezept siehe Seite 49), Safranfäden
4 cl Vermouth (z. B. Noilly Prat), 1 Knoblauchzehe, angedrückt, 2 Stücke unbehandelte Orangenschale, 1 Lorbeerblatt, je 1 Zweig glatte Petersilie, Thymian, Rosmarin und Bohnenkraut, 50 ml Weißwein, 2 cl Pernod oder Pastis, Salz, frisch gemahlener Pfeffer

600 g Knurrhahnfilet, Salz, frisch gemahlener Pfeffer, Zitronensaft
frisches Baguette zum Servieren

Für die Rouille die Paprika mit dem Eigelb pürieren. Die Kartoffel grob zerdrücken und dazugeben. Den Knoblauch im Mörser mit Salz zerreiben und hinzufügen. Die Mischung mit dem Öl wie eine Mayonnaise aufschlagen. Mit Zitronensaft, Cayenne und eventuell Salz abschmecken.

Für das Confit den Backofen auf 160 °C vorheizen. Die Tomaten vierteln und die Samen entfernen. Eine ofenfeste Pfanne mit dem Knoblauch ausreiben. Das Olivenöl in die Pfanne geben, den Boden der Pfanne mit Salz und Pfeffer bestreuen und die Tomaten mit der Fleischseite nach unten einsetzen. Mit Salz, Pfeffer und Zucker würzen. Im Ofen zugedeckt 35–40 Minuten schmoren. Aus dem Ofen nehmen, mit den Kräutern belegen und etwa 10 Minuten stehen lassen. Den Essig dazugeben und das Ganze einkochen lassen.

Für den Gemüsefumet die Gemüse putzen und in 5 cm lange, streichholzdünne Streifen schneiden. Schalotten und Gemüse in Olivenöl anschwitzen und den Fischfond dazugießen. Safran, Vermouth, Knoblauch, Orangenschale und die Kräuter dazugeben. Die Gemüse im Fond garen.

Das Fischfilet waschen und trocken tupfen, mit Salz und Pfeffer würzen und auf das Gemüse legen. Etwa 5 Minuten gar ziehen lassen. Fisch wieder herausnehmen und warm halten. Rosmarin, Bohnenkraut, Orangenschale, Knoblauch und Lorbeer entfernen. Die Gemüsebrühe mit dem Wein, Pernod, Salz und Pfeffer abschmecken.

Das Baguette in Scheiben schneiden und rösten. Die Rouille auf die Brotscheiben streichen. Das Gemüse auf Tellern anrichten, mit Fenchelgrün und Petersilie bestreuen und mit dem Fisch belegen. Während dieser Zeit den Gemüsefumet noch etwas reduzieren, dann auf den Tellern verteilen. Mit Tomatenconfit und dem Rouille-Baguette servieren.

Knurrhahn-Eintopf mit Oliven und Kapern

Für 4 Personen

30 Minuten

Für die Tomatenbasis:
1 Knoblauchzehe, gehackt, Schale von ¼ unbehandelten Orange
1 Rosmarinzweig, 1 Lorbeerblatt, 100 g schwarze Oliven, entsteint
100 ml Olivenöl, 100 ml Weißwein, 1 kg geschälte passierte Tomaten (aus dem Glas)
400 ml Fischfond (Grundrezept siehe Seite 49), 200 ml Krustentierfond (Grundrezept siehe Seite 50), Meersalz, frisch gemahlener Pfeffer, Zucker, 16 Kirschtomaten, halbiert
1 Zwiebel, fein gewürfelt

600 g Knurrhahnfilet mit Haut, geschuppt
Salz, frisch gemahlener Pfeffer, Saft von 1 Zitrone, 50 ml kalt gepresstes Olivenöl
3 Knoblauchzehen, zerdrückt, 1 Stück unbehandelte Zitronenschale
2 Stücke unbehandelte Orangenschale, je 1 Zweig Estragon, Rosmarin und Thymian
3 Zweige Petersilie, Blätter klein gezupft, vermischt mit ¼ Knoblauchzehe, fein gehackt
50 g Kapern, Mehl, 60 ml kalt gepresstes Olivenöl

Für die Tomatenbasis Knoblauch, Orangenschale, Rosmarinzweig, Lorbeerblatt und die Oliven in Olivenöl anschwitzen und mit Weißwein ablöschen. Um die Hälfte reduzieren. Passierte Tomaten und beide Fonds dazugeben. Mit Meersalz, Pfeffer und Zucker würzen und etwa 30 Minuten köcheln lassen. Knoblauch, Orangenschale, Rosmarin und Lorbeer entfernen. Halbierte Tomaten und Zwiebel dazugeben und erhitzen.

Das Fischfilet waschen, trocken tupfen, große Filets kleiner schneiden. Mit Salz, Pfeffer und Zitronensaft würzen. Im Olivenöl mit Knoblauch, den Zitrusschalen und den Kräutern braten. Den Fisch in den Eintopf geben. Mit der Knoblauchpetersilie und bestreuen und etwa 4 Minuten ziehen lassen. Auf tiefe Teller verteilen.

Kapern waschen, abtrocknen, mehlieren und knusprig ausbacken. Auf die Teller verteilen.

NATIONALGERICHT FISCHKOPF

In Portugal, einigen Gegenden Südindiens sowie bei der indischen Bevölkerung Singapurs erfreut sich der Fischkopf – in einer Suppe oder einem Curry – größter Beliebtheit, ja gilt sogar als Nationalgericht. Hierzulande hingegen werden die Fischköpfe meist ungenutzt entsorgt. Schon vor langer Zeit habe ich mir angewöhnt, Fischköpfe immer noch zur Herstellung von köstlichen Fischfonds und Suppen zu verwenden, denn in so einem frischen Fischkopf steckt jede Menge Geschmack, um den es wirklich schade wäre.

Knurrhahn auf Schmorgurken mit Estragonsauce

Für 4 Personen 30 Minuten

Für die Sauce:
1 kg Fischkarkassen
200 g helles Röstgemüse (Sellerie, weißer Lauch, Fenchel), gewürfelt
weiße Pfefferkörner, Korianderkörner, 1 Zweig Thymian, Knoblauch
1 Flasche trockener Weißburgunder, 100 ml Sahne, 200 g Crème fraîche
½ Bund Estragon, fein geschnitten

Für die Schmorgurken:
1 kg Gartengurken, 100 ml Hühnerbrühe
½ Bund Estragon, Salz, frisch gemahlener Pfeffer
30 g Butter

600–700 g Knurrhahnfilet mit Haut, geschuppt
Salz, frisch gemahlener Pfeffer, Olivenöl zum Braten
1 Zweig Thymian, 1 Knoblauchzehe, angequetscht
Butter zum Schwenken

Für die Sauce die Fischkarkassen gut waschen und etwas zerkleinern. In einem kleinen Topf anschwitzen, ohne dass sie Farbe annehmen. Die Röstgemüse mitschwitzen. Gewürze, Thymian und Knoblauch dazugeben und mit etwas Wein ablöschen. Knapp mit kaltem Wasser bedecken und langsam zum Köcheln bringen, vom Herd nehmen und 20 Minuten ziehen lassen. Den Fond durch ein Sieb passieren und etwas einkochen.

Gleichzeitig drei Viertel des Weines einkochen lassen, mit dem Fond mischen und mit der Sahne und Crème fraîche abrunden. Mit Salz und Pfeffer abschmecken und aufmixen, bis eine stabile Emulsion entstanden ist. Estragon dazugeben.

Für die Gurken die Früchte schälen und entkernen. Das Fruchtfleisch in Scheiben schneiden. Die Brühe erhitzen und etwas Estragon hineingeben. Die Gurken dazugeben, salzen und pfeffern und zugedeckt bei hoher Temperatur weich schmoren, die Flüssigkeit muss fast komplett verkocht sein. Mit Estragon und der Butter verfeinern.

Das Fischfilet waschen und trocken tupfen, mit Salz und Pfeffer würzen und auf der Hautseite in einer beschichteten Pfanne mit Olivenöl knusprig anbraten, dabei Thymian und Knoblauch mit in die Pfanne geben. Wenn die Haut braun und knusprig ist, das Fischfilet einmal wenden, ganz kurz weiterbraten und zum Schluss kurz mit Butter schwenken.

Makrele
(Scomber scombrus)

Familie: Makrelen und Thunfische

Vorkommen: Nordwestatlantik, Nordostatlantik, Mittelmeer, Schwarzes Meer

Saison: September bis März

Geeignete Garmethoden: Grillen, Braten, Backen, Räuchern, roh

Kann ersetzt werden durch: Bonito

In den 1970er-Jahren brach der Makrelenbestand zusammen. Damals unterlag die Fischerei des seit jeher überaus beliebten Speisefischs noch keinen Reglementierungen. Inzwischen hat sich die Situation deutlich verbessert, über angemessene Fangquoten wird jedoch weiterhin gestritten. Deshalb bleibt der Bestand gefährdet. Gefischt wird die Makrele mit pelagischen Schleppnetzen, aber auch mit Strandwaden, Bundgarn und Schleppangeln. Bei diesen Fangmethoden ist der Beifang gering und der Meeresboden wird geschont.

Makrelentatar mit Frühlingszwiebeln und Algensalat

Für 4 Personen 30 Minuten

Für das Tatar:
200 g sehr frisches Makrelenfilet ohne Haut
1 EL Sesampaste
2 EL japanische Sojasauce
2 EL kalt gepresstes Olivenöl
Salz, Pfeffer aus der Mühle
100 g Jicama (Yambohnen-Knolle), klein geschnitten
½ Bund Frühlingszwiebeln, fein gehackt

Für den Algensalat:
1 EL eingelegter Sushi-Ingwer
2 EL Mayonnaise
½ TL geröstetes Sesamöl
4 EL Orangensaft
1 milde Chilischote, fein gewürfelt
100 g frische Braunalgen (z. B. Ogo, Wakame, Laitue de Mer oder Hijiki), ersatzweise getrocknete Algen, eingeweicht

1 EL Sesamsamen zum Garnieren
4 Papadam (indische Linsenmehlfladen) zum Servieren

Für das Tatar das Fischfilet waschen und trocken tupfen. In etwa 1 cm große Würfel schneiden und mit Sesampaste, Sojasauce und Olivenöl mischen, mit Salz und Pfeffer abschmecken. Die Jicama und die Frühlingszwiebeln untermischen.

Für den Algensalat den Sushi-Ingwer fein hacken und mit der Mayonnaise, dem Sesamöl, dem Orangensaft, den Chiliwürfeln und den Algen vermischen.

Den Algensalat auf Teller verteilen, das Tatar obenauf anrichten und mit den Sesamsamen bestreuen. Die Papadam im Ofen oder in einer Pfanne kurz erhitzen und dazu servieren.

Makrelen-Tempura mit Algensalat und Ingwermayonnaise

Für 4 Personen 45 Minuten

Für den Algensalat:
20 g getrocknete Wakame- oder Ogo-Algen, 50 g Gemüsestreifen (Karotte, Lauch, Sellerie)
2 EL Mirin (süßer Reiswein), 1 EL Sojasauce, 1 EL weiße Sesamsamen, geröstet
1 TL Sesamöl

Für die Ingwermayonnaise:
4 EL Mayonnaise, 1 TL Ingwer, fein gerieben, 1 EL Sojasauce
1 TL Zucker, 1 TL Sesamöl

Für die Makrelen-Tempura:
4 kleine frische Makrelen (je etwa 150 g), ¼ Bund Schnittlauch, fein geschnitten
4 Nori-Algenblätter (für Sushi), 100 g Weizenmehl, 100 g Maisstärke
1 Eigelb, 1 EL Öl, etwa 200 ml Eiswasser, Salz
Öl zum Frittieren

Für den Salat die Algen in Wasser einweichen, abspülen und klein schneiden. Mit den Gemüsestreifen, dem Mirin, Sojasauce, Sesamsamen und Sesamöl vermischen und marinieren lassen. (Der Salat hält sich im Kühlschrank mehrere Tage).

Die Mayonnaise mit Ingwer, Sojasauce, Zucker und Sesamöl abschmecken.

Die Makrelen als Doppelfilets mit Schwanzflosse vom Fischhändler vorbereiten lassen oder selbst filetieren. Dazu den Kopf abschneiden und die Fische vom Rücken her filetieren. Aber die Filets an der Schwanzflosse nicht abschneiden, sondern dort zusammenlassen. Die verbliebenen Gräten mit einer Pinzette herausziehen.

Die Filets von vorne um ein Viertel kürzen. Das abgeschnittene Filet von der Haut und in Würfel schneiden, mit dem Schnittlauch mischen. Jede Makrele mit etwas von diesem Tatar füllen. Die Doppelfilets schön rund wie den ursprünglichen Fisch formen und jeweils in ein Noriblatt einwickeln. Das Noriblatt an der Naht anfeuchten, dann klebt es.

Weizenmehl, Stärke, Eigelb und Öl mit Eiswasser zu einem dünnflüssigen Teig verrühren, mit etwas Salz abschmecken. Die Rollen in etwas Mehl wenden, überschüssiges Mehl gut abklopfen. Die Rollen in den Teig tauchen und sofort in reichlich heißem Öl etwa 2 Minuten knusprig ausbacken. Das Tatar im Kern der Rolle soll nicht heiß werden, sondern seinen rohen Charakter bewahren, während die Fischfilets außen durchgebraten sein sollen.

Die Rollen in dicke Scheiben schneiden und mit der Ingwermayonnaise und dem Algensalat anrichten.

Hering
(Clupea harengus)

Familie: Heringe

Vorkommen: Nordostatlantik, Nordwestatlantik, Ostsee

Saison: Februar bis April, August bis Oktober

Geeignete Garmethoden:
Braten, Dünsten, Grillen, Räuchern, Marinieren, Salzen

Kann ersetzt werden durch: Sprotte, Sardine

Das »Silber des Meeres« kann man heute wieder mit gutem Gewissen essen. Nachdem sein Bestand in den 1970er-Jahren in der Nordsee fast kollabiert war, wird der Hering heute nahezu überall nachhaltig befischt. Nur in der westlichen Ostsee bleibt die Nachwuchsproduktion der Heringe aus ungeklärten Gründen bisher hinter den Erwartungen zurück. Entsprechend sind die Fangquoten hier auch noch sehr stark reglementiert. Übrigens haben die fettreichen Heringe ähnlich viele Omega-3-Fettsäuren wie der viel gepriesene Lachs, schneiden aber in der Ökobilanz - vor allem im Vergleich zum Zuchtlachs - deutlich besser ab.

Heringsfilets mit drei Saucen

Das sind meine Favoriten aus der schier unerschöpflichen Fülle von Möglichkeiten. Die Basis sind immer je 1 ½ Matjesherings-Doppelfilets pro Person, also 6 Filets für 4 Personen. Meist ist es schöner, die Filets nicht zu zerschneiden, sondern im Ganzen zu servieren und die Sauce nur darüberzugeben.

Grüne Hölle

Für 4 Personen 10 Minuten

1 grüne Paprikaschote, Samen und Scheidewände entfernt
1 scharfe grüne Chilischote, Samen und Scheidewände entfernt
¼ Avocado, 2 EL Kapern, 1 TL Senf, 1 Bund gemischte Kräuter (z. B. Petersilie, Borretsch, Pimpinelle, Schnittlauch, Dill und Estragon), 100 ml Rapsöl, Zucker, Salz

Alle Zutaten im Mixer mittelfein pürieren und mit etwas Zucker und Salz abschmecken.

Rote Zora

Für 4 Personen 10 Minuten

je 1 gelbe und rote Paprikaschote, Samen und Scheidewände entfernt, 100 ml Mayonnaise, 100 ml Crème fraîche, 1 EL Räucher-Paprikapulver, 1 TL Sojasauce, Salz, frisch gemahlener Pfeffer

Die gelbe Paprikaschote fein würfeln. Die rote Paprikaschote und die Hälfte der gelben Paprikawürfel im Mixer fein pürieren. Die übrigen Zutaten unterrühren. Kräftig mit Salz und Pfeffer abschmecken und mit den gelben Paprikawürfeln bestreuen.

Bootsmanns Art

Für 4 Personen 10 Minuten

100 g getrocknete Feigen, 200 ml Rotwein, 1 cl Rum, 30 g eingelegte Sardellenfilets
1 Knoblauchzehe, 100 ml Traubenkernöl, 1 EL grüner Pfeffer in Lake

Die Feigen über Nacht im Rotwein einweichen. Mit Rum, Sardellen und Knoblauch pürieren, das Öl langsam dazugeben. Die Sauce mit etwas Lake von den Sardellen süß-würzig abschmecken. Den grünen Pfeffer grob hacken und darüberstreuen.

Variationen vom Hering de luxe

Für jeweils 4 Personen 2 Stunden

Matjes mit Kaviar

2 Kräuter-Matjesfilets rund ausstechen und mit je einer Schicht blanchierter Schalottenwürfeln und Gewürzgurkenwürfeln belegen. 160 g Kaviar auf die Gurkenwürfel geben, glatt streichen. Vorsichtig aus dem Ring herausdrücken. Mit Salz und frisch gemahlenem Pfeffer würzen.

Gebratener Hering auf Kartoffelsalat

2 gegarte festkochende Kartoffeln pellen und in dünne Scheiben schneiden. 100 ml Hühnerbrühe mit 1 fein gewürfelten Schalotte aufkochen und über die Kartoffelscheiben gießen. Mit Salz und frisch gemahlenem Pfeffer würzen und mit Weißweinessig und kalt gepresstem Rapsöl abschmecken. Ziehen lassen. 2 frische Heringe filetieren und mit Salz und Pfeffer würzen. In etwas Öl mit 1 Knoblauchzehe und 1 Zweig Thymian braten. Auf dem abgeschmeckten Kartoffelsalat anrichten.

Matjestatar auf Sauerteigbrot

100 g Matjesfilet in 5 mm große Würfel schneiden und mit 30 g Apfelwürfeln, 30 g fein geschnittenem Schnittlauch und grob gemahlenem Pfeffer vermischen. 1 Scheibe Sauerteigbrot in etwas Butter anrösten und Kreise ausschneiden. Aus dem Tatar mit zwei Löffeln kleine Nocken formen und auf den Brotscheiben anrichten. Mit 10 g Schmant garnieren.

Hiddenseer Pfefferlappen auf Crème-fraîche-Sauce

2 Hiddenseer Pfefferlappen in Rauten schneiden. 40 g Sahne und 60 g Crème fraîche mit 1 fein gewürfelten Schalotte und 1 sehr fein gewürfelten Gewürzgurke vermischen. Mit Salz und Pfeffer abschmecken. 1 hart gekochtes Ei pellen und Eigelb und Eiweiß getrennt hacken. Unter die Sauce heben. Die Sauce auf Teller verteilen, die Fischstücke darauf anrichten.

Rollmops

2 Original-Bismarckheringsfilets mit der Haut nach unten auf die Arbeitsfläche legen und dünn mit körnigem Dijonsenf bestreichen. 1 Stück Salatgurke in dünne Stifte schneiden und quer darauflegen. Ein paar Schnittlauchhalme darüberlegen und das Ganze fest zusammenrollen. Mit je 2 Zahnstochern fixieren. Zum Anrichten etwas reifes Mangofruchtfleisch in Scheiben schneiden, die Rollmöpse halbieren und mit der Schnittfläche nach oben auf dem Mangofruchtfleisch anrichten.

Gebackener Hering

2 frische Heringe wie Doppelmatjes filetieren, sodass die Schwanzflosse dranbleibt. Innen mit Salz und Pfeffer würzen. Mit 30 g Fischfarce (Grundrezept siehe Seite 50) und 2 EL kleinen Gemüsewürfelchen füllen. Die Fische verschließen und je mit 1 blanchierten Bärlauchblatt umwickeln. Aus 50 g Mehl, 50 g Speisestärke, 20 ml Weißwein, 1 EL Thymianblättchen und etwas Eiswasser einen Tempurateig anrühren. Die eingepackten Fische mehlieren und im Teig wenden. In Öl schwimmend ausbacken. Zum Servieren Medaillons abschneiden und mit 100 g Bärlauchpesto anrichten.

Mein Brathering

Für 4 Personen 30 Minuten plus mind. 2 Stunden Marinieren

1 rote Zwiebel, 1 Haferwurzel, 1 Moorkarotte, 5 Erdmandeln, 300 ml Gemüsebrühe
20 g frischer Ingwer, 20 g frische Kurkuma, 10 Pimentkörner, 5 Wacholderbeeren
1 frisches Lorbeerblatt, 1 EL bunte Pfefferkörner, Salz, 50 ml Sherryessig
4 grüne (frische) Heringe, etwa 300 g Dinkelvollkornmehl, Rapsöl zum Braten

Die rote Zwiebel, die Haferwurzel, die Karotte und die Erdmandeln schälen und in feine Scheiben schneiden. Die Brühe erhitzen, die Gemüsescheiben, Ingwer, Kurkuma und die Gewürze hineingeben, alles 1 Minute kochen lassen und mit Salz und Essig kräftig abschmecken.

Die Heringe ausnehmen, waschen und trocken tupfen. Leicht salzen und im Mehl wenden. Im Rapsöl auf allen Seiten knusprig braten. In eine Form legen, in die sie knapp hineinpassen, und mit der Marinade bedecken. Zugedeckt mindestens 2-3 Stunden marinieren, am besten 1 Tag. Gekühlt innerhalb von 3 Tagen verzehren. Mit dem Gemüse zu Butterbrot essen.

Gefüllter Hering mit Tomatenragout

Für 4 Personen 45 Minuten plus 12 Stunden Abtropfen

1,5 kg gemischte alte Tomatensorten (gelbe, rote, weiße, grüne, braune, schwarze)
2 Knoblauchzehen, 1 Bund Basilikum, Blätter abgezupft, große und kleine getrennt
Speisestärke, 100 g kalte Butter, 400 g festkochende Kartoffeln, in 1 cm große Würfel geschnitten, 1 Zweig Rosmarin, 100 ml Olivenöl, 4 grüne (frische) Heringe, Salz
Mehl zum Wenden, frisch gemahlener Pfeffer

Am Vortag die Tomaten vierteln, vom Stielansatz befreien und die Samen entfernen. Die Schale dranlassen und die Tomatenfilets in gleich große Würfel schneiden. Die Abschnitte, Kerne und den austretenden Saft im Mixer mit 1 Knoblauchzehe, den Basilikumstielen und den großen Blättern zu einer homogenen Flüssigkeit pürieren. Die kleinen Basilikumblätter zum Garnieren aufbewahren.

Die pürierten Tomaten in ein mit einem Tuch ausgelegtes Sieb gießen und den Saft über Nacht abtropfen lassen. Saft in einem Topf aufkochen, mit einem Hauch Speisestärke leicht binden und mit der kalten Butter zu einer hellen Sauce aufmixen.

Die Kartoffelwürfel mit der übrigen Knoblauchzehe und dem Rosmarin in einer Pfanne im Olivenöl knusprig braten.

Den Backofen auf 160-170 °C vorheizen. Die Fische waschen, hohl auslösen (siehe Seite 156), salzen und in wenig Mehl wenden. In einer zweiten Pfanne anbraten und in 3-5 Minuten im Ofen fertig garen.

Inzwischen die rohen Tomatenwürfel in die Tomatensauce geben und mischen, abschmecken und nur kurz erhitzen. Die Fische damit füllen und etwas Sauce auf die Teller fließen lassen. Mit den Kartoffelwürfeln umrunden und mit den kleinen Basilikumblättern garnieren.

Gefüllte Heringe mit Rucola, Rosinen und Mandeln

Für 4 Personen

45 Minuten

4 frische Heringe (je 150–200 g)
Salz, frisch gemahlener Pfeffer
Butter zum Braten
1 Schalotte, fein gewürfelt
4 Bund Rucola
1 EL Rosinen, gehackt
1 EL Mandelstifte, geröstet
1 EL Semmelbrösel
1 Ei, getrennt
Mehl zum Wenden
125 ml Sahne, steif geschlagen
40 g Parmesan, frisch gerieben

Die Heringe ausnehmen, schuppen, waschen und trocken tupfen. Die Filets mit einem scharfen Messer entlang der Rückenlinie von der Hauptgräte lösen, aber in Kopf- und Schwanznähe nicht durchschneiden. Die freigelegte Mittelgräte mit einer Schere kurz hinter dem Kopf und kurz vor dem Schwanz abtrennen. Die Mittelgräte herausnehmen und eventuell im Fisch verbliebene Gräten mit einer Pinzette entfernen. Die Fische innen und außen leicht salzen und pfeffern.

In einer kleinen Pfanne etwas Butter zerlassen und die Schalotte darin glasig anschwitzen, den Rucola dazugeben und anschwitzen, bis die Blätter zusammenfallen. Die Rosinen und die Mandelstifte dazugeben.

Diese Mischung etwas abkühlen lassen und mit den Semmelbröseln und dem Eigelb vermischen, mit Salz und Pfeffer abschmecken. Die Füllung in den Fischen verteilen, die Fische in Mehl wenden, etwas in Form drücken und in wenig Butter bei niedriger Temperatur anbraten. Den Backofen auf 160-170 °C vorheizen.

Die geschlagene Sahne mit dem Parmesan und etwas steif geschlagenem Eiweiß vermischen. Auf den Fischen verteilen und im heißen Ofen überbacken, bis sich eine goldbraune Kruste gebildet hat.

Die gefüllten Heringe mit Salzkartoffeln und etwas brauner Butter servieren.

Sardine
(Sardina pilchardus)

Familie: Heringe

Vorkommen: Nordostatlantik, Mittelmeer, Schwarzes Meer

Saison: ganzjährig

Geeignete Garmethoden:
Braten, Grillen

Kann ersetzt werden durch: Hering, Sprotte

In vielen Fanggebieten werden Sardinen sehr stark befischt, was den Beständen enorm zusetzt. Es gibt aber auch nachhaltige Sardinenfischereien. Daher sollte man beim Kauf dieses würzigen und fettreichen Fisches auf die Herkunft achten und auf jeden Fall zertifizierte Ware bevorzugen.

Sardinen-Saltimbocca mit Salbei und Kichererbsenpolenta

Für 4 Personen 30 Minuten

Für die Polenta:
450 ml Hühnerbrühe, ½ Knoblauchzehe, 1 kleines Lorbeerblatt
80 g Kichererbsenmehl, 20 g Butter, 50 g Olivenöl, 25 g Parmesan, frisch gerieben
Salz, frisch gemahlener Pfeffer

Für die Garnitur:
28 Kichererbsen, über Nacht eingeweicht
1 Knoblauchzehe, halbiert, 1 kleines Lorbeerblatt
Salz, 10 g Butter, 2 Salbeiblätter, Zucker

Für die Saltimbocca:
400 g frische Sardinenfilets
Salz, frisch gemahlener Pfeffer
60 g Pancetta in sehr dünnen Scheiben
30 ml Olivenöl
1 kleine Zwiebel, in Streifen geschnitten
1 Knoblauchzehe, angedrückt
6 Kirschtomaten, halbiert
12 Salbeiblätter

Für die Polenta die Brühe mit dem Knoblauch und dem Lorbeerblatt aufkochen, 5 Minuten ziehen lassen und durch ein Sieb passieren. Das Kichererbsenmehl, die Butter, das Olivenöl und den Parmesan einrühren und alles etwa 15 Minuten köcheln lassen. Mit Salz und Pfeffer würzen.

Die Kichererbsen für die Garnitur mit ½ Knoblauchzehe und dem Lorbeerblatt in Salzwasser weich kochen, abgießen, kalt abschrecken und enthäuten. Die Kichererbsen in der Butter mit den Salbeiblättern und der übrigen ½ Knoblauchzehe goldbraun anbraten, mit etwas Zucker und eventuell Salz würzen.

Für die Saltimbocca den Backofen auf 180 °C vorheizen. Die Fischfilets waschen, trocken tupfen, mit Salz und Pfeffer würzen und mit Speckstücken belegen. Im Olivenöl auf beiden Seiten anbraten. In einer ofenfesten Pfanne Zwiebel, Knoblauch und Kirschtomaten anbraten. 5 Minuten in den Ofen geben. Kurz bevor Fisch und Gemüse gar sind, beide Pfanneninhalte mischen und die Salbeiblätter dazugeben.

Die Polenta auf Teller verteilen, die Fischstücke, Salbei, Tomaten und Zwiebeln darauf anrichten und mit den Kichererbsen umlegen.

Sardinenfilets mit Pancetta-Sud und Pastinakenpüree

Für 4 Personen 1 Stunde

Für das Püree:
400 g Pastinaken, 200 ml Sahne, Butter
Salz, Tabasco

Für den Sud:
400 g grüne Bohnen, 200 g Pancetta, 400 ml Hühnerbrühe
Bohnenkraut, 1 Knoblauchzehe

Für die Sardinen:
1,5 kg möglichst große Sardinen, Salz, frisch gemahlener Pfeffer
1 Zweig Thymian, 1 Knoblauchzehe, 300 ml Weißwein
50 g Butter

200 g Dicke Bohnen, gepalt

Zum Garnieren:
¼ Bund glatte Petersilie, gehackt
2 Tomaten, enthäutet, Samen entfernt, gewürfelt

Für das Püree die Pastinaken waschen, schälen und in gleich große Stücke schneiden. Mit der Sahne zum Kochen bringen und weich kochen. Die weichen Gemüsewürfel mit den anhaftenden Resten der eingekochten Sahne im Mixer unter Zuhilfenahme eines Gummischabers ganz fein und weich pürieren. Eventuell etwas Butter dazugeben. Das Püree mit Salz und 2-3 Tropfen Tabasco abschmecken und warm stellen.

Die grünen Bohnen waschen, putzen und in 2 cm lange Stücke schneiden. Den Pancetta in dünne Scheiben und diese in 2 mm breite Streifen schneiden. Speck in einer Pfanne braten, bis er fast knusprig ist. Auf Küchenpapier abtropfen lassen. Im in der Pfanne verbliebenen Fett die grünen Bohnen anschwitzen und mit der Brühe auffüllen. Das Bohnenkraut und den Knoblauch dazugeben und alles 5 Minuten kochen lassen. Weitere 15 Minuten ziehen lassen.

Den Backofen auf 160-170 °C vorheizen. Die Fische waschen, trocken tupfen und filetieren, mit Salz und Pfeffer würzen, in eine gebutterte Auflaufform geben und mit Thymian, Knoblauch und Weißwein im Ofen je nach Größe der Filets 3-5 Minuten garen, herausnehmen und warm halten. In der Form verbliebenen Fischsud zum Specksud hinzufügen.

Inzwischen die Dicken Bohnen im Specksud gar kochen. Das Pastinakenpüree auf tiefe Teller verteilen, die Bohnen daneben anrichten, die Fischfilets daraufgeben. Zum Schluss mit dem heißen Sud beträufeln und mit Petersilie und Tomatenwürfeln garniert servieren.

Gegrillte Sardinen mit 5-Zwiebel-Salsa

Für 4 Personen 1 Stunde

8 frische Sardinen (je 120–150 g), ausgenommen und geschuppt
100 ml Olivenöl, 1 EL Currypulver
2 rote Zwiebeln, 2 braune Zwiebeln, 150 g weiße Perlzwiebeln, 2 weiße Gemüsezwiebeln
Salz, frisch gemahlener Pfeffer, 5 Knoblauchzehen, 2 Sternanis
50 ml Aceto balsamico, 1 Lorbeerblatt, 100 ml Weißweinessig
1 Prise Safran oder Kurkuma, 2 Zweige Thymian, 3 EL gekochter Reis
Zucker, 1 EL Rote-Bete-Saft, 1 Bund Frühlingszwiebeln

Die Sardinen von den Kiemen befreien, waschen und mit Küchenpapier trocken tupfen. Mit 2 EL Olivenöl und dem Currypulver sanft einreiben und auf einem Teller bereithalten.

Alle Zwiebeln schälen und getrennt in Spalten schneiden, die Perlzwiebeln halbieren. Die Zwiebeln nach Sorten getrennt garen. Dazu jede Sorte mit Salz und Pfeffer würzen, mit je 1 EL ÖL und einer angequetschten Knoblauchzehe vermischen.

Die Zwiebeln wie folgt aromatisieren: Die roten mit Sternanis und 1 EL Aceto balsamico. Die braunen mit dem übrigen Balsamico und dem Lorbeerblatt, die Perlzwiebeln mit 50 ml Weißweinessig und Safran oder Kurkuma und die weißen Gemüsezwiebeln mit dem übrigen Weißweinessig und Thymian.

Den Backofen auf 180 °C vorheizen. Drei Viertel der Gemüsezwiebeln in etwas Wasser zugedeckt etwa 20 Minuten dünsten, mit dem gekochten Reis pürieren.

Inzwischen alle anderen Zwiebeln in kleinen ofenfesten Schalen oder Pfannen im Ofen in etwa 15 Minuten weich schmoren. Herausnehmen, etwas abkühlen lassen, mit Zucker und Salz abschmecken, die roten Zwiebeln mit dem Rote-Bete-Saft färben.

Die Frühlingszwiebeln waschen, putzen, in 3 cm lange Stücke schneiden, in einer Pfanne in wenig Olivenöl schwenken und mit Salz und Zucker würzen. Auf die Teller verteilen.

Die Sardinen salzen und auf dem Grill oder in einer Grillpfanne auf beiden Seiten je 1 Minute anbraten. Im Ofen bei 160-170 °C in etwa 5 Minuten fertig garen.

Das Zwiebelpüree in der Tellermitte anrichten und die weiteren Zwiebelsorten dekorativ auf den Tellern verteilen. Die Sardinen daneben anrichten.

Sardinen mit Kräutern in Öl eingelegt

Hausgemachte »Ölsardinen« sind eine feine Alternative zu den hochgepriesenen Jahrgangs-Dosen-Importen aus Frankreich.

Für 4 Personen 30 Minuten

8 frische Sardinen (je 100–120 g), ausgenommen und geschuppt
abgeriebene Schale von 1 unbehandelten Zitrone, 1 Knoblauchzehe, fein gehackt
1 Prise Piment, ¼ TL schwarzer Pfeffer, geschrotet, 1 Zweig Rosmarin, fein gehackt
1 Zweig Zitronenthymian, fein gehackt, 1 Zweig Ysop, fein gehackt
1 Zweig Bergbohnenkraut, fein gehackt, 1 EL Fleur de Sel, 200 ml bestes Olivenöl

Die Sardinen von den Kiemen befreien, waschen und trocken tupfen. Die Fische in einer irdenen Schale nebeneinanderlegen, die Zitronenschale, den Knoblauch, Piment und Pfeffer sowie die Kräuter und das Fleur de Sel über die Fische geben und gut in den Zwischenräume verteilen.

Das Olivenöl dazugießen und die Sardinen mit der Marinade im Backofen bei 80 °C etwa 30 Minuten erwärmen. Abkühlen lassen und mit Baguette und Weißwein servieren.

Sardinen-Escabeche

Für 4 Personen 30 Minuten

8 frische Sardinen (je 120–150 g), Salz
etwa 200 ml Olivenöl, 2 rote Zwiebeln, 1 rote Paprikaschote, 1 grüne Paprikaschote
1 TL bunte Pfefferkörner, zerstoßen, 1 Prise Nelken, 1 Prise Anis
1 Prise Fenchelsamen, Meersalz, 100 ml Weißweinessig, 4 Zweige Thymian
4 Zweige Oregano

Die Sardinen waschen, trocken tupfen und filetieren, dabei die Haut an den Filets lassen. Die Filets leicht salzen und auf beiden Seiten ganz kurz in Olivenöl anbraten, in eine flache Schale legen.

Zwiebeln und Paprikaschoten waschen, putzen und in Würfel schneiden. Die Gemüsewürfel in der Pfanne in Olivenöl 2 Minuten anbraten, mit dem Pfeffer, den gemahlenen Gewürzen und dem Meersalz würzen und mit dem Essig ablöschen.

Die Kräuter dazugeben und alles kurz aufkochen lassen. Auf den Fischfilets in der Schale verteilen und das Ganze, wenn nötig, mit dem übrigen Olivenöl bedecken. Sofort servieren oder zugedeckt kalt stellen.

Europäischer Wolfsbarsch
(Dicentrarchus labrax)

Familie: Wolfsbarsche

Vorkommen: Nordostatlantik, Mittelmeer, Schwarzes Meer

Saison: Winter

Geeignete Garmethoden:
Braten, Grillen, Dünsten, Backen

Kann ersetzt werden durch: Dorade

Wie es um die Bestände dieses schmackhaften Fisches steht, ist nicht genau erfasst. Wenn er nicht als Beifang ins Netz geht, wird der Wolfsbarsch mit Stell- oder Schleppnetzen gefischt. Am besten man kauft ihn aus handwerklicher Küstenfischerei oder entscheidet sich für Zuchtfisch aus ökologischer Aquakultur.

verantwortungsbewusst genießen

Wolfsbarschfilet auf Safranrisotto mit Ochsenmark

Für 4 Personen

45 Minuten

Für den Risotto:
25 g Schalotte, sehr fein gewürfelt
1 Knoblauchzehe
1 Zweig Thymian
15 ml Olivenöl
80 g Risottoreis
Salz
15 ml Weißwein
250 ml Geflügelfond (Grundrezept siehe Seite 49)
1 Msp. Safran
50 g Parmesan, frisch gerieben
20 g Butter
80 g Ochsenmark, in 5 mm große Würfel geschnitten
30 ml geschlagene Sahne
frisch gemahlener Pfeffer
Zitronensaft

Für den Fisch:
4 Wolfsbarschfilets (je etwa 150 g)
Salz, frisch gemahlener Pfeffer
Olivenöl zum Braten
12 Scheiben Ochsenmark, blanchiert

frittierte Petersilie zum Garnieren

Für den Risotto die Schalotte mit der angequetschten Knoblauchzehe und dem Thymian in Olivenöl ansautieren. Den Reis dazugeben und kurz mit anschwitzen, salzen. Mit dem Weißwein ablöschen und etwas Fond dazugießen. Den Safran unterrühren. Etwa 20 Minuten köcheln lassen und dabei den Topf immer schwenken, damit nichts am Topfboden ansetzt. Nach und nach mehr Fond hinzufügen.

Gleichzeitig die Fischfilets waschen und trocken tupfen, mit Salz und Pfeffer würzen und in etwas Öl anbraten, zum Schluss die Markscheiben etwa 30 Sekunden mitbraten.

Wenn der Risottoreis gar ist, Parmesan, Butter, Ochsenmarkwürfel und einen kleinen Klecks Schlagsahne unterheben, mit Pfeffer und Zitronensaft abschmecken und auf Teller verteilen. Der Risotto sollte eher flüssig sein, denn er zieht auf dem Teller schnell an und wird fester. Den gebratenen Fisch daraufgeben, mit den Markscheiben und frittierter Petersilie abrunden.

Meeräsche
(Chelon spp.)

Familie: Meeräschen

Vorkommen: Nordostatlantik, Mittlerer Ostatlantik, Mittelmeer

Saison: März bis Juni, aus Aquakultur ganzjährig

Geeignete Garmethoden:
Braten, Räuchern, Marinieren

Kann ersetzt werden durch:
Streifenbarsch, Wolfsbarsch

Obwohl die Meeräsche wegen ihres festen Fleischs und des besonderen Aromas mit einer leichten Note von gegrillter Tomate in vielen Ländern ein beliebter Speisefisch ist, scheint ihr Bestand nicht gefährdet zu sein. Im Handel wird sie vielfach aus Aquakultur angeboten. Vorzugsweise sollte man sie natürlich direkt vom Fischer kaufen.

verantwortungsbewusst genießen

Ceviche von der Meeräsche mit Avocado-Guacamole und Tomatensalsa

Für 4 Personen

30 Minuten plus 2 Stunden Marinieren

Für die Ceviche:
400 g Meeräschenfilet, sauber geschnitten ohne Haut, Gräten oder dunkle Stellen entfernt
4 Frühlingszwiebeln, gehackt, Limettensaft, Salz, frisch gemahlener Pfeffer, Tabasco

Für die Salsa:
1 kleine Frühlingszwiebel oder rote Zwiebel
4 reife Tomaten, nach Belieben enthäutet, Samen entfernt
2 EL Tomatensauce
1 milde rote Chilischote, Samen und Scheidewände entfernt, sehr fein gehackt
Salz, frisch gemahlener Pfeffer, Zucker

Für die Guacamole:
2 reife Avocados, 1 Frühlingszwiebel, gehackt
½ milde rote Chilischote, Samen und Scheidewände entfernt, sehr fein gehackt
1 Zweig Koriandergrün, fein gehackt, einige Tropfen Zitronensaft

1 Süßkartoffel
Olivenöl zum Frittieren
Salz
150 g Crème fraîche
gemischte Blattsalate zum Anrichten

Für die Ceviche das Fischfilet waschen und trocken tupfen. Mindestens 2 Stunden vor dem Servieren in 1,5 cm große Würfel schneiden und mit den Frühlingszwiebeln, dem Limettensaft, Salz, Pfeffer und Tabasco nach Geschmack vermischen. Zugedeckt marinieren.

Für die Salsa die Frühlingszwiebel sehr fein würfeln, die Tomaten in 4–5 mm große Würfel schneiden. Zwiebel und Tomaten mit Tomatensauce und Chili vermischen und mit Salz, Pfeffer und Zucker abschmecken.

Für die Guacamole das Fruchtfleisch der Avocados aus der Schale lösen und in einer kleinen Schüssel mit Frühlingszwiebel, Chili, Koriander und Zitronensaft mit einer Gabel zerdrücken. Zudecken und kurz stehen lassen. Achtung! Die Guacamole wird dunkel und braun, wenn sie zu lange steht!

Die Süßkartoffel schälen, in feine Scheiben hobeln und in Olivenöl knusprig frittieren, salzen.

Zum Anrichten eine Schüssel mit Frischhaltefolie auslegen. Den marinierten Fisch hineingeben und glatt streichen. Nacheinander Tomatensalsa, Crème fraîche und Guacamole daraufschichten und jeweils glatt streichen. Diese Form kalt stellen und kurz vor dem Servieren auf eine Platte stürzen, die Folie abziehen und die Ceviche mit gemischten Blattsalaten umlegen. Die Süßkartoffelchips salzen und extra dazu servieren.

Tataki von der Meeräsche mit Mangosalsa und Sojabohnencoulis

Für 4 Personen

30 Minuten

Für Shichimi Togarashi (siehe Tipp):
80 g weiße Sesamsamen, 25 g getoastete Nori-Algenblätter, grob zerkleinert
50 g getrocknete Mandarinenschale, gemahlen, 50 g mittelscharfes Paprikapulver
15 g schwarzer Sesam, geröstet, 15 g weißer Sesam, geröstet, 15 g Mohnsamen, geröstet
15 g Zucker, 7 g Salz

500 g dickes Meeräschenfilet in Sashimi-Qualität mit Haut
Öl zum Braten

Für die Sojabohnencoulis:
130 g Sojabohnenkerne (Edamame), blanchiert, 130 g Koriandergrün, gehackt
150 ml Olivenöl, 1 milde Chilischote, klein gehackt, ½ Knoblauchzehe
Salz, frisch gemahlener Pfeffer, Limettensaft

Für die Salsa:
200 g reifes Mangofruchtfleisch, 30 g rote Zwiebel, sehr fein gehackt
Salz, frisch gemahlener Pfeffer, 1 TL Chilischote, sehr fein gehackt
1 Spritzer Essig

Alle Zutaten für das Shichimi Togarashi im (elektrischen) Zerkleinerer zerkleinern und in einer luftdichten Dose aufbewahren.

Das Meeräschenfilet von der Haut schneiden und längs halbieren. Dunkles Fleisch entlang der Seitenlinie sorgfältig entfernen. Die beiden Filetstreifen im Shichimi Togarashi wenden. Den Fisch in wenig Öl in einer Pfanne auf jeder Seite etwa 10 Sekunden anbraten. Anschließend kalt stellen.

Für die Sojabohnencoulis die Sojabohnenkerne mit Koriander, Öl, Chili und Knoblauch im Zerkleinerer zu einem dicken Püree verarbeiten. Mit Salz und Pfeffer würzen. Kurz vor dem Servieren mit etwas Limettensaft abschmecken.

Für die Salsa das Mangofruchtfleisch vorsichtig in Würfel oder Rauten schneiden. Zwiebel, Salz, Pfeffer, Chilischote und Essig dazugeben und kurz untermischen.

Die Meeräschenfilets mit einem scharfen Messer in 8-10 mm dicke Scheiben schneiden und mit der Mangosalsa und der Sojabohnencoulis anrichten.

TIPP: Sie können die Gewürzmischung Shichimi Togarashi auch fertig kaufen. In der Regel enthält sie dann mehr Chilischoten. Unsere Mischung ist mit Paprika eher auf den deutschen Geschmack abgestimmt und passt ganz wunderbar zum Fisch.

Meeräschenfilet mit Hummersauce, Erbsenpüree und Speckcroûtons

Für die Hummer- oder Krustentiersauce können Sie die Krebsschalen und Kaisergranatschalen aus anderen Rezepten verwenden.

Für 4 Personen

1 Stunde plus 1 Stunde Kochen

Für die Sauce:
2 kg Krustentierschalen, 100 g Butter, 500 g Suppengemüse (Karotte, Sellerie, Lauch, Fenchel, Zwiebel), gewürfelt, 4 cl Weinbrand, 1 Dose geschälte Tomaten (300 g)
2 l ungesalzene Hühner- oder Gemüsebrühe, 4 EL Fischgewürz- und Kräutermischung (Anis, Fenchel, Koriander, weißer Pfeffer, Dill, Estragon), Speisestärke, Salz

Für das Püree:
1 Schalotte, fein gewürfelt, 40 g Butter, 400 g frische Erbsen, gepalt
4 cl weißer Portwein, 100 ml Sahne, Salz, Zucker

Für die Croûtons:
200 g milder Bauchspeck (Bacon), in feine Streifen geschnitten
100 g Weißbrot, klein gewürfelt

500 g Meeräschenfilet mit Haut, Salz, frisch gemahlener Pfeffer, Butterschmalz zum Braten

Für die Sauce die Krustentierschalen in einem großen Gefrierbeutel oder einem Küchentuch eingewickelt mit dem Fleischhammer oder einem schweren Stieltopf zerkleinern. Die Butter in einem großen Topf zerlassen und die Schalen darin anschwitzen.

Wenn die Flüssigkeit, die aus den Schalen und Eiweißresten austritt, verdampft ist und der Topfinhalt beginnt, am Boden eine Schicht zu bilden, das Suppengemüse dazugeben und ebenfalls anschwitzen. Mit dem Weinbrand und den Tomaten ablöschen. Mit Brühe knapp bedecken, die Gewürze und Kräuter dazugeben und den Fond etwa 1 Stunde bei niedriger Temperatur sanft köcheln lassen.

Durch ein feines Sieb passieren und die gewonnene Flüssigkeit bei hoher Temperatur einkochen. Mit etwas angerührter Stärke leicht binden, salzen und warm stellen.

Für das Püree die Schalotte in einer Pfanne in der Butter anschwitzen. Die Erbsen dazugeben, 3 Minuten mitschwitzen. Mit dem Portwein ablöschen und die Sahne hinzufügen. Die Erbsen zugedeckt weich dünsten. (Nicht zu lange, sonst verlieren sie die Farbe). Die Erbsen im Mixer pürieren und mit Salz und Zucker abschmecken.

Für die Croûtons den Bacon in der Pfanne ausbraten. Gegen Ende der Garzeit die Brotwürfel dazugeben. Die Fischfilets waschen und trocken tupfen, mit Salz und Pfeffer würzen und in Butterschmalz auf der Hautseite etwa 4 Minuten braten. Wenden und noch 1 Minute braten.

Die Hummersauce mit dem Stabmixer aufschäumen. Das Fischfilet mit dem Erbsenpüree, den Speckcroûtons und der Hummersauce anrichten.

Meeräschenfilet auf Karottenrisotto mit Queller

Für 4 Personen

45 Minuten

25 g Schalotte, sehr fein gewürfelt
1 Knoblauchzehe
1 Zweig Thymian
Olivenöl
80 g Risottoreis (z. B. Vialone nano)
Salz
50 ml Weißwein
250 ml Karottensaft, frisch gepresst
1 Pfälzer Karotte
1 weiße Karotte
1 Beta-Sweet-Karotte
20 g Butter
600 g Meeräschenfilet mit Haut
frisch gemahlener Pfeffer
150 g Queller (Passepierre oder Salicorne)
50 g Parmesan, frisch gerieben
30 ml geschlagene Sahne
Zitronensaft

Für den Risotto die Schalotte mit der Knoblauchzehe und dem Thymianzweig in einem Topf in Olivenöl ansautieren. Den Reis dazugeben und kurz anschwitzen, salzen. Mit dem Weißwein ablöschen und den Karottensaft dazugießen. Den Reis etwa 20 Minuten köcheln lassen, dabei den Topf immer wieder schwenken, um ein Ansetzen zu verhindern.

Inzwischen die Karotten schälen, fein würfeln und nach Farbe getrennt in etwas Butter anschwitzen, salzen. Den Backofen auf 160 °C vorheizen. Die Fischfilets waschen und trocken tupfen, mit Salz und Pfeffer würzen und in einer ofenfesten Pfanne in Öl anbraten. Im Ofen 3–5 Minuten fertig garen und warm halten. Den Queller waschen und im Fond in der Pfanne ansautieren, mit Pfeffer würzen.

Am Ende der Garzeit des Risottos (der Reis muss cremig, nicht knackig, aber noch mit intaktem Korn sein) den Parmesan und einen kleinen Klecks Schlagsahne unterheben. Mit Zitronensaft abschmecken und auf Teller verteilen. Den gebratenen Fisch daraufgeben, die bunten Karottenwürfel locker um den Risotto streuen und den Queller dazu anrichten.

Seehecht
(Merluccius merluccius)

Familie: Seehechte

Vorkommen: alle Meere der gemäßigten Zonen

Saison: ganzjährig

Geeignete Garmethoden:
Braten, Dünsten, Backen

Kann ersetzt werden durch: Kabeljau, Seelachs

Der Seehecht ist ein sehr beliebter Speisefisch, lässt er sich doch hervorragend zu Fischstäbchen und ähnlichen Tiefkühlprodukten verarbeiten. Daher wird er weltweit sehr stark befischt, zumeist nicht nachhaltig. Für den Nördlichen Europäischen Seehecht existiert seit 2004 ein Erholungsplan, der erste Erfolge zeigt. Auch die USA und Kanada befischen ihn im Nordostpazifik inzwischen nachhaltig.

Seehecht auf mariniertem Gemüse mit Walnussöl-Vinaigrette

Für 4 Personen

2 Stunden

Für das Gemüse:
4 Moorkarotten, 4 Pfälzer Karotten, 4 violette Karotten, 4 weiße Karotten
4 Petersilienwurzeln
1 Pastinake
4 Schwarzwurzeln
8 Radieschen
1 Rote Bete
400 ml Olivenöl
Salz, frisch gemahlener Pfeffer

Für die Vinaigrette:
100 ml Weißwein-Velouté (Grundrezept siehe Seite 51)
100 ml Walnussöl
50 ml Sherry-Essig
1 Msp. fein gehackter Knoblauch
1 Bund gemischte Gartenkräuter (Dill, Schnittlauch, Petersilie, Estragon, Kerbel), fein gehackt
Salz, frisch gemahlener Pfeffer

Für den Fisch:
400 g Seehechtfilet mit Haut, geschuppt
Salz, frisch gemahlener Pfeffer
30 g Butter
1 Knoblauchzehe
1 Zweig Thymian
100 ml Weißwein

Den Backofen auf 250 °C vorheizen. Alle Gemüse waschen, bürsten und getrennt mit der Schale auf dem Allesschneider der Länge nach in 1 mm dünne Scheiben schneiden. Jedes Gemüse in einer Schüssel mit Olivenöl, Salz und Pfeffer marinieren. Auf Backbleche verteilen und im Ofen 3–5 Minuten garen, bis die Gemüsestreifen ganz leicht bräunen. Sofort herausnehmen und auskühlen lassen. Die Backofentemperatur auf 160–170 °C reduzieren.

Für die Vinaigrette die Weißwein-Velouté, das Öl, den Essig und den Knoblauch in einem Topf erhitzen und kurz aufmixen. Zuletzt die fein gehackten Kräuter unterrühren. Mit Salz und Pfeffer abschmecken.

Das Fischfilet waschen und trocken tupfen, mit Salz und Pfeffer würzen. Auf einem gebutterten Backblech mit Knoblauch, Thymian und Weißwein im Ofen etwa 5 Minuten garen. Die Gemüsescheiben strahlenförmig auf Teller verteilen, den Fisch in die Mitte legen und mit der Vinaigrette begießen.

Gedünsteter Seehecht auf Steinpilzen mit Olivenbröseln und Arganöl

Für 4 Personen 40 Minuten plus mind. 4 Stunden Trocknen

400 g große griechische oder spanische Oliven (z. B. Kalamata oder Hojiblanca)
400 g Steinpilze
30 ml Olivenöl
1 Schalotte, fein gewürfelt
Salz, frisch gemahlener Pfeffer
600 g Seehechtfilet mit Haut, geschuppt
30 g Butter
1 Knoblauchzehe
1 Zweig Thymian
100 ml Weißwein
4 EL Arganöl

Die Oliven von den Kernen befreien und auf einem Backblech im 60 °C warmen Backofen oder unter einer Wärmelampe oder im Dehydrator 4-5 Stunden oder über Nacht trocknen lassen. Die Oliven werden dabei immer milder, bis sie ein fast süßliches, leicht an Kaffee erinnerndes Aroma haben. Die Oliven aus dem Ofen holen und hacken.

Die Backofentemperatur auf 170 °C erhöhen. Die Steinpilze putzen, falls nötig waschen, und in Stücke schneiden. Mit dem Olivenöl und den Schalottenwürfeln mischen, salzen und pfeffern. Auf einem Backblech im Ofen etwa 10 Minuten garen.

Das Fischfilet waschen und trocken tupfen, mit Salz und Pfeffer würzen und auf einem mit Butter eingestrichenen Backblech mit Knoblauch, Thymian und Weißwein etwa 5 Minuten garen.

Die Steinpilze auf Tellern verteilen, den Fisch daneben anrichten und mit den gehackten Oliven bestreuen. Über jede Portion 1 EL Arganöl träufeln.

Gebratene Seehechtrollen mit Fenchel und Socca-Kichererbsen-Pfannkuchen

Für 4 Personen

45 Minuten plus 3–4 Stunden Ruhen

Für die Pfannkuchen:
50 g Weizenmehl
100 g Kichererbsenmehl
50 ml Olivenöl
2 Eier
Salz, frisch gemahlener Pfeffer
1 Knoblauchzehe

Für den Fisch:
600 g Seehechtfilet mit Haut
4 Stiele wildes Fenchelkraut
abgeriebene Schale von ½ unbehandelten Zitrone
1 Knoblauchzehe, grob gehackt
Olivenöl, Salz, frisch gemahlener Pfeffer
Knoblauch, Thymian

Für die Sauce:
30 ml Olivenöl
30 ml zerlassene Butter
Saft von ½ Zitrone
2 EL Bottarga (getrockneter Meeräschenrogen), gerieben

Für den Pfannkuchenteig beide Mehlsorten mit 10 ml Olivenöl und so viel Wasser anrühren, dass man einen dickflüssigen Teig erhält. Die Eier unterschlagen. Den Teig mit Salz und Pfeffer würzen und zugedeckt 3-4 Stunden kühl stellen.

Für den Fisch die Seehechtfilets waschen, trocken tupfen und längs in 3 cm breite Streifen schneiden. Aus dem Fenchelkraut vier Spieße mit Blütendolde zurechtschneiden. Die Fenchelabschnitte grob zerkleinern und mit der Zitronenschale, dem Knoblauch und Olivenöl vermischen. Die Fischstreifen 30 Minuten darin marinieren. Die Marinade abstreifen, den Fisch salzen, pfeffern, aufrollen und mit einem Fenchelspieß durchstechen.

Für die Sauce Olivenöl und Butter anwärmen und mit Zitronensaft und dem Bottarga verrühren.

Zum Garen der Pfannkuchen eine kalte Pfanne oder ein rundes Blech mit dem Knoblauch einreiben, mit etwas Öl beträufeln und ein Viertel des Teigs daraufstreichen. Den Teig zu einem Pfannkuchen ausbacken, drei weitere Pfannkuchen auf die gleiche Weise backen. Am besten schmecken die Pfannkuchen übrigens, wenn man sie auf runden Blechen über Holzkohle backt.

Den Backofen auf 160-170 °C vorheizen. Die Fischspieße in einer Pfanne in etwas Öl mit Knoblauch und Thymian auf jeder Seite 2 Minuten braten. Im Ofen weitere 3 Minuten fertig garen. Mit Salz und Pfeffer würzen. Die Pfannkuchen aufrollen, die Fischspieße daneben anrichten und mit der Sauce servieren.

Rote Meerbarbe
(Mullus barbatus)

Familie: Meerbarben

Vorkommen: Nordostatlantik, Mittlerer Ostatlantik

Saison: ganzjährig

Geeignete Garmethoden:
Braten, Grillen, Bouillabaisse

Kann ersetzt werden durch: Flussbarsch

Die Bestände der Roten Meerbarbe sind nirgendwo erfasst. Meist sind es kleinere, handwerkliche Fischereien, die diesen Fisch im Fokus haben. Entsprechend wird er nicht industriell weiterverarbeitet, sondern kommt überwiegend als Frischfisch oder filetiert als Tiefkühlware in den Handel.

Rotbarbenfilet mit Mungbohnen-Pfannkuchen und Wasabicreme

Für 4 Personen 30 Minuten plus 12 Stunden Einweichen

Für die Pfannkuchen:
1 Tasse Mung Dhal (getrocknete, geschälte, halbierte Mungbohnenkerne)
125 g Frühstücksspeck (Bacon), in Streifen geschnitten, 2 Eier
1 kleine Zwiebel, fein gewürfelt, 2 Frühlingszwiebeln, in Ringe geschnitten
2 Knoblauchzehen, fein gehackt, 1 TL Salz, ¼ TL schwarzer Pfeffer
1 TL frischer Ingwer, fein gerieben, ½ Tasse frische Bohnensprossen, in 3 mm kleine Stücke geschnitten, ½ Tasse Kimchi (scharf-milchsauer eingelegter Chinakohl), gehackt
2 EL geröstetes Sesamöl, Erdnussöl zum Braten

Für die Wasabicreme:
50 g Mayonnaise, 30 g Joghurt, 1 EL Zitronensaft, 2 EL Sake
2 TL Wasabipulver, mit Wasser angerührt
Salz, frisch gemahlener Pfeffer, Zucker

Für den Salat:
4 EL Mayonnaise, 2 EL weiße Miso-Paste, 6 EL Orangensaft
etwas Chinakohl und Mizuna (milder asiatischer Senfkohlsalat), gewaschen und kleingezupft

Für den Fisch:
8 Rotbarbenfilets (je etwa 60 g)
1 Knoblauchzehe, 2 EL weißes Sesamöl zum Braten, Salz, frisch gemahlener Pfeffer

Chilisauce (Fertigprodukt) zum Servieren

Für die Pfannkuchen die Bohnen über Nacht einweichen. Am nächsten Tag waschen, abtropfen und in einem Mixer mit 1 Tasse Wasser pürieren. Den Speck anbraten und hinzufügen. Alle anderen Zutaten außer dem Erdnussöl ebenfalls dazugeben und sehr gut vermischen.

Für die Wasabicreme Mayonnaise und Joghurt mit dem Zitronensaft, dem Sake und dem Wasabi vermischen. Mit Salz, Pfeffer und Zucker abschmecken.

Für den Miso-Salat die Mayonnaise mit der Miso-Paste und dem Orangensaft zu einem Dressing verrühren. Die Salate waschen und trocken schütteln.

Vom Teig kleine Portionen in einer Pfanne im Erdnussöl zu 1 cm dicken Pfannkuchen ausbacken und warm stellen.

Die Fischfilets waschen und trocken tupfen. Mit dem Knoblauch im Sesamöl braten und mit Salz und Pfeffer würzen. Die Fischfilets mit den Pfannkuchen, der Wasabicreme und Chilisauce anrichten. Eine Salat-Chiffonade aus Chinakohl und Mizuna mit Miso-Dressing dazu servieren.

Gefüllte Rotbarbe mit Tomaten und Speck-Oliven

Für 4 Personen 1 Stunde

4 Rotbarben (je etwa 250 g), Salz, frisch gemahlener Pfeffer
1 Zweig Thymian, 1 Knoblauchzehe, 60 ml Olivenöl

Für die Sauce:
2 Schalotten, fein gewürfelt, 50 ml Olivenöl, 40 ml trockener Weißwein
80 ml kräftiger Fischfond (Grundrezept siehe Seite 49)
30 grüne Oliven, entsteint, 20 ml Olivenlake aus dem Glas
Speisestärke, Salz, frisch gemahlener Pfeffer

Für die Füllung:
2 Scheiben Toastbrot, entrindet und in 5 mm große Würfel geschnitten
40 ml Olivenöl, 1 Knoblauchzehe, 1 Zweig Thymian, 2 Eigelb
25 g Pinienkerne, geröstet, 30 g grüne Oliven gewürfelt
100 g Tomaten, enthäutet und fein gewürfelt
10 g Parmesan, frisch gerieben, 1 Zweig glatte Petersilie, gehackt
Salz, frisch gemahlener Pfeffer

Für die Speck-Oliven:
12 dünne Scheiben luftgetrockneter Speck (z. B. Pancetta), 32 grüne Oliven, entsteint
1 Zweig Thymian, 1 Knoblauchzehe, 40 ml Olivenöl, 1 Bund glatte Petersilie, gehackt, Salz

Die Rotbarben schuppen, waschen, ausnehmen und von den Gräten befreien: dazu die Fische vom Rücken her aufschneiden, zuerst das Rückgrat am Kopf und am Schwanz durchtrennen und herausziehen. Die Eingeweide entnehmen, die Fische mit kaltem Wasser gut ausspülen, dann die Bauchgräten mit einer Grätenzange ziehen. Die Fische bis zum Füllen kühl stellen.

Für die Sauce die Schalotten in etwas Olivenöl anschwitzen. Mit dem Weißwein ablöschen und auf die Hälfte reduzieren. Fischfond und Oliven dazugeben und etwa 5 Minuten köcheln lassen. Die Olivenlake untermischen und alles im Mixer pürieren. Durch ein feines Haarsieb passieren. Die Sauce aufkochen und mit einem Hauch angerührter Stärke stabilisieren. Das übrige Olivenöl dazugeben und die Sauce mit dem Stabmixer aufschlagen. Mit Salz und Pfeffer abschmecken.

Für die Füllung die Brotwürfel in Olivenöl mit Knoblauch und Thymian rösten. Auf Küchenpapier abtropfen lassen. Thymian und Knoblauch entfernen. Die Brotwürfel mit den Eigelben, den Pinienkernen, den Oliven, den Tomatenwürfeln, dem Parmesan und der Petersilie mischen. Mit Salz und Pfeffer abschmecken. Die Fische damit füllen.

Die Speckscheiben dritteln und die Oliven so darin einwickeln, dass die halbe Olive noch zu sehen ist. Eingewickelte Oliven mit Thymian und Knoblauch im Olivenöl braten. Die Petersilie zum Schluss mitbraten, bis sie knusprig ist. Leicht salzen und warm stellen.

Die gefüllten Fische mit Salz und Pfeffer würzen und mit Thymian und Knoblauch in Olivenöl etwa 5 Minuten braten. Mit den gebratenen Oliven, der Petersilie und der Sauce anrichten.

Gebratene Rotbarbe mit weißem Tomatenrisotto und Rucolaöl

Für 4 Personen

45 Minuten plus 12 Stunden Abtropfen

Für den Tomatensaft:
1 kg Tomaten, 1 Bund Basilikum, Blätter abgezupft, 1 Knoblauchzehe
Zucker, Salz

Für das Rucolaöl:
1 Bund Rucola, 50 ml Olivenöl
Salz

Für den Risotto:
160 g Risottoreis, 2 EL Olivenöl, 1 Knoblauchzehe, 1 Zweig Thymian, Salz
1 Schalotte, fein gehackt, 100 ml Weißwein, 30 g Parmesan, frisch gerieben
100 g Butter, 1 EL geschlagene Sahne

Für den Fisch:
4 Rotbarben (je etwa 200 g)
Salz, frisch gemahlener Pfeffer, Mehl zum Wenden
1 Knoblauchzehe, 1 Thymianzweig
Öl zum Braten

Am Vortag die Tomaten waschen und vierteln. 8 Tomatenviertel entkernen und in Würfel schneiden. Beiseitelegen. Die übrigen Tomaten mit den Basilikumblättern, dem Knoblauch, etwas Zucker und Salz im Mixer pürieren. Das Püree in ein Mulltuch geben und dieses zugebunden über Nacht über einer Schüssel aufhängen, sodass der klare Tomatensaft abtropfen kann.

Für das Rucolaöl den Rucola mit Öl und Salz pürieren und beiseitestellen.

Für den Risotto den Reis im Öl anschwitzen. Knoblauch und Thymian dazugeben und etwas salzen. Die Schalotte dazugeben und schwenken, bis sie glasig wird. Mit dem Weißwein ablöschen und mit etwas klarem Tomatensaft auffüllen. Den Risotto bei niedriger Temperatur unter Schwenken köcheln lassen, bis der Reis weich, aber noch im ganzen Korn erhalten ist. Vom Herd nehmen.

Die Rotbarben waschen, filetieren und die feinen Brustgräten mit einer Pinzette herausziehen. Fischfilets waschen, trocken tupfen, mit Salz und Pfeffer würzen, ganz leicht mehlieren und mit Knoblauch und Thymian im Olivenöl braten.

Den übrigen klaren Tomatensaft zum Risotto geben, noch einmal aufkochen und den Parmesan sowie die Butter unterrühren. Zum Schluss die Tomatenwürfel und die Sahne einrühren und den Risotto sofort auf Teller verteilen. Den Fisch darauf anrichten und das Rucolaöl um den Fisch herumträufeln.

Rotbarbensalat mit Senfkohl und Sharonfrucht

Für 4 Personen

30 Minuten

4 Rotbarbenfilets (je etwa 100 g)
Salz, frisch gemahlener Pfeffer
1 Knoblauchzehe
50 ml kalt gepresstes Erdnussöl
100 g Mizuna (milder asiatischer Senfkohlsalat)
2 nicht zu reife Kaki (Sharonfrucht)
15 ml schwarzer Chiangking-Essig
20 g eingelegter süßer Sushi-Ingwer, klein geschnitten
4 Frühlingszwiebeln, klein geschnitten
1 milde rote Chilischote, klein gehackt

Den Backofen auf 160 °C vorheizen. Die Rotbarbenfilets waschen und trocken tupfen. In 2 cm breite Streifen schneiden und mit Salz und Pfeffer würzen. Ein Backblech mit der Knoblauchzehe einreiben, die Fischfilets darauf verteilen und mit dem Öl beträufeln. Die Fischfilets im Ofen etwa 3 Minuten garen.

Inzwischen den Mizuna waschen und trocken schleudern. Die Früchte waschen beziehungsweise schälen und in Würfel schneiden. Beides auf Teller verteilen. Den Fisch darauf anrichten.

Den Essig auf das heiße Blech gießen, mit dem Garfond verrühren und rasch den Ingwer, die Frühlingszwiebeln und die Chilischote untermischen. Die Sauce über Salat und Fisch träufeln.

Seelachs/Köhler

(Pollachius virens)

Familie: Dorsch

Vorkommen: Nordwestatlantik, Nordostatlantik

Saison: Oktober bis Februar

Geeignete Garmethoden:
Braten, Dünsten, Backen, roh

Kann ersetzt werden durch: Kabeljau

Ähnlich wie der Seehecht wird auch der Seelachs gerne zu allen möglichen Tiefkühlprodukten verarbeitet und ist in fast jeder Frischfischtheke zu finden. Der Fischereidruck vor allem durch die industrielle Fischerei ist entsprechend hoch. So sind nicht alle, aber zahlreiche Bestände überfischt. Man sollte also lieber einmal zu einem anderen Fisch und vor allem zum Kochbuch greifen, anstatt sich das Schlemmerfilet aus der Tiefkühltruhe zu genehmigen.

Tatar vom Seelachs mit Paprika-Chili-Sorbet und Korianderschaum

Für 4 Personen 45 Minuten plus 1 Stunde Kühlen

Für das Sorbet:
6 rote Paprikaschoten, Samen und Scheidewände entfernt
2 milde Chilischoten, Samen und Scheidewände entfernt
2 Schalotten, fein gewürfelt, Olivenöl, 50 g Glukosesirup (oder Zucker)
2 Blatt Gelatine, 5 cl Vermouth (z. B. Noilly Prat)
Salz, frisch gemahlener Pfeffer

Für das Tatar:
2 vollreife Papayas, 1 rote Zwiebel, fein gehackt
Salz, frisch gemahlener Pfeffer, 1 EL milde Chilisschote, fein gewürfelt
320 g sehr frisches Seelachsfilet ohne Haut
1 Spritzer Limettensaft, Olivenöl, Salz, frisch gemahlener Pfeffer

Für den Korianderschaum:
1 Stängel Zitronengras, 1 Kaffirlimettenblatt, 50 g Zucker
1 milde Chilischote, Saft von 1 Limette, 30 ml Weißwein
1 Bund Koriandergrün, Salz, frisch gemahlener Pfeffer
Butter, Olivenöl

Für das Sorbet die Paprikaschoten waschen und mit den Chilischoten klein schneiden. Mit den Schalotten in Olivenöl anschwitzen und unter Zugabe von Glukosesirup oder Zucker weich schmoren. Fein pürieren und einkochen lassen. Die Gelatine einweichen, ausdrücken und unter das Püree rühren. Mit Vermouth, Salz und Pfeffer abschmecken. In einer Eismaschine oder Sorbetiere gefrieren und dann im Tiefkühlfach lagern.

Für das Tatar die Papayas schälen, längs halbieren und die Kerne entfernen. Das Fruchtfleisch in Würfel schneiden. Mit Zwiebel, Salz, Pfeffer und Chili mischen. In 6-8 cm große Servierringe 5-8 mm dick einschichten und glatt streichen. Das Fischfilet waschen, trocken tupfen und in 3-5 mm große Würfel schneiden. Mit Limettensaft, Olivenöl, Salz und Pfeffer abschmecken. Auf die Papayaschicht in den Ringen verteilen und glatt streichen.

Die Zutaten für den Korianderschaum (außer Butter und Öl) mit 100 ml Wasser aufkochen, 20 Minuten ziehen lassen. Durch ein Sieb passieren und mit etwas Butter und Olivenöl aufmixen.

Zum Anrichten das Tatar aus den Ringen auf Teller geben. Vom Sorbet Nocken abstechen und je eine Nocke neben das Tatar setzen. Mit dem Korianderschaum anrichten und sofort servieren.

Panierter Seelachs mit Kartoffelsalat und Gurken-Joghurt-Sauce

Für 4 Personen

1 Stunde

Für den Salat:
1,2 kg kleine festkochende Kartoffeln
200 ml Gemüsebrühe
1 rote Zwiebel, fein gewürfelt
100 ml Distelöl
50 ml Essig
Salz, frisch gemahlener Pfeffer

Für die Sauce:
200 g Gurke
Salz, frisch gemahlener Pfeffer
200 g griechischer Joghurt
1 EL Honig
½ Knoblauchzehe, fein zerkleinert
1 Bund Dill, fein gehackt

Für den Fisch:
4 Eier
Salz, frisch gemahlener Pfeffer
4 Seelachsfilets (je etwa 150 g)
300 g Mehl
300 g Semmelbrösel oder Panko
Öl zum Ausbacken

Für den Salat die Kartoffeln kochen, kalt abschrecken und pellen. In dünne Scheiben schneiden. Die Brühe mit den Zwiebelwürfeln aufkochen und heiß über die Kartoffelscheiben gießen, Öl und Essig hinzufügen, salzen und pfeffern und vorsichtig mischen. Den Salat ziehen lassen.

Für die Sauce die Gurke waschen und in 5 mm große Würfel schneiden. Salzen und pfeffern und mit dem Joghurt, Honig und Knoblauch verrühren. Den Dill untermischen.

Für den Fisch die Eier verquirlen, salzen und pfeffern. Die Fischfilets waschen und trocken tupfen, im Mehl wenden, ins Ei tauchen und in den Semmelbröseln panieren. In reichlich Öl bei 180 °C etwa 5 Minuten knusprig ausbacken und mit dem abgeschmeckten Kartoffelsalat und der Gurkensauce servieren.

Hornhecht

(Belone belone)

Familie: Hornhechte

Vorkommen: Nordostatlantik, Ostsee, Mittelmeer, Schwarzes Meer

Saison: April bis September

Geeignete Garmethoden:
Braten, Räuchern, Fischsuppen

Kann nicht ersetzt werden

Da der schlanke, geschmeidige Hornhecht kommerziell relativ uninteressant ist, lässt sich über seinen tatsächlichen Bestand kaum etwas sagen. Offenbar ist er aber nicht gefährdet. Gefischt wird er gewöhnlich mit Stellnetzen, wenn er zum Laichen an die Küste kommt, und vor allem regional vermarktet.

Hornhecht mit Rapsblüten in Honig-Rapsöl-Vinaigrette

Dieses Gericht ist wegen der fast zeitgleichen kurzen Fangzeit für Hornhechte und der Zeit zwischen Vegetationsstart und Blüte beim Raps nur im Mai realisierbar und verkörpert für mich deshalb auf ideale Weise den Gedanken von saisonaler Küche mit lokalen Produkten aus Mecklenburg-Vorpommern: Dies ist echte und authentische Gourmetküche für wenig Geld, die höchsten Ansprüchen genügt und gleichzeitig zum Slow-Food-Gedanken passt.

Für 4 Personen 1 Stunde

4 Hornhechte aus der Ostsee (je etwa 200 g)
100 g Karotte
100 g Knollensellerie
100 g Lauch
Butter
Salz
gemahlener Koriander
Fenchelsamen
200 g sehr zarte frische Rapsblütenknospen (vom Landwirt aus der Nachbarschaft), ersatzweise Cime di rapa oder Stängelkohl
100 ml Gemüsebrühe
4 EL Sherryessig
8 EL kalt gepresstes Rapsöl
frisch gemahlener Pfeffer
4 EL Kräuter (Kerbel, Estragon, Petersilie, Pimpinelle), fein gehackt
2 EL Rapshonig

Die Hornhechte ausnehmen und filetieren, dabei die grüne Grätenleiste vorsichtig herausschneiden. Die Filets in je 3 rautenförmige Stücke teilen.

Die Gemüse in feine Würfelchen schneiden und in etwas Butter bissfest dünsten, mit Salz, gemahlenem Koriander und Fenchelsamen würzen.

Die Rapsblütenknospen gut waschen und in 4 EL Brühe mit etwas Salz etwa 10 Sekunden garen. Herausheben, abtropfen lassen, auf Tellern anrichten und warm stellen.

4 EL warme Brühe mit Essig, Öl, Salz, Pfeffer, den Gemüsewürfeln, den Kräutern und dem Honig zu einer warmen Sauce verrühren. Die Fischstücke in der Sauce etwa 30 Sekunden garen, herausheben und rund um die Rapsblütenknospen anrichten. Mit der Sauce beträufeln und sofort servieren.

Hornhecht-Laksa mit Reisnudeln

Für 4 Personen 1 Stunde

1 Knoblauchzehe, 50 g Schalotten, 25 g Kurkumawurzel, 30 g Galgantwurzel, 2 Stängel Zitronengras, 1 große milde Chilischote, 10 g fermentierte Shrimpspaste, 3 EL Erdnussöl, 200 g Tamarindenmark, eingeweicht und passiert, 600 g Hornhechtabschnitte und ganze Fische, 1,5 l Hühnerbrühe, Salz, frisch gemahlener Pfeffer, 50 ml Thai-Fischsauce

Für die Einlage:
100 g Gemüse (z. B. Lauch, Karotte, Jicama), in feine Streifen geschnitten, 100 g Laksanudeln, vorgekocht, 400 g Hornhechtfilet, Salz, frisch gemahlener Pfeffer, 30 g Bockshornkleesprossen

Knoblauch, Schalotten, Kurkuma, Galgant, Zitronengras und Chili fein würfeln und mit der Shrimpspaste im Erdnussöl goldbraun anbraten. Mit dem Tamarindenwasser ablöschen und sanft köcheln lassen. Inzwischen die Hornhechte putzen und waschen.

Fische und Fischabschnitte in der mit Salz und Pfeffer gewürzten Hühnerbrühe pochieren, herausnehmen und etwas abkühlen lassen. Das Fischfleisch von Gräten, Köpfen und Haut befreien. Fischreste und Hühnerbrühe zur Tamarindenmischung geben, Fischfleisch beiseitelegen.

Die Suppe etwa 10 Minuten köcheln lassen, mit der Fischsauce abschmecken und durch ein Lochsieb passieren, sodass das Fischeiweiß durchgedrückt wird. Die Gemüseeinlage in der Suppe garen. Die Laksanudeln in die Suppe geben, zum Schluss das gegarte Hornhechtfilet hinzufügen.

Das rohe Fischfilet salzen und pfeffern und in etwas Öl anbraten. Fisch und Nudeln auf tiefe Teller verteilen. Die Suppe dazugießen und die Bockshornkleesprossen aufstreuen.

Hornhecht nach Art von Aal grün

Für 4 Personen 30 Minuten

1 l Gemüse- oder Hühnerbrühe, 2 EL Fischsudgewürz (Wacholder, Lorbeer, weißer Pfeffer, Koriander), 50 ml Essig, 200 g Suppengemüse (Knollensellerie, Karotte, Lauch, Fenchel), gewürfelt, Salz, 1 ganzer Hornhecht (etwa 800 g), 200 ml Weißwein, 40 g Butter, 2 EL Mehl 200 ml Sahne, frisch gemahlener Pfeffer, 100 g gemischte Kräuter (z. B. Petersilie, Dill)

Aus Brühe, Fischsudgewürz, Essig und Suppengemüse einen Sud kochen und mit Salz abschmecken. Den ausgenommenen Fisch mit Haut und Knochen in etwa 5 cm lange Stücke schneiden. Den Kopf und den Schwanz in den Sud geben und mitkochen.

Den Weißwein auf 50 ml einkochen. Die Butter zerlassen, das Mehl einstreuen und farblos anschwitzen. Die Fischstücke in den kochenden Sud geben, den Topf vom Herd nehmen und die Fischstücke 10-15 Minuten ziehen lassen.

Etwa 200 ml Sud zur Mehlschwitze geben. Den reduzierten Weißwein und die Sahne hinzufügen und alles mit dem Stabmixer pürieren. Die Sauce etwa 5 Minuten kochen lassen, mit Salz und Pfeffer abschmecken und mit den Kräutern mischen. Den Fisch anrichten und mit der Sauce beträufeln. Dazu passen Salzkartoffeln.

Plattfische

Familie: Schollen, Zungen

Vorkommen: Nordostatlantik, Ostsee, seltener Mittelmeer

Saison: August bis Dezember, Seezunge April bis Juni

Geeignete Garmethoden:
Braten, Dünsten, Backen, Grillen

Kann ersetzt werden durch: jeweils einen anderen Plattfisch

In den vergangenen Jahren hat sich der Schollenbestand in der Nordsee mehr als erholt. Gefangen werden die Plattfische vor allem mit Grundschleppnetzen. Die modernen Rollengeschirre lassen Jungfischen die Möglichkeit zur Flucht und sparen Treibstoff. In der Ostsee sind die Bestände an Schollen und auch den hier stärker vertretenen Flundern nicht detailliert erfasst, gelten aber als nicht gefährdet. Die kleine Küstenfischerei fängt die Plattfische hier vielfach mit Stellnetzen, die den Untergrund nicht beeinträchtigen und sehr selektiv sind. Noch nicht außer Gefahr ist der Bestand der Nordsee-Seezunge. Ihr besonders feines Aroma macht sie zu einer begehrten Delikatesse, die aber auch ihren Preis hat - ein weiterer guter Grund dafür, einen anderen Plattfisch zu wählen. Der Steinbutt zum Beispiel kann in Sachen Aroma durchaus mithalten.

Scholle/Goldbutt
(Pleuronectes platessa)
Kliesche
(Limanda limanda)
Flunder
(Platichthys flesus)
Seezunge
(Solea solea)
Limandes/
Echte Rotzunge
(Microstomus kitt)

Schollenröllchen mit Khmer-Curry und schwarzen Nudeln

Für 4 Personen 45 Minuten plus 1 Stunde Ruhen

Für die Gewürzpaste:
20 g Zitronengras, klein geschnitten, 5 g Schalotte, 1 g Knoblauch, 3 g Kurkuma
5 g Galgant, 1 Kaffirlimettenblatt, 1 TL Palmzucker, 1 TL Thai-Fischsauce

Für die Nudeln:
2 Eier, 30 ml Olivenöl, Salz, 4 Päckchen Sepia-Tinte, 150 g Mehl Type 405

Für das Karotten-Apfel-Curry:
30 g Khmer-Gewürzpaste (siehe oben)
50 g Butter, 1 Stängel Zitronengras, geviertelt, 4 Kaffirlimettenblätter
250 g Karotten, in Julienne geschnitten, 100 ml Kokosmilch
250 g Apfel, in Julienne geschnitten, 30 g geschlagene Sahne

Für den Fisch:
600 g Schollenfilet
Salz, frisch gemahlener Pfeffer
Olivenöl

Alle Zutaten für die Khmer-Gewürzpaste im Mörser zu einer glatten Paste zerkleinern.

Für die Nudeln die Eier mit dem Öl, dem Salz und der Tinte verrühren. Das Mehl untermischen und alle Zutaten zu einem glatten Teig verkneten. Mindestens 1 Stunde ruhen lassen.

Für das Curry die Khmer-Gewürzpaste in der Butter anschwitzen. Zitronengras, Limettenblätter und Karottenjulienne dazugeben. Die Kokosmilch hinzufügen und auf die Hälfte reduzieren. Zum Schluss die Apfeljulienne dazugeben und kurz erhitzen. Die Mischung auf ein Blech geben und rasch abkühlen lassen.

Den Nudelteig dünn ausrollen und in Bandnudeln schneiden. Die Nudeln in Salzwasser bissfest kochen und abgießen. Das Curry vorsichtig erhitzen und die geschlagene Sahne unterheben.

Den Backofen auf 160 °C vorheizen. Die Fischfilets waschen und trocken tupfen, mit Salz und Pfeffer würzen und zu Röllchen aufrollen, mit Zahnstochern fixieren. Die Röllchen in einer ofenfesten Pfanne mit Olivenöl leicht anbraten, dann 3–4 Minuten im Ofen fertig garen.

Zum Anrichten die Julienne aus dem Curry auf die Teller geben, darauf die halbierten Schollenröllchen platzieren und mit den Nudeln umlegen. Die Currysauce mit dem Stabmixer kurz aufmixen und über die Nudeln geben.

Scholle in Reisnudelrollen mit Frühlingszwiebel-Ingwer-Öl

Für 4 Personen 1 ½ Stunden plus 30 Minuten Ruhen

Für den Teig:
150 g Reismehl, 20 g Maisstärke, 20 g Kartoffelstärke, 20 g Weizenmehl Type 405
1 TL Salz, 1 EL Öl

Für die Füllung:
400 g Schollenfilets, Salz, frisch gemahlener Pfeffer
2 Frühlingszwiebeln, in Ringe geschnitten, 1 EL Öl

Für das Öl und die Sauce:
1 Bund Frühlingszwiebeln, 1 Stück Ingwer, ½ l Erdnussöl
60 ml helle Sojasauce, 2 EL dunkle Sojasauce, 50 g Zucker

Zum Garnieren:
50 g Frühlingszwiebeln, in feine Streifen geschnitten, 2 Chilischoten, in feine Julienne geschnitten, 1 Bund Koriandergrün, Blätter abgezupft

Für den Teig das Reismehl mit 225 ml Wasser vermischen und 30 Minuten ruhen lassen. Maisstärke, Kartoffelstärke und Weizenmehl mit dem Salz und dem Öl mischen. Das angerührte Reismehl nach und nach unterrühren und weitere 300 ml Wasser einrühren.

Für die Füllung die Schollenfilets waschen und trocken tupfen. Grob hacken und mit Salz und Pfeffer würzen. Mit den Frühlingszwiebeln und dem Öl vermischen.

Für das Öl die Frühlingszwiebeln und den Ingwer fein schneiden. Mit dem Öl in einen Topf geben und bei niedriger Temperatur etwa 30 Minuten köcheln lassen. Für die Sauce beide Sojasaucen und den Zucker mit 180 ml Wasser in einen Topf geben und aufkochen. Auf die Hälfte reduzieren.

Einen asiatischen Dämpfgarer vorheizen und ein fein gewebtes Baumwolltuch mit Öl bepinseln. Den Dämpfer mit dem Tuch auslegen und eine dünne Schicht Teig daraufgießen. Den Deckel auflegen und den Teig 2-3 Minuten stocken lassen. Das Tuch vorsichtig herausheben und den Teig auf eine geölte Unterlage stürzen. Das Tuch sofort mithilfe einer Teigkarte abziehen. Den Teig mit der Fischmasse füllen und aufrollen.

Wenn alle Rollen gefüllt sind, in 4-6 cm lange Stücke schneiden und im Dampf wieder erhitzen, dabei die Füllung garen. Zur Garprobe eine Rouladennadel in eine Rolle stechen - sie muss beim Rausziehen heiß sein.

Die Reisnudelrollen auf Teller verteilen, etwas Sauce und etwas heißes Öl darübergeben. Mit Frühlingszwiebelstreifen, Chili und Koriander garnieren.

Scholle mit Black Beans und Thai-Spargel

Für 4 Personen 1 Stunde

4 Schollen (je 400–500 g)
1 Knoblauchzehe
1 Chilischote
dünn abgeschnittene Schale von ¼ unbehandelten Orange oder Mandarine
50 g fermentierte Sojabohnen (Black Beans, aus dem Asienladen)
8 EL leichte, helle Sojasauce
8 EL Sake oder Weißwein
2 EL Maisstärke
2 Bund Thai-Spargel
4 EL Erdnussöl zum Braten
8 EL Austernsauce

Die Schollen häuten und die Filets von der Gräte schneiden. Die Filets in mundgerechte Stücke teilen und kalt stellen.

Für die Marinade den Knoblauch, die Chilischote und die Orangenschale sehr fein hacken. Mit den restlichen Zutaten vermischen, die fermentierten Sojabohnen dabei etwas anquetschen. Die Marinade beiseite stellen.

Die Spargelstangen in der unteren Hälfte schälen und in Stücke schneiden, die Spitzen längs halbieren. In einer Pfanne das Öl erhitzen und den Spargel leicht ansautieren, ohne dass er Farbe annimmt. Mit der Austernsauce schwenken und anrichten.

Die Fischfilets kurz vor dem Garen kurz in die Marinade legen. Anschließend etwa 3 Minuten garen, entweder im Dampf oder im Backofen oder in der Pfanne, das ist Geschmackssache.

TIPP: Man kann die knusprige Schollengräte mit dem Filet essen, dazu muss man von den Knochengerüsten die Haut und die Fleischreste inklusive Flossensaum abziehen. Die verbleibenden Knochengerüste in Mehl wenden und in reichlich Fett ausbacken. Sie werden dabei so kross, dass man sie wie eine Beilage mitessen kann.

Gefüllte Limandesröllchen mit Safran-Crème-fraîche und Zuckerschotensalat

Für 4 Personen 1 Stunde

Für die Fischröllchen:
100 g rohes Zanderfilet
Salz, frisch gemahlener Pfeffer
50 g eiskalte Sahne
30 g Kräuter (Dill, Estragon, Petersilie, Schnittlauch, Kerbel), klein geschnitten
4 Limandesfilets (je etwa 70 g), enthäutet
250 ml Weißwein

Für die Safran-Crème-fraîche:
½–1 g Safran, 150 g Crème fraîche

Für den Zuckerschotensalat:
200 g Zuckerschoten, Salz
1 Schalotte, sehr fein gehackt
1 EL Rotweinessig
frisch gemahlener Pfeffer, Zucker
3 EL natives Rapsöl

Zum Garnieren:
1 EL Crema di Balsamico
4 Zweige Kerbel

Das Zanderfilet anfrieren oder, wenn es gefroren ist, nur halb auftauen lassen, grob zerkleinern und in den (elektrischen) Zerkleinerer geben. Mit Salz und Pfeffer würzen und so lange in Intervallen mit der Maschine bearbeiten, bis eine kompakte, relativ glatte Masse mit glänzender Oberfläche entstanden ist. Die kalte Sahne dazugeben und weitermixen, bis der Fisch die Sahne komplett aufgenommen hat. Die Kräuter dazugeben und die Farce abschmecken.

Die Limandesfilets auf der Arbeitsfläche ausbreiten, mit Salz und Pfeffer würzen und mit der Farce bestreichen. Aufrollen und mit Zahnstochern fixieren. Bei niedriger Temperatur in einem Topf im Weißwein etwa 10 Minuten pochieren. Herausheben und ruhen lassen.

3 EL Weißweinfond mit dem Safran in einem Topf aufkochen und so stark wie möglich reduzieren, abkühlen lassen. Die Crème fraîche unterrühren und das Ganze abschmecken.

Für den Salat die Zuckerschoten waschen und putzen. In einem Topf reichlich Wasser mit Salz zum Kochen bringen und die Zuckerschoten darin etwa 30 Sekunden blanchieren. Abgießen und in gesalzenem Eiswasser abschrecken und abtropfen lassen. Die Zuckerschoten in Rauten oder Streifen schneiden und mit der Schalotte, Essig, Salz, Pfeffer, Zucker und Öl marinieren.

Zum Anrichten die Safran-Crème-fraîche auf Teller geben, die Fischröllchen in Scheiben schneiden und daraufsetzen. Den Zuckerschotensalat daneben anrichten. Das Gericht mit ein paar Tropfen Balsamico und dem Kerbel garnieren.

Gegrillte Flunderfilets mit scharfer Grillgemüsesalsa

Für 4 Personen 1 Stunde

Für die Salsa:
je 1 gelbe, rote und grüne Paprikaschote
2 milde Chilischoten
1 Tomate
2 Schalotten
2 Knoblauchzehen
Thai-Fischsauce
Limettensaft
Palmzucker

Für den Fisch:
800 g dicke Flunderfilets
Olivenöl
Salz, frisch gemahlener Pfeffer

Die Paprikaschoten, Chilischoten und die Tomate waschen. Die Schalotten schälen. Paprika, Chilischoten, Tomate, Schalotten und Knoblauch auf einem Holzkohlengrill oder über der Gasflamme rundherum grillen, bis die Haut der Paprika stellenweise schwarz wird und sich löst. Die Gemüse etwas auskühlen lassen. Die Paprikaschoten mit einem Messer nur grob enthäuten, dann die Samen und Scheidewände entfernen und das Fruchtfleisch in kleine Würfel schneiden.

Die Chilischoten halbieren, die Samen herauskratzen und die Schotenhälften grob zerkleinern. Die Schalotten grob zerkleinern, die Knoblauchzehen aus der Schale drücken. Knoblauch, Schalotten und Chilistücke im Mörser zerstampfen oder sehr fein hacken. Dabei die leicht angekohlte Oberfläche von Schalotte und Chili nicht entfernen, sie bringt Räucher-Aroma. Diese Mischung mit den Paprikawürfeln mischen und mit etwas Fischsauce, Limettensaft und Palmzucker abschmecken.

Die Fischfilets waschen und trocken tupfen. In Olivenöl wenden und mit Salz und Pfeffer würzen. Auf dem Holzkohlengrill auf jeder Seite 3–5 Minuten grillen, die Filets sollen schön saftig bleiben.

Die Salsa auf Teller verteilen und die gegrillten Fischfilets darauf anrichten.

TIPP: Zu diesem Gericht passt Kartoffelpüree mit fein geschnittenen Frühlingszwiebeln (Rezept siehe Seite 181).

Gedünstete Flunderfilets mit Blumenkohlpüree und Kapernsauce

Für 4 Personen 45 Minuten

Für die Sauce:
2 EL Kapern (in Salz)
8 EL Olivenöl
Saft von 1/4 Zitrone
1 EL Sultaninen
Salz, frisch gemahlener Pfeffer

Für Püree und Gemüse:
1 Blumenkohl
100 ml Sahne
50 g Butter
Salz, frisch gemahlener Pfeffer

Für den Fisch:
12 Flunderfilets (je etwa 30 g)
Salz, frisch gemahlener Pfeffer
1 Knoblauchzehe, angequetscht
1 Thymianzweig
Olivenöl zum Braten

Für die Sauce die Kapern abwaschen und mit allen anderen Zutaten im Blitzhacker oder Mörser grob zerreiben. In einem Topf sanft erhitzen, aber nicht zum Kochen bringen.

Für Püree und Gemüse den Blumenkohl in Röschen teilen und waschen. 12 schöne große Röschen in 5 mm dicke Scheiben schneiden und beiseitelegen.

Den übrigen Blumenkohl (etwa 300 g) in 50 ml Sahne weich kochen. Mit der Butter und der übrigen Sahne fein pürieren und durch ein Sieb passieren. Mit Salz und Pfeffer abschmecken. Die dünnen Blumenkohlscheiben in einer Pfanne knusprig anbraten und salzen.

Für den Fisch die Flunderfilets waschen, trocken tupfen und mit Salz und Pfeffer würzen. Mit Knoblauch und Thymian im Olivenöl in etwa 1 Minute glasig braten.

Die gebratenen Blumenkohlscheiben kranzförmig auf Teller verteilen, in der Mitte das Püree und darauf den Fisch anrichten. Mit der Kapernsauce umgießen und warm servieren.

Gebratene Flunderfilets mit Sauce gribiche

Für 4 Personen 45 Minuten

Für die Sauce:
30 g Salatgurke, geschält und gewürfelt
30 g Karotte, gewürfelt
30 g Knollensellerie, gewürfelt
30 g Lauch, gewürfelt
30 g Blumenkohlröschen, gewürfelt
10 g Gewürzgurke, gewürfelt
30 g Tomate, enthäutet, Samen entfernt, gewürfelt
Salz
50 ml Fischfond (Grundrezept siehe Seite 49)
50 ml mildes Olivenöl
1 Spritzer Champagneressig
Saft von ¼ Zitrone
frisch gemahlener Pfeffer
10 g Kapern
30 g frische Kräuter (z. B. Estragon, Schnittlauch, Petersilie, Kerbel, Dill), grob geschnitten
1 Ei, hart gekocht und grob gehackt
10 g Steinmühlensenf

Für den Fisch:
600 g dicke Flunderfilets
Salz, frisch gemahlener Pfeffer
Mehl zum Wenden
1 Knoblauchzehe, angequetscht
1 Zweig Thymian
Olivenöl zum Braten

Zum Servieren:
8 dünne Speckscheiben, kross gebraten

Für die Sauce alle gewürfelten Gemüse kurz in Salzwasser blanchieren und kalt abschrecken. Fischfond, Olivenöl, Essig und Zitronensaft in einem Topf erwärmen, das blanchierte Gemüse dazugeben und mit Salz und Pfeffer abschmecken.

Die Kapern, die Kräuter, das gehackte Ei und den Senf zugeben. Alle Zutaten vorsichtig vermengen und abschmecken.

Die Fischfilets waschen und trocken tupfen, mit Salz und Pfeffer würzen und in Mehl wenden. Anschließend mit dem Knoblauch und dem Thymian in einer Pfanne in heißem Olivenöl auf beiden Seiten braten. Den Fisch mit der Sauce sofort anrichten und mit dem Speck servieren.

Seezunge mit Orangen und Mangold in Olivenöl

Für 4 Personen 30 Minuten

2 große Seezungen (je etwa 1 kg) oder 4 kleine Seezungen, enthäutet
100 ml feinstes Olivenöl
100 ml Weißwein
2 saftige vollreife Orangen
1 Bund kleinblättriger bunter Mangold
2 Knoblauchzehen
2 Zweige Thymian
Salz, frisch gemahlener Pfeffer

Die Seezungen filetieren (die Gräten nicht wegwerfen, sie ergeben einen wunderbaren Fischfond), die Filets waschen, trocken tupfen und in Stücke schneiden. Olivenöl und Weißwein vermischen und die Fischstücke kurz darin marinieren. Inzwischen die Orangen mit dem Messer so schälen, dass die weiße Haut vollständig entfernt wird. Die Fruchtfilets aus den Trennhäuten herauslösen. Den Mangold waschen, putzen und in Streifen schneiden.

Die Fischfilets mit der Marinade, mit dem Knoblauch und dem Thymian auf ein Backblech geben, salzen und pfeffern und im Salamander (Backofen mit Oberhitze-Grill) 5–8 Minuten garen.

Gleichzeitig den Mangold in der Pfanne mit Olivenöl anschwenken und mit Salz und Pfeffer würzen. Den Mangold auf Teller oder eine Servierplatte geben, die Orangenfilets ebenfalls kurz in der Pfanne schwenken und dazugeben. Zuletzt die Fischstücke darauf verteilen.

Mit knusprigem Landbrot oder Baguette servieren, damit man den Sud auftunken und mitessen kann.

LANG LEBE DER FISCHGENIESSER!

In der chinesischen Medizin glaubt man, dass die Eigenschaften der Tiere, die man isst, auf den Essenden übergehen. Aus diesem Grund werden beispielsweise in Ostasien auch sehr alte Speisefische hoch geschätzt. Man glaubt, deren Langlebigkeit beeinflusse die Lebensdauer der Personen, die ihr Fleisch essen. Während man in Europa bei manchen Fischarten auf den Verzehr allzu großer Tiere eher verzichtet, weil sich über die längere Lebensdauer in ihnen auch mehr Schadstoffe sammeln können, werden zum Beispiel in Hongkong 200 Kilogramm schwere Zackenbarsche oder Austern von der Größe eines Fußballs gern gekauft und als kulinarische Besonderheiten gewürdigt.

Seezunge »Müllerin« klassisch

Für 4 Personen

30 Minuten

4 kleine Seezungen (je etwa 600 g), enthäutet
Salz, frisch gemahlener Pfeffer
400 g Weizenmehl Type 405
200 g Butterschmalz zum Braten
Saft von 1 Zitrone
200 ml Kalbsjus (Grundrezept siehe Seite 48)
100 g Butter
1 Zitrone, geschält, entkernt und in 8 Scheiben geschnitten
½ Bund glatte Petersilie, fein geschnitten

Die Seezungen waschen, trocken tupfen und mit Salz und Pfeffer würzen. Nacheinander in Mehl wenden. Das Butterschmalz - am besten in mehreren großen Bratpfannen - erhitzen und die Fische darin auf beiden Seiten knusprig anbraten. Angebratene Fische im Ofen auf Backpapier warm halten.

Wenn alle Seezungen angebraten sind, die Backofentemperatur auf 180 °C erhöhen und die Fische auf einem Backblech 6-8 Minuten fertig garen.

Überschüssiges Bratfett abgießen und den Bratfond in den Pfannen mit Zitronensaft und Kalbjus ablöschen und reduzieren. Die Sauce mit Salz und Pfeffer würzen und mit der Butter montieren.

Zum Anrichten die Seezungen auf Teller legen, je zwei Zitronenscheiben auflegen, mit Sauce beträufeln und mit der Petersilie garnieren.

TIPP: Dazu ebenso klassisch: Salzkartoffeln und Kopfsalat.

Kliesche mit gebackener Blutwurst

Für 4 Personen

30 Minuten

800 g Klieschenfilet ohne Haut
2 Schalotten, fein gehackt
1 Knoblauchzehe
1 Zweig Thymian
Olivenöl
100 g Perlgraupen
500 ml Hühnerbrühe
100 g Blutwurst zum Braten (z. B. Boudin noir)
50 g Weizenmehl
Salz, frisch gemahlener Pfeffer
50 ml Rotwein
200 ml leichte Kalbjus (Grundrezept siehe Seite 48)
50 g Butter
30 g Parmesan, frisch gerieben
100 g feine Gemüsewürfel (Sellerie, Lauch und Karotte)
glatte Petersilie zum Garnieren

Das Fischfilet waschen, trocken tupfen und in portionsgerechte Stücke schneiden.

Die Hälfte der Schalottenwürfel mit Knoblauch und Thymian in Olivenöl glasig dünsten, die Graupen dazugeben und mit etwas Brühe ablöschen. Nach und nach immer wieder Brühe dazugeben, während die Graupen wie ein Risotto kochen, dabei gelegentlich umrühren.

Inzwischen die Blutwurst in vier Stücke schneiden, enthäuten, in Mehl wenden und in etwas Öl bei niedriger Temperatur knusprig braten.

Die Fischstücke leicht salzen und pfeffern und in etwas Öl kurz anbraten. Übrige Schalottenwürfel dazugeben und mit Rotwein und Kalbjus ablöschen. Kurz einkochen lassen und den Fisch immer wieder mit etwas Flüssigkeit übergießen, sodass er schön glänzt.

Die Graupen mit Butter, Parmesan und den Gemüsewürfeln abrunden und auf Teller verteilen. Den Fisch mit etwas Jus darauf anrichten und die knusprige Blutwurst dazulegen. Mit Petersilie bestreut servieren.

Klieschenröllchen mit Rotweinbutter und Rettichsalat

Für 4 Personen 1 Stunde

Für die Röllchen:
100 g Zanderfilet, Salz, frisch gemahlener Pfeffer, 50 g eiskalte Sahne
1 g Safranpulver, 4 Klieschenfilets ohne Haut (je etwa 70 g), Butter
250 ml Weißwein

Für die Butter:
400 ml tanninarmer Rotwein, 1 EL Honig, 100 g kalte Butter
Salz, frisch gemahlener Pfeffer

Für den Salat:
200 g schwarzer Rettich, 1 Schalotte, fein gewürfelt
1 EL Rotweinessig, Salz, frisch gemahlener Pfeffer, Zucker
3 EL Olivenöl

Das Zanderfilet für die Farce anfrieren oder, wenn gefroren gekauft, halb auftauen lassen, grob zerkleinern und in einen Blitzhacker geben. Mit Salz und Pfeffer würzen und so lange in Intervallen bearbeiten, bis eine kompakte, relativ glatte und glänzende Masse entstanden ist. Erst jetzt die kalte Sahne dazugeben und mixen, bis Fisch und Sahne sich verbunden haben. Den Safran dazugeben und die Farce abschmecken.

Die Fischfilets waschen, trocken tupfen und auf die Arbeitsfläche legen, Mit Salz und Pfeffer würzen und mit der Farce bestreichen. Aufrollen und mit Zahnstochern fixieren. Die Butter mit dem Weißwein erhitzen und die Fischröllchen bei mittlerer Temperatur etwa 5 Minuten darin dünsten.

Für die Butter den Rotwein mit dem Honig aufkochen und stark reduzieren, etwas abkühlen lassen und die kalte Butter untermixen. Die Sauce mit Salz und Pfeffer abschmecken und vorsichtig erwärmen, sie darf nicht mehr kochen.

Für den Salat den Rettich waschen und mit der Haut in dünne Scheiben schneiden. In einen Topf geben und mit Schalotte, Essig, Salz, Pfeffer, Zucker und Öl mischen, bei niedriger Temperatur leicht schmoren lassen.

Den Rettichsalat auf Teller verteilen, die halbierten Fischröllchen darauflegen und die Rotweinbutter rundherum dazugießen.

TIPP: Grundrezept zur Farce siehe Seite 50.

Kliesche »Colbert« mit frischer Zitronen-Kräuterbutter

Für 4 Personen

1 Stunde

100 g gemischte Kräuter (Petersilie, Schnittlauch, Estragon, Kerbel, Thymian)
1 Knoblauchzehe
abgeriebene Schale von 1 unbehandelten Zitrone
200 g weiche Butter
Salz, frisch gemahlener Pfeffer
4 frische Klieschen
1 Scheibe Weißbrot vom Vortag
2 Eier
Salz, frisch gemahlener Pfeffer
Mehl zum Wenden
200 g Butterschmalz oder geklärte Butter zum Braten

Für die Zitronen-Kräuterbutter die Kräuter waschen, trocken schütteln und fein hacken. Den Knoblauch ebenfalls fein hacken. Kräuter, Knoblauch und Zitronenschale gründlich mit der weichen Butter vermischen, mit Salz und Pfeffer kräftig abschmecken. Die Butter in Röschen oder Rollen formen und kalt stellen.

Die Klieschen mit der dunklen Seiten nach oben auf die Arbeitsfläche legen. Entlang der Mittelgräte einschneiden und die oberen Filets mit vorsichtigen Schnitten nach beiden Seiten von der Gräte lösen. Am Flossensaum aufhören und mit einer Schere entlang der Mittelgräte die strahlenförmig nach außen verlaufenden Gräten abtrennen.

Danach mit dem Messer von der geöffneten Oberseite unterhalb der strahlenförmigen Gräten die unten liegenden Filets lösen. Die Gräten dort, wo sie am Flossensaum festhängen, abschneiden und das gesamte Knochengerüst mit der Mittelgräte aus den Fischen lösen. Die Fische waschen und trocken tupfen.

Das Weißbrot entrinden und fein reiben oder mahlen. Die Eier aufschlagen, würzen und mit der Gabel sorgfältig verrühren.

Die Fische innen und außen mit Salz und Pfeffer würzen, mit der aufgeklappten Oberseite in reichlich Mehl wenden. Überschüssiges Mehl abschütteln, es soll nur eine hauchdünne Schicht haften bleiben. Die Fische im verquirlten Ei wenden und in den Weißbrotbröseln locker panieren, die Brösel dabei nicht andrücken.

Die Fische in 180 °C heißem Butterschmalz etwa 5 Minuten knusprig ausbacken, die aufgeklappte Oberseite mit der Kräuterbutter füllen und die Fische sofort servieren.

Kliesche mit verlorenen Wachteleiern und Honig-Senfsauce

Für 4 Personen 30 Minuten

200 ml kräftige Fleischbrühe
1 EL Maisstärke
3 EL Weißweinessig
200 ml Sahne
1 EL Heidehonig
3–5 EL feiner Senf
Salz, Zucker
24 sehr frische Wachteleier
Essigwasser zum Pochieren
500 g Klieschenfilet ohne Haut
frisch gemahlener Pfeffer
2 EL Senfsamen, in Wasser weich gekocht

Für die Sauce die Brühe mit der Stärke, dem Essig, der Sahne und dem Honig kalt verrühren und anschließend zum Kochen bringen. Mit Senf (Menge nach Geschmack), Salz und Zucker abschmecken. Je nach Säuregehalt des Essigs kann mehr oder weniger Zucker nötig sein, also unbedingt abschmecken.

Die Wachteleier mit einer Messerspitze öffnen und vorsichtig in einen großen Krug oder ein anderes Gefäß mit Ausgießer geben (z. B. einen Messbecher). Reichlich Essigwasser mit Salz abgeschmeckt in einem großen Topf zum Kochen bringen. Das kochende Wasser mit einem Löffel in eine drehende Bewegung bringen, also kräftig in eine Richtung rühren. Den Krug mit den Eiern in der anderen Hand nahe am Topfrand halten und die Eier rasch nacheinander in den Topf gleiten lassen. 2 Minuten garen, mit einem Schaumlöffel herausnehmen und warm stellen.

Die Fischfilets waschen und trocken tupfen. Mit Salz und Pfeffer würzen und in der heißen Sauce garen. Die pochierten Eier dazugeben. Das Gericht auf Tellern anrichten, mit den Senfsamen garnieren und mit Salzkartoffeln servieren.

verantwortungsbewusst genießen

Glattbutt
(Scophthalmus rhombus)

Familie: Steinbutte

Vorkommen: Nordostatlantik, Ostsee, Schwarzes Meer

Saison: August bis Dezember

Geeignete Garmethoden:
Braten, Dünsten, Backen

Kann ersetzt werden durch: andere Plattfische

Der Glattbutt wird eher selten gezielt befischt, sondern meist als wertvoller Beifang angelandet. Umso erfreulicher ist es, wenn der noch weniger alltägliche, aber sehr schmackhafte Fisch seine Käufer findet und als köstliche Mahlzeit gewürdigt wird.

Glattbutt mit karamellisierten Kirschtomaten und Frühlingszwiebeln

Für 4 Personen 30 Minuten

Für den Fisch und das Gemüse:
1 Glattbutt mit Haut und Knochen (etwa 1 kg)
250 g kleine Kirschtomaten
2 Bund Frühlingszwiebeln
Salz, frisch gemahlener Pfeffer
Olivenöl zum Braten und Schwenken
2 EL Zucker

Für das Pesto:
1 Bund glatte Petersilie
1 Bund Basilikum
Salz
100 ml Olivenöl
3 EL Pinienkerne, geröstet

Den Fisch mit Haut und Knochen in Koteletts teilen. Dafür zunächst die Flossen abschneiden. Den Fisch mit einem Brotmesser entlang des Rückgrates in zwei Hälften schneiden. Den Kopf dabei umfahren und erst danach abschneiden.

Die beiden Hälften strahlenförmig in 1-3 cm dicke Segmente schneiden. Diese sollen die Form von spitzen Dreiecken haben.

Die Kirschtomaten waschen, vom Stielansatz befreien und quer halbieren. Die Frühlingszwiebeln waschen, putzen und schräg in 2 cm lange Stücke schneiden.

Für das Pesto die Kräuter waschen, trocken schütteln und mit Salz und Olivenöl im Mixer pürieren. Die Pinienkerne dazugeben und untermixen.

Den Backofen auf 160-170 °C vorheizen. Die Fischkoteletts mit Salz und Pfeffer würzen und in einer ofenfesten Pfanne im Olivenöl auf beiden Seiten kurz anbraten, dann im Ofen etwa 5 Minuten fertig garen.

Inzwischen etwas Öl mit dem Zucker in einer Pfanne erhitzen und die Frühlingszwiebelstücke darin anschwenken. Die Kirschtomaten dazugeben und beides weiter schwenken. Mit Salz und Pfeffer abschmecken.

Das karamellisierte Gemüse auf Teller verteilen, die Fischstücke darauf anrichten und mit etwas Pesto umrunden.

Gefüllter Glattbutt

Für 4 Personen 1 Stunde

1 Glattbutt (2–3 kg)
5 Scheiben Weißbrot, entrindet und gewürfelt
Olivenöl zum Braten
1 kg frischer Blattspinat
2 Schalotten, fein gewürfelt
Salz, frisch gemahlener Pfeffer
100 g Kräuterseitlinge
100 g Pfifferlinge
100 g Steinpilze
100 g Shiitakepilze
50 g Karotte, klein gewürfelt
50 g Knollensellerie, klein gewürfelt
50 g Lauch, klein gewürfelt
etwa 250 g Fischfarce (Grundrezept siehe Seite 50)
1 Knoblauchzehe, angequetscht
1 Zweig Thymian

Den Fisch waschen und trocken tupfen. Von der weißen Seite entlang der Mittelgräte einschneiden und hohl auslösen, das heißt, die äußere Form des Fisches soll erhalten bleiben, damit er nach dem Füllen wieder wie ein ganzer Fisch aussieht, aber keine Gräten mehr hat und am Tisch leicht tranchiert werden kann. Den Fisch innen trocken tupfen.

Für die Füllung die Brotwürfel in Öl zu Croûtons braten. Den Spinat waschen und putzen. In einem Topf mit den Schalottenwürfeln anschwitzen, mit Salz und Pfeffer würzen und in einem Sieb abtropfen lassen. Die Pilze putzen, falls nötig waschen. Große Pilze klein schneiden. Alle Pilze in etwas Öl rundherum anbraten. Mit Salz und Pfeffer würzen und abkühlen lassen.

Die Gemüsewürfel blanchieren, abtropfen lassen und mit der Fischfarce vermischen, dabei nur so viel Farce verwenden, wie nötig ist, um die Gemüsewürfel zu binden. Den Fisch innen salzen und die Farce gleichmäßig darin verteilen. Den Backofen auf 160-170 °C vorheizen.

Den gefüllten Fisch mit der dunklen Seite nach unten auf Backpapier legen und in einer Pfanne anbraten, dabei den Knoblauch und den Thymian mitbraten. Durch Anheben des Papiers vorsichtig wenden und kurz anbraten. Den Fisch auf das Backblech legen und im Ofen 10-15 Minuten fertig garen. Vor dem Anschneiden 5 Minuten ruhen lassen. Um den Garpunkt zu kontrollieren, sticht man eine Rouladennadel in die Mitte und überprüft die Temperatur. Die Nadel muss sich nach dem Herausziehen warm anfühlen.

TIPP: Zu diesem Gericht schmeckt eine klassische Rieslingsauce (beispielsweise Rezept Seite 190) und Kartoffeln.

Gebratenes Glattbuttfilet mit Wildkräutern und Tomatenschaum

Für 4 Personen

30 Minuten plus 6 Stunden Abtropfen

250 g reife bunte Tomaten
Salz
1 große mehligkochende Kartoffel
600 g Glattbuttfilet
100 g kalte Butter, gewürfelt
frisch gemahlener Pfeffer, Zucker
200 g gemischte Wildkräuter (z. B. Giersch, Melde, Guter Heinrich, Scharbockskraut, Baumspinat)
Olivenöl
1 Knoblauchzehe, halbiert
frisch geriebene Muskatnuss
1 Zweig Thymian
Schnittlauch und Petersilie zum Garnieren

Die Tomaten waschen. Die zwölf schönsten und kleinsten zum Garnieren beiseitelegen. Die übrigen Tomaten ohne Stielansätze pürieren, salzen und im Mulltuch über einer Schüssel mindestens 6 Stunden, am besten über Nacht, abtropfen lassen.

Die Kartoffel schälen und längs in 2 mm dünne Scheiben schneiden. Diese wieder zusammensetzen und die Kartoffel dann mit dem Sparschäler rundherum in lange Fäden schneiden.

Das Fischfilet waschen und trocken tupfen. In 3 cm breite Streifen schneiden und jeden Streifen einzeln sorgfältig mit Kartoffelfäden umwickeln.

Den abgetropften Tomatensaft erhitzen und mit dem Großteil der kalten Butter aufmixen. Mit Salz, Pfeffer und Zucker abschmecken.

Die Wildkräuter waschen und trocken schütteln. In etwas Olivenöl in einer Pfanne bei niedriger Temperatur zusammenfallen lassen, dabei mit der einen auf eine Gabel gespießten Knoblauchhälfte umrühren. Mit Salz, Pfeffer, Zucker und Muskatnuss abschmecken.

Die Fischfilets im Kartoffelpäckchen mit Salz und Pfeffer würzen und zunächst in Olivenöl mit der übrigen Knoblauchhälfte und dem Thymianzweig auf allen Seiten anbraten. Zum Schluss in der übrigen Butter nachbraten.

Den Fisch mit den beiseitegelegten Tomaten (größere in Scheiben schneiden) und dem Tomatenschaum anrichten und mit Schnittlauch und Petersilie garnieren.

Steinbutt
(Scophtalmus maximus)

Familie: Steinbutte

Vorkommen: Nordostatlantik, Ostsee, Mittelmeer

Saison: August bis Dezember

Geeignete Garmethoden:
Braten, Dünsten, Backen

Kann ersetzt werden durch: Scholle, Glattbutt

Es gibt keine verlässlichen Quellen dazu, wie groß der Steinbuttbestand im Atlantik und der Ostsee ist. Häufig ist der Fisch einfach wertvoller Beifang der Schollenfischerei, gezielt gefischt wird der Plattfisch mit Stellnetzen, aber auch mit Grundschleppnetzen. Im Handel findet man außerdem Steinbutt aus Aquakulturanlagen an Land. Problematisch ist hier die Fütterung, sofern Fischmehl und -öl aus nicht nachhaltiger Fischerei stammen.

Steinbuttfilet mit Kartoffelmousseline und Stundenei

Für 4 Personen

1 Stunde

4 Eier
4 Kartoffeln
Salz
50 g Butter
150 g Bauchspeck
Olivenöl zum Braten
1 Schalotte, in dünne Ringe geschnitten
100 g Butter, zerlassen
2 Tomaten, enthäutet, Samen entfernt, gewürfelt
½ Kästchen Gartenkresse
2 Kerbelzweige, fein gehackt
¼ Bund Petersilie, fein gehackt
frisch gemahlener Pfeffer
500 g Filet vom großen Steinbutt (4–6 kg)
1 Knoblauchzehe
2 Thymianzweige
Butter zum Braten
150 ml Milch

Die Eier etwa 45 Minuten in ein Wasserbad mit 67 °C legen. Inzwischen die Kartoffeln schälen und in Salzwasser weich kochen. Noch heiß durch ein Sieb streichen und mit der Butter glatt rühren. Zugedeckt warm stellen.

Den Speck in feine Streifen schneiden und in Olivenöl knusprig braten. Auf Küchenpapier abtropfen lassen und warm stellen. Im in der Pfanne verbliebenen Öl die Schalotte knusprig braten, ebenfalls auf Küchenpapier abtropfen lassen und warm stellen. Das von Speck und Schalotten aromatisierte Fett zum Kartoffelpüree geben.

Die flüssige Butter erwärmen. Tomaten, Kresse und gehackte Kräuter dazugeben und die Butter kräftig mit Salz und Pfeffer abschmecken. Ebenfalls warm halten.

Die Steinbuttfilets waschen, trocken tupfen und mit Salz und Pfeffer würzen. In Olivenöl anbraten, Knoblauch und Thymian und etwas Butter dazugeben und den Fisch für 3 Minuten immer wieder mit dem heißen Fett aus der Pfanne beträufeln, damit er schnell und gleichmäßig gart und den Geschmack von Knoblauch und Thymian besser annimmt. Gleichzeitig die Milch erhitzen.

Zum Anrichten das Kartoffelpüree mit der heißen Milch zu einer fast flüssigen Mousseline verdünnen und auf vorgewärmten Tellern anrichten. Die Eier öffnen und auf die Mousseline gleiten lassen, sie sind innen noch flüssig, aber relativ stabil. Den gebratenen Fisch anrichten, die Tomaten-Kräuterbutter dazugeben und das Ganze mit Schalottenringen und Speck bestreuen.

Ganzer gefüllter Steinbutt mit Farinata

Für 4 Personen 2 Stunden plus 1 Stunde Ruhen

1 Steinbutt (2–3 kg)
je 2 gelbe, grüne und rote Paprikaschoten
1 Schalotte, gewürfelt
5 Pimentkörner
Olivenöl
250 g Fischfarce (Grundrezept siehe Seite 50)
Salz, frisch gemahlener Pfeffer
1 Knoblauchzehe
1 Zweig Thymian

Für die Farinata:
250 g Kichererbsenmehl, 750 ml kalte Gemüsebrühe
3 EL Olivenöl, 2 Zweige Rosmarin, 1 Knoblauchzehe, angequetscht, Salz

Den Fisch von der weißen Seite entlang der Mittelgräte einschneiden und hohl auslösen (siehe Seite 156). Die äußere Form des Fisches soll intakt bleiben, damit er - fertig gefüllt - wieder wie ein ganzer Fisch aussieht, aber keine störenden Gräten mehr enthält und am Tisch leicht tranchiert werden kann. Den Fisch vorsichtig waschen und gut trocken tupfen.

Für die Füllung die Paprikaschoten mit dem Sparschäler häuten, die Haut nicht wegwerfen. Die Samen und Scheidewände entfernen. Die Schoten in 4-5 mm große Würfel schneiden. Die übrigen Abschnitte und die Haut mit den Schalottenwürfeln und den Pimentkörnern in Olivenöl anschwitzen, mit etwas Wasser ablöschen und weich schmoren. Anschließend im Mixer pürieren und durch ein Haarsieb streichen. Die Sauce auf etwa ein Viertel einkochen und auskühlen lassen.

Die kalte Sauce unter die Fischfarce rühren. Die rohen Paprikawürfel ebenfalls untermischen und die Farce mit Salz und Pfeffer abschmecken. Den Fisch salzen und die Farce darin verteilen.

Für die Farinata das Kichererbsenmehl in die kalte Brühe einrühren, Olivenöl, Rosmarin und die Knoblauchzehe dazugeben. Den Teig zugedeckt 1 Stunde ziehen lassen.

Den Backofen auf 250 °C vorheizen. Den Teig für die Farinata mit Salz abschmecken und in eine große heiße Pfanne oder auf ein Backblech gießen. Im heißen Ofen 10-15 Minuten backen, bis die Ränder gebräunt sind. Warm halten.

Inzwischen den gefüllten Fisch in einer Pfanne auf Pergamentpapier mit etwas Öl anbraten, dabei Knoblauch und Thymian mitbraten. Zuerst die dunkle Seite anbraten, dann den Fisch durch Anheben des Papiers wenden.

Die Ofentemperatur auf 160 °C reduzieren und den Fisch im Ofen in 10-15 Minuten fertig garen. Um den Garpunkt zu kontrollieren, eine Rouladennadel in die Mitte stechen und die Temperatur überprüfen. Die Nadel muss sich warm anfühlen. Den Fisch vor dem Anschneiden 5 Minuten ruhen lassen. Die Farinata mit Löffeln in Stücke reißen und mit dem Fisch servieren.

Seeteufel
(Lophius spp.)

Familie: Seeteufel

Vorkommen: Atlantik, Nordwestpazifik, Mittelmeer, Schwarzes Meer

Saison: ganzjährig

Geeignete Garmethoden: Braten, Grillen, Dünsten, Backen

Kann nicht ersetzt werden

Der breitmäulige Raubfisch wird hauptsächlich als wertvoller Beifang in der Fischerei mit Grundschleppnetzen oder Langleinen gefangen. Es gibt aber auch auf den Seeteufel spezialisierte Fischereien. Von den meisten der mindestens sieben Seeteufelarten liegen keine verlässlichen Daten zur Bestandssituation vor. Deshalb sollte der äußerst schmackhafte Fisch vorerst besser eine selten genossene Delikatesse bleiben.

Seeteufel im Pergament mit Ochsenmark und Rotweinsauce

Für 4 Personen 1 Stunde

1 Flasche Rotwein
600 g verschiedenfarbiges Wurzelgemüse (z. B. Karotten, Pfälzer Möhren, Pastinaken, Staudensellerie, Schalotten, Schwarzwurzeln, Rüben, Petersilienwurzeln, Gelbe oder Weiße Bete), festkochende Kartoffeln
Zucker, Salz, frisch gemahlener Pfeffer
800 g Seeteufelschwanz mit Knochen ohne Haut
2 Frühlingszwiebeln, in 1 cm lange Stücke geschnitten
2 Knoblauchzehen
2 Lorbeerblätter
4 Zweige Thymian
100 ml Kalbsjus (Grundrezept siehe Seite 49)
4 Knochen vom Kalb, Mark ausgelöst und in Scheiben geschnitten
Mehl

Den Rotwein in einen Topf geben und auf etwa 300 ml einkochen.

Inzwischen das Wurzelgemüse und die Kartoffeln putzen, waschen beziehungsweise schälen und in etwa 1 cm große Würfel schneiden. In eine Schüssel mit 3 l Inhalt einen Bogen Pergamentpapier legen und das Gemüse hineingeben. Mit einer kräftigen Prise Zucker, etwas Salz und Pfeffer würzen. Die Fischportionen waschen, trocken tupfen und mit Salz und Pfeffer leicht würzen. Auf dem Gemüse verteilen. Die Frühlingszwiebeln, den Knoblauch und die Kräuter auf den Fisch legen.

Den Backofen auf 160–170 °C vorheizen. Den reduzierten Rotwein mit der Kalbsjus mischen und über die Fischfilets gießen. Die Markscheiben salzen leicht in Mehl wenden und anbraten. Zum Fisch geben. Die Ränder des Pergamentpapiers von allen Seiten zur Mitte führen, zusammendrehen und mit Küchengarn fest umwickeln, das Garn verknoten.

Das Fisch-Gemüse-Paket im Ofen 20–25 Minuten garen. Auf eine Platte legen und am besten erst bei Tisch öffnen und portionieren. Als Beilage eignet sich Reis oder Couscous.

TIPP: Wenn Sie mögen, können Sie alle Zutaten natürlich auch auf vier Päckchen verteilen, so bekommt jeder eins.

Seeteufel-Schaschlik mit Paprikasauce

Für 4 Personen 45 Minuten

Für das Schaschlik:
400 g Seeteufelfilet
1 grüne Paprikaschote
2 rote Zwiebeln
1 Fenchelknolle
100 g feiner luftgetrockneter Speck, 2 mm dick geschnitten
Olivenöl zum Braten

Für die Sauce:
4 rote Paprikaschoten
2 EL Olivenöl
1 Knoblauchzehe
Salz, frisch gemahlener Pfeffer
Maisstärke

Zum Garnieren:
Crema di Balsamico
mildes Currypulver

Für das Schaschlik das Seeteufelfilet waschen und trocken tupfen. In 20 gleich große, rechteckige Stücke (je etwa 20 g) schneiden.

Die grüne Paprikaschote enthäuten, Samen und Scheidewände entfernen. Die Zwiebeln schälen und den Fenchel putzen. Alle Gemüse in Quadrate von der Größe der Fischstücke schneiden und abwechselnd mit den Fischstücken und den Speckstücken auf Schaschlikspieße aufreihen.

Für die Sauce die roten Paprikaschoten entsaften und mit dem Öl und der Knoblauchzehe einkochen, mit Salz und Pfeffer abschmecken und mit der angerührten Stärke auf Saucenkonsistenz binden.

Den Backofen auf 160-170 °C vorheizen. Die Fischspieße mit Salz und Pfeffer würzen und in Olivenöl bei hoher Temperatur auf beiden Seiten je 2 Minuten sehr kräftig anbraten. Im Ofen weitere 3-4 Minuten fertig garen.

Die Sauce auf Tellern verteilen, je einen Spieß darauflegen und mit einem Faden Crema di Balsamico und einer Prise Currypulver garnieren.

Gegrillter Seeteufel mit Misomarinade

Für 4 Personen

10 Minuten plus 2–3 Stunden Marinieren

100 g gelbe Misopaste (Sojabohnenpaste)
1 EL Zucker
40 ml Sake
600 g Seeteufelfilet

Für die Marinade die Miso-Paste mit dem Zucker und dem Sake verrühren. Die Fischfilets waschen, trocken tupfen und portionieren. Die Fischstücke in die Marinade geben und 2-3 Stunden zugedeckt marinieren lassen.

Die Fischstücke aus der Marinade nehmen und ohne Fett bei hoher Oberhitze im Elektrogrill etwa 5 Minuten überbacken, dabei soll die Marinade karamellisieren, ohne zu verbrennen.

TIPP: Dazu passt Reis und grünes asiatisches Blattgemüse wie Pak Choi oder Choi Sum.

FISCHAUGEN – EINE DELIKATESSE

Geschmack ist größtenteils erlernt und von Erfahrungen und Gewohnheiten ab frühester Jugend geprägt. Und da in unterschiedlichen Kulturen bekanntermaßen unterschiedliche Sitten gepflegt werden, sind Meinungsverschiedenheiten zwischen den Völkern gerade auch auf kulinarischer Ebene eigentlich vorprogrammiert. In Ostasien werden Fische überwiegend lebendfrisch geschlachtet und im Ganzen zubereitet. Gästen oder auch Kindern werden die Augen des Fisches dort oft als besondere Delikatesse angeboten. So schätzte meine kleine Tochter Fischaugen jahrelang als das »Allerbeste« jedes Fischgerichts – was von unseren deutschen Verwandten und Freunden nicht immer als völkerverbindend positiv empfunden wurde.

SÜSSWASSERFISCHE

Auch diejenigen, die nicht das Glück haben, in unmittelbarer Nähe zu einem Fischereihafen zu leben, müssen nicht auf frischesten Fisch verzichten, der quasi direkt aus dem Wasser in den Kochtopf wandert. Unsere heimischen Binnengewässer bieten ebenfalls schmackhafte Fische wie Forellen, Lachse und Zander. Zubereiten lassen sie sich auf traditionelle Weise wie beispielsweise die Forelle »Müller«, aber auch mit Fischen aus Teich oder Fluss können Sie exotische Gerichte auf den Tisch zaubern: zum Beispiel ein indisches Karpfencurry oder ein peruanisches Flussbarsch-Tiradito. Auch hier finden Sie wieder Porträts mit den wichtigsten Infos.

Flussbarsch
(Perca fluviatilis)

Familie: Echte Barsche

Vorkommen: Europa

Saison: Juli bis November

Geeignete Garmethoden:
Braten, Dünsten, Pochieren

Kann ersetzt werden durch: Zander

Das zarte, schmackhafte Fleisch des Flussbarsches kann man mit gutem Gewissen genießen. Sein Bestand ist nicht gefährdet. Gefischt wird er hauptsächlich mit Stellnetzen, einer passiven, sehr selektiven und bodenschonenden Art der Fischerei. Und auch weit von der Küste entfernt kann man ihn regional kaufen.

verantwortungsbewusst genießen

Flussbarsch in Genfer Kräutersauce mit Blattspinat und hausgemachten Nudeln

Für 4 Personen 30 Minuten plus 1 Stunde Ruhen

300 g frischer Nudelteig (aus 1 Ei, 1 EL Öl, 1 TL Salz und 240 g Mehl)

Für die Sauce:
200 ml trockener Weißwein, 2 Zweige Thymian
2 EL Butter, 1 Schalotte, fein gewürfelt, 400 ml Fischfond (Grundrezept siehe Seite 49)
200 ml Sahne, Salz, frisch gemahlener Pfeffer, Zucker, Zitronensaft
2 Eigelb, 2 EL geschlagene Sahne, 4 EL Kräuter (z. B. Estragon, Kerbel, Petersilie, Dill), fein gehackt, 1 Msp. Körnersenf

Für den Fisch:
400 ml Fischfond zum Pochieren (Grundrezept siehe Seite 49)
50 g Zwiebel, grob gewürfelt, ½ Bund Suppengemüse, gewürfelt, Salz
600 g Barschfilet mit Haut, frisch gemahlener Pfeffer

Für den Spinat:
20 g Schalotte, fein gewürfelt, 1 Knoblauchzehe, Butter
200 g Blattspinat

Die Zutaten für den Nudelteig verkneten, falls nötig, etwas Wasser hinzufügen. Den Teig in Frischhaltefolie wickeln und etwa 1 Stunde ruhen lassen.

Für die Sauce den Weißwein mit dem Thymian aufkochen und auf etwa 50 ml reduzieren.

In einem anderen Topf die Butter erhitzen und die Schalotte darin glasig dünsten. Den Fischfond angießen und etwas einkochen lassen. Wenn der Weißwein auf 50 ml eingekocht ist, zum Fischfond geben, die Sahne hinzufügen und die Sauce mit Salz, Pfeffer, Zucker und Zitronensaft abschmecken. Die Sauce durch ein feines Sieb passieren und warm halten.

Für den Fisch den Fischfond zum Pochieren erhitzen und die Zwiebel- und Suppengemüsewürfel dazugeben, mit Salz würzen. Die Fischfilets waschen und trocken tupfen, mit Salz und Pfeffer würzen und in den kochenden Sud geben. Den Topf vom Herd ziehen und den Fisch zugedeckt 5–7 Minuten ziehen lassen.

Inzwischen die Schalotte mit der Knoblauchzehe in etwas Butter anschwitzen, den Spinat dazugeben, sautieren und abschmecken.

Den Nudelteig dünn ausrollen und die Platten in 5 mm breite Tagliatelle schneiden. In kochendem Salzwasser 1 Minute sehr bissfest kochen, abgießen und in heißer Butter schwenken.

Die Sauce vor dem Servieren mit einer Mischung aus Eigelb und geschlagener Sahne binden, die Kräuter und den Senf untermixen. Den Fisch mit Nudeln, Spinat und der Sauce anrichten.

Barsch mit Tomaten-Oliven-Ragout und Haselnuss-Dukkah

Für 4 Personen

45 Minuten

Für die Dukkah:
100 g geschälte Haselnüsse, Haut abgerieben
2 EL Kreuzkümmelsamen
3 EL Koriandersamen
1 TL Meersalz
2 EL weiße Sesamsamen

Für die Knoblauchpetersilie:
6 Zweige Petersilie, Blätter abgezupft
1 Knoblauchzehe

Für Fisch und Ragout:
600 g Barschfilet mit Haut
Olivenöl
Zitronensaft
400 g Tomaten, enthäutet, Samen entfernt
Salz, frisch gemahlener Pfeffer
100 g schwarze Oliven, entkernt

Für die Dukkah den Backofen auf 180 °C vorheizen und die Haselnüsse auf einem Backblech darin dunkel rösten. Das kann sehr schnell gehen, also unbedingt beobachten. Nüsse herausholen und abkühlen lassen. Die Backofentemperatur auf 160 °C reduzieren. Die Nüsse mit Kreuzkümmel, Koriander, Meersalz und Sesamsamen mittelfein mahlen.

Für die Knoblauchpetersilie die Petersilienblätter mit dem Knoblauch fein hacken, dabei beides gut vermischen.

Die Fischfilets waschen und trocken tupfen. In der Dukkah wenden und auf der Hautseite in Olivenöl anbraten. Den Fisch wenden und mit etwas Zitronensaft beträufeln, dann im heißen Ofen 3 Minuten fertig garen.

Inzwischen die Tomaten in der Fischpfanne in Olivenöl anbraten, salzen und pfeffern. Die Knoblauchpetersilie und die Oliven über die Tomaten verteilen.

Die übrige Dukkah zum Dippen auf Teller geben. Den Fisch mit dem Tomaten-Oliven-Ragout daneben anrichten.

Gedünsteter Barsch mit Kräuterseitlingen und Soja-Butterschaum

Für 4 Personen 1 Stunde

1,5–2 kg Wildbarsch
100 g Sellerieknolle, gewürfelt
100 g weißer Lauch, gewürfelt
100 g Fenchelknolle, gewürfelt
200 g weiße Zwiebel, gewürfelt
2 Knoblauchzehen
200 ml helle japanische Sojasauce
Speisestärke
400 g Kräuterseitlinge
100 g Stockschwämmchen
100 g Schalotten, fein gewürfelt
Olivenöl
Salz, frisch gemahlener Pfeffer
100 g Butter
100 ml Weißwein
1 Zweig Thymian
1 Bund glatte Petersilie, fein gehackt

Zuerst die Fische schuppen und filetieren. Dabei alle Abschnitte aufbewahren und wässern. Die Filets mit einer Pinzette von allen Gräten befreien und kalt stellen.

Die Fischabschnitte mit den Gemüsewürfeln und 1 Knoblauchzehe in einen Topf geben und mit der Sojasauce und etwas Wasser langsam aufkochen. 20 Minuten ziehen lassen, durch ein Sieb in einen anderen Topf gießen und bei hoher Temperatur etwas einkochen lassen. Mit angerührter Stärke leicht binden.

Den Backofen auf 170 °C vorheizen. Die Pilze putzen und trocken abreiben. In Stücke schneiden und mit den Schalotten mischen. Das Olivenöl dazugeben und mit Salz und Pfeffer würzen. Die Mischung auf ein Backblech geben und im Ofen 5-8 Minuten garen. So werden die Pilze warm und bleiben knackig, ohne ganz durchgebraten zu sein. Die Backofentemperatur auf 160 °C reduzieren.

Die Fischfilets auf ein zweites, mit Butter bestrichenes Backblech legen, mit Salz und Pfeffer würzen und unter Zugabe des Weißweins, der übrigen Knoblauchzehe und des Thymianzweigs im Ofen bei 160 °C etwa 5 Minuten garen.

Die Sauce mit der übrigen Butter schaumig aufmixen und mit Salz und Pfeffer abschmecken. Die Pilze mit der Petersilie bestreuen und auf Tellern anrichten. Die Fischfilets danebenlegen. Beides mit der Sauce beträufeln.

TIPP: Dazu passt ein feines Kartoffelgratin.

Barschfilet mit Radieschengemüse und Radieschensauce

Für 4 Personen 30 Minuten

2 Bund Radieschen, 300 ml Gemüse- oder Hühnerbrühe, 140 g Butter
Salz, frisch gemahlener Pfeffer, 600 g Flussbarschfilet mit Haut, Olivenöl
1 Schalotte, fein gewürfelt

Die Radieschen mit dem Grün gründlich waschen. Das Grün abschneiden und die Radieschen in 2 mm dicke Scheiben schneiden. Die Brühe zum Kochen bringen und mit den Radieschenblättern im Mixer ganz fein pürieren, dabei 100 g Butter einmixen. Die Sauce mit Salz und Pfeffer abschmecken, durch ein Haarsieb passieren und warm stellen.

Das Fischfilet waschen und trocken tupfen, mit Salz und Pfeffer würzen und in Olivenöl in einer Pfanne auf der Hautseite knusprig anbraten. Die fein gewürfelte Schalotte und die Radieschenscheiben in der übrigen Butter anschwenken und zugedeckt kurz bissfest garen. Salzen und mit dem Fisch und der Sauce anrichten.

Barsch-Tiradito mit Sojadip

Wie die Ceviche stammt auch Tiradito aus der peruanischen Küche, ist aber erst im 20. Jahrhundert entstanden. Für Tiradito schneidet man den Fisch in sashimi-ähnliche Streifen. In Peru serviert man Tiradito mit kalten gekochten Yams und Maiskolben.

Für 4 Personen 30 Minuten plus 15–60 Minuten Kühlen

400 g sehr frisches Süßwasserbarschfilet, 1 TL Fleur de Sel
100 g Staudensellerie mit Grün, gehackt
100 g grüne Paprikaschote, Samen und Scheidewände entfernt, klein gewürfelt
100 g grüne Oliven, gehackt, 100 ml Limettensaft, 150 ml Mandarinensaft
1 Chilischote, grob gehackt, 1 Knoblauchzehe, grob gehackt
20 g Ingwer, grob gehackt, 200 ml helle japanische Sojasauce
Salatblätter zum Servieren

Das Filet häuten, von den Gräten befreien und in gleichmäßige 3-5 mm dicke Streifen schneiden. Auf einer Platte anrichten, mit Fleur de Sel und den Gemüse- und Olivenwürfeln bestreuen. Die beiden Säfte mischen und zwei Drittel über den Fisch geben. Den Fisch mindestens 15 Minuten und höchstens 1 Stunde zugedeckt kalt stellen.

Für den Dip die Chilischote, den Knoblauch und den Ingwer im Mörser sehr fein zerreiben. Zum Schluss die Sojasauce und den übrigen Limetten-Mandarinen-Saft unterrühren.

Die Salatblätter waschen und trocken schleudern. Zum Einwickeln der Fischstücke bereitstellen. Die Platte mit dem marinierten Fisch auf den Tisch stellen. Jeder bedient sich selbst und wickelt Fischstücke in Salatblätter. Den Dip dazu reichen.

Lachsarten

(Salmo almothymus, Oncorhynchus spp.)

Familie: Lachsfische

Vorkommen: Nordwestatlantik, Nordostatlantik, Ostsee, nördlicher Pazifischer Ozean und jeweils mündende Flüsse

Saison: unterschiedlich nach Lachsart und Meer

Geeignete Garmethoden:
Braten, Dünsten, Backen, Grillen, Räuchern, Marinieren, roh

Kann ersetzt werden durch: Meerforelle, Forelle

Ein großer Teil des in Deutschland angebotenen Wildlachses wird in Alaska gefangen. Der US-amerikanische Bundesstaat ist weltweit einer der Vorreiter einer konsequent nachhaltigen Fischereipolitik. Meist wird jedoch der wesentlich fetthaltigere Zuchtlachs verkauft, der aus energieaufwendiger Aquakultur mit zahlreichen negativen Auswirkungen auf die Meeresumwelt stammt. Es empfiehlt sich also durchaus, auch einmal einen anderen Fisch als den bewährten Lachs zu verwenden oder sich zumindest für einen Bio-Lachs zu entscheiden.

Lachs mit Roter Bete in Apfelsaft

Dieses einfache Rezept schmeckt wirklich sehr fein und ist gut geeignet, um Gäste zu beeindrucken.

Für 4 Personen

30 Minuten

4 Knollen Rote Bete
1 l Apfelsaft
600 g Lachsfilet ohne Haut
Salz, frisch gemahlener Pfeffer
Olivenöl zum Braten
50 g Butter

Die Rote Bete schälen und in etwa 1 cm große Würfel schneiden. Mit dem Apfelsaft in einen Topf geben und den Saft zum Kochen bringen. Die Rote-Bete-Würfel in 20-30 Minuten weich kochen, der Saft ist dann tiefrot und sirupartig eingekocht.

Das Lachsfilet waschen und trocken tupfen, mit Salz und Pfeffer würzen. In einer Pfanne in Olivenöl auf jeder Seite etwa 3 Minuten braten. Die Rote-Bete-Würfel aus der Sauce holen. Die Butter in die rote Sauce rühren und die Sauce mit Salz abschmecken.

Den Fisch mit den Rote-Bete-Würfeln und der Sauce servieren.

LACHS? BITTE NUR EINMAL DIE WOCHE!

Noch vor 200 Jahren gab es zu viel Lachs. Die Flüsse waren sogar in Deutschland voll davon. Folglich war Lachs so billig, dass er gern zur Verpflegung der Hausangestellten gekauft wurde. Diese Gepflogenheit nahm irgendwann so überhand, dass Forderungen von Seiten der Hausangestellten laut wurden, doch bitte nur noch höchstens einmal die Woche Lachs essen zu müssen.
Die Industrialisierung im 19. Jahrhundert brachte die Verschmutzung und Stauung der Flüsse mit sich, der wilde Lachs wurde seltener und avancierte schließlich zum Edelfisch. Die zunehmend industrielle Aquakultur, in der Lachs heutzutage gezüchtet wird, kratzte wiederum an seinem Image. Aber auch als Zuchtfisch erzielt er noch gute Preise und wird trotz zahlreicher Skandale um Haltung und Fütterung, Medikamenteneinsatz und Umweltzerstörung megatonnenweise verzehrt. Wir empfehlen Bio-Zuchtlachs oder nachhaltige Wildfänge – aber nicht unbedingt wöchentlich!

Gegrillter Lachs mit Mangosalsa und Frühlingszwiebel-Kartoffelpüree

Für 4 Personen

45 Minuten

Für die Salsa:
1 vollreife Mango
Zucker
2 vollreife Tomaten, Samen entfernt
1 rote Zwiebel, fein geschnitten
Salz, frisch gemahlener Pfeffer
Tabasco
½ Bund Koriandergrün, gehackt

Für das Püree:
2 große mehligkochende Kartoffeln
Salz
2 EL Butter
3 EL heiße Milch
3 EL geschlagene Sahne
2 Frühlingszwiebeln, fein gehackt

Für den Fisch:
4 Portionen Lachs (je etwa 150 g)
Salz, frisch gemahlener Pfeffer
Olivenöl

Für die Salsa die Mango schälen und in 5 mm große Würfel schneiden. Die übrigen Abschnitte pürieren und mit Zucker abschmecken. Die Tomaten ebenfalls würfeln Mango- und Tomatenwürfel locker mit der Zwiebel mischen. Mit Salz, Pfeffer, Tabasco und Koriandergrün abschmecken und beiseitestellen.

Für das Püree die Kartoffeln schälen, achteln und in Salzwasser weich kochen. Sofort durch ein Sieb streichen, salzen und mit der Butter glatt rühren. Die heiße Milch unterrühren und das Püree warm stellen. Den Backofen auf 160 °C vorheizen.

Die Fischstücke waschen und trocken tupfen. Mit Salz und Pfeffer würzen und mit Olivenöl einpinseln. Auf dem Holzkohlengrill auf jeder Seite 1 Minute grillen. In den Ofen geben und weitere 3–4 Minuten im Ofen garen, der Fisch soll im Kern glasig bleiben (siehe Tipp).

Zum Anrichten das Püree nochmals erhitzen, dabei Sahne und Frühlingszwiebeln unterheben. Auf Teller verteilen, den Fisch anlegen und mit der kalten oder zimmerwarmen Salsa servieren.

TIPP: Für einen glasigen Kern muss der Fisch innen noch kalt sein. Um das zu prüfen, sticht man eine Rouladennadel hinein, wartet kurz, zieht die Nadel heraus und hält sie an die Lippen. Wenn man keine Wärme spürt, ist der Fisch innen noch roh und glasig - perfekt!

Stremellachs-Pâté mit knusprigem Bauernbrot

Für 4 Personen

45 Minuten

Für die Pâté:
400 g Stremellachs (heiß geräucherter Lachs)
1 milde Chilischote, enthäutet, Samen und Scheidewände entfernt
je 50 g rote und gelbe Paprikaschote, fein gewürfelt
Salz, frisch gemahlener Pfeffer
Olivenöl
70 g Crème fraîche
glatte Petersilie, grob gehackt

Für das Dressing:
2 frische Eigelb
Saft von ½ Zitrone
½ TL Senf
½ Knoblauchzehe, fein gehackt
Salz, frisch gemahlener Pfeffer, Zucker
1 Sardelle, fein gehackt
30 g Parmesan, frisch gerieben
80 ml Pflanzenöl
50 ml Olivenöl

Bauernbrotchips mit Salz (siehe Tipp)

Für den Salat:
2 kleine Herzen Römersalat
je 50 g rote und gelbe Paprikaschote, fein gewürfelt

Für die Pâté den Stremellachs zerpflücken. Die Chilischote klein hacken. Lachs, Chilischote und Paprikawürfel in eine Schüssel geben, alle anderen Zutaten dazugeben und gut untermischen.

Für das Dressing alle Zutaten bis auf die beiden Öle in einer Schüssel fein zerstampfen und glatt rühren. Das Öl zuerst tropfenweise, dann nach und nach in größeren Mengen dazugeben, bis das Dressing eine sämige Konsistenz hat.

Zum Anrichten die Pâté mit den Bauernbrotchips schichten und daneben je ein halbes Salatherz mit dem Dressing platzieren. Die Paprikawürfel über das Salatherz streuen.

TIPP: Für feine Brotchips Brot nach Wahl mit der Schneidemaschine in 1 mm dünne Scheiben schneiden. Die Scheiben mit wenig Öl bestreichen und salzen. Auf einem Backblech verteilen und im Ofen bei 180 °C etwa 1 Minute backen, bis sie goldgelb und knusprig sind.

Stör

(Acipenser spp.)

Familie: Störe

Vorkommen: Europa, Asien, Nordamerika, Ostsee, Nordsee, Biskaya, Beringsee, Karasee, Ochotskisches Meer, Japanisches Meer

Saison: ganzjährig

Geeignete Garmethoden:
Braten, Grillen, Räuchern

Kann nicht ersetzt werden

Siebzehn von insgesamt siebenundzwanzig Störarten werden von der Weltnaturschutzunion IUCN in deren Roter Liste als »vom Aussterben bedroht« geführt. Schuld daran ist nicht nur die Jagd nach dem einträglichen Kaviar, sondern auch die Regulierung der Gewässer, denn wie der Lachs wandert auch der Stör zwischen Fluss und Meer. Im Fischhandel wird der Stör folgerichtig nur noch aus Aquakultur angeboten. Gezogen wird er in Teichen, wo er sich ganz nachhaltig von Schnecken, Muscheln oder Würmern ernährt.

Gebratener Stör mit schokoladiger XO-Sauce

Für 4 Personen

30 Minuten, plus Einweichen über Nacht

Für den Fisch:
600 g Störfilet
2 Knollen Fenchel, in hauchdünne Scheiben geschnitten
1 Prise Safran
Salz
50 ml Weißwein
100 ml Hühnerfond
30 g Butter
200 ml Krustentierfond (aus Krustentierschalen hergestellt)
20 g Bitterschokolade
4 TL Cognac
Pfeffer

Für die XO-Sauce:
6 St conpoy (getrocknete Jakobsmuscheln, aus dem Asialaden)
30 g getrocknete Shrimps (aus dem Asialaden)
20 g luftgetrockneter Schinken, fein gewürfelt
4 mittelscharfe rote Chilischoten, Samen und Scheidewände entfernt und gehackt
1 Schalotte, fein gehackt
2 große Knoblauchzehen, fein zerdrückt
4 TL Sojaöl
Salz, Pfeffer, Fünf-Gewürze-Pulver

Für die XO-Sauce die getrockneten Jakobsmuscheln (Conpoy) über Nacht einweichen. Anschließend gut wässern. Die Shrimps 2 Stunden einweichen und zusammen mit den Conpoy im Mörser zerstoßen. Die Mischung mit den restlichen Zutaten in einer Pfanne behutsam in dem Öl erhitzen und etwa 5 Minuten köcheln lassen. Alles mit Salz, Pfeffer und Fünf-Gewürze-Pulver abschmecken und auskühlen lassen.

In einer Pfanne die Fenchelscheiben anbraten, mit Safran und Salz würzen und mit dem Wein und etwas Hühnerfond ablöschen. Alles etwa 2 Minuten köcheln lassen, dann warm stellen.

In einer zweiten Pfanne die Butter aufschäumen lassen und das Störfilet darin auf beiden Seiten anbraten. Die XO-Sauce zugeben und alles durchwärmen.

Den Fenchel auf vier Teller verteilen und die Fischstücke darauf anrichten. Den Krustentierfond zu der restlichen XO-Sauce in die Pfanne geben. Alles erhitzen und die Mischung mit der Schokolade binden. Die Sauce aufkochen lassen, mit Cognac, Salz und Pfeffer abschmecken und die Fischstücke dekorativ damit beträufeln.

Lasagne von heiß geräuchertem Stör mit Kaviarsauce

Für 4 Personen 45 Minuten

300 g Nudelteig (Rezept siehe Seite 190), Salz, Butter, 500 g heiß geräuchertes Störfilet

Für das Tomatenfondue:
je 15 gelbe und rote Kirschtomaten, enthäutet und quer halbiert, 2 Schalotten, fein gewürfelt, Olivenöl, feines Meersalz, frisch gemahlener Pfeffer, 1 Knoblauchzehe, fein gehackt 1 Bund Frühlingszwiebeln, in Ringe geschnitten, 5 cl Vermouth (z. B. Noilly Prat)

100 ml Weißweinsauce ohne Fond (Grundrezept siehe Seite 49), 100 g Störkaviar

Den Nudelteig dünn ausrollen und 16 Kreise ausstechen. Die Teigkreise in reichlich Salzwasser blanchieren, buttern und warm stellen. Das geräucherte Störfilet mit dem Lachsmesser in 2-4 mm dicke Scheiben schneiden und warm stellen.

Für das Tomatenfondue die Kirschtomaten mit den Schalotten in Olivenöl andünsten. Salzen und pfeffern, Knoblauch und Frühlingszwiebeln hinzufügen. Den Vermouth dazugeben und etwas einkochen lassen. Warm stellen. Die Weißweinsauce aufkochen und mit dem Kaviar verfeinern.

Zum Anrichten eine Nudelplatte auf einen Teller legen, etwas Tomatenfondue darauf verteilen und etwas geräucherten Stör darauf anrichten. Das Ganze dreimal wiederholen und zum Servieren mit der Kaviarsauce umgießen.

Ganzer geräucherter Stör »Bellevue«

Für 4 Personen 15 Minuten plus 4–5 Stunden Ziehen plus 1 Stunde 30 Minuten Räuchern

1 Stör (2–3 kg), 250 g Salz, 1 Handvoll unbehandelte Buchenspäne

Den Stör ausnehmen und die Kiemen entfernen. Aus dem Salz und 1 l Wasser eine gesättigte Lake herstellen und diese in einen großen Gefrierbeutel geben. Den Fisch komplett in die Lake eintauchen und 4-5 Stunden darin ziehen lassen.

Zum Räuchern die Räucherkammer vorbereiten: Feuer machen, Buchenspäne in Wasser einweichen und einen Rost für den Fisch bereitlegen. Den Stör aus der Lake nehmen und auf den Rost legen. Je nach Hitze und Rauchentwicklung 1-1 ½ Stunden räuchern. Der Stör muss außen schön dunkel und innen gerade heiß sein (Nadelprobe!). Da Stör recht fettig und festfleischig ist, kann er auch etwas länger im heißen Rauch bleiben.

Den Stör abkühlen lassen. Nach Belieben ganz oder teilweise enthäuten, die Maserung des Fischfleisches sieht sehr schön aus und so ist der geräucherte Stör ein tolles Präsentationsstück für ein Büfett.

Ostseeschnäpel

(Coregonus maraena)

Familie: Coregonidae

Vorkommen: Ostsee, Binnengewässer der Anrainerländer

Saison: September bis Dezember, aus Aquakultur ganzjährig

Geeignete Garmethoden: Braten, Dünsten, Grillen, Räuchern

Kann ersetzt werden durch: Kleine Maräne

Konsequente Besatzprogramme an der Küste Mecklenburg-Vorpommerns haben dazu geführt, dass der Ostseeschnäpel dort wieder heimisch geworden ist. Heute wird der Fisch, der sich in den 1920er-Jahren als »Steinlachs« großer Beliebtheit erfreute, an der mecklenburgischen und vorpommerschen Küste nur in kleiner, handwerklicher Fischerei gefangen. Der Ostseeschnäpel wird aber vielfach auch in der Teichwirtschaft gezüchtet.

verantwortungsbewusst genießen

Gedünstetes Ostseeschnäpelfilet im Nudelblatt mit Rieslingsauce

Für 4 Personen 1 Stunde

Für die Sauce:
1 kg Fischkarkassen, 2 Knoblauchzehen
250 g weißes Suppengemüse (Zwiebel, Sellerieknolle und Fenchel), gewürfelt
3 EL Fischgewürzmischung (grob zerstoßener Koriander, weißer Pfeffer, Fenchelsamen, Anis, Lorbeerblatt, Muskatblüte und etwas Wacholder)
Salz, ½ Flasche Riesling, 50 ml Sahne, 100 g Crème fraîche, 4 Zweige Estragon
frisch gemahlener Pfeffer, Zucker
evtl. 50 g kalte Butter

Für den Nudelteig:
3 frische Eier, 250 g Weizenmehl Type 405, 2 EL Olivenöl, Salz

1 Bund Weintrauben
4 Ostseeschnäpelfilets ohne Haut und Gräten (je etwa 150 g)
Salz, frisch gemahlener Pfeffer
Eiweiß

Für den Fischfond die Gräten und Köpfe waschen, wässern, dabei Blutreste und Kiemen entfernen. Alles in 5-6 cm große Stücke hacken und in einen Topf geben. Knoblauch, Suppengemüse und die Gewürzmischung dazugeben. Mit Wasser knapp bedecken und aufkochen lassen, etwa 5 Minuten kochen lassen und den Topf vom Herd nehmen. Neben dem Herd etwa 20 Minuten ziehen lassen. Durch ein Sieb in einen anderen Topf passieren und zum Kochen bringen. Auf die Hälfte einkochen und mit Salz abschmecken.

Die Zutaten für den Nudelteig in eine Schüssel geben und miteinander verkneten, dann auf einer sauberen Arbeitsfläche weiterkneten, bis sich der Teig wie zarte, glatte Haut anfühlt. Den Nudelteig in Folie gewickelt etwas ruhen lassen.

Inzwischen den Riesling etwa 10 Minuten einkochen lassen, bis nur ein Sirup zurückbleibt. Diesen Sirup mit dem Fischfond, der Sahne und der Crème fraîche mischen. Den Estragon kurz in der Sauce ziehen lassen und wieder herausnehmen. Mit Salz, Pfeffer und Zucker abschmecken. Die Sauce gegebenenfalls mit etwas kalter Butter aufmixen, um die Bindung zu verbessern und den Geschmack abzurunden.

Die Weintrauben häuten, halbieren und entkernen. Den Nudelteig papierdünn ausrollen und in vier Stücke schneiden. Die Fischfilets waschen und trocken tupfen, mit Salz und Pfeffer würzen und je ein Filet in ein Nudelblatt einpacken. Die Teigränder mit Eiweiß bestreichen und gut verschließen.

Einen flachen Topf mit Pergamentpapier auslegen. Die Nudeltaschen darin in wenig Wasser mit Salz und Butter zugedeckt etwa 5 Minuten garen. Gleichzeitig die Traubenhälften erwärmen. Die Nudeltaschen kurz auf Küchenpapier abtropfen und mit den Traubenhälften und der Rieslingsauce bedeckt servieren.

Ostseeschnäpel in Gewürzkruste mit Schwarzwurzeln und Eisenkraut

Für 4 Personen

1 Stunde

Für die Schwarzwurzeln:
800 g Schwarzwurzeln
Salz
Olivenöl
100 ml Sahne
frisch gemahlener Pfeffer

Für die Sauce:
400 ml Weißwein-Velouté (Grundrezept siehe Seite 51)
½ Bund Zitronenverbene

Für den Fisch:
2 EL Kreuzkümmel, grob geschrotet
2 EL Korianderkörner, grob geschrotet
1 TL Anissamen
1 TL gemahlene Muskatblüte
1 TL gemahlene Nelken
2 EL Paprikaflocken
500 g Ostseeschnäpelfilet mit Haut, geschuppt
Salz
Olivenöl

Den Backofen auf 160 °C vorheizen. Die Schwarzwurzeln waschen und unter fließendem Wasser abbürsten. Die schönsten Stücke (etwa die Hälfte) halbieren oder in gleichmäßige Stücke schneiden. Kurz mit Salz und Olivenöl marinieren und dann mit Schale auf einem Backblech im Ofen trocken rösten.

Die übrigen Schwarzwurzeln und Abschnitte schälen und in der Sahne 10-15 Minuten weich dünsten. Pürieren und mit Salz abschmecken.

Die Weißwein-Velouté erhitzen und mit dem Eisenkraut 5 Minuten köcheln lassen.

Für den Fisch alle Gewürze mischen. Das Fischfilet waschen und trocken tupfen und die Gewürzmischung fest in die Hautseite der Fischfilets drücken. Leicht salzen und in einer Pfanne in Olivenöl auf der Hautseite etwa 4 Minuten knusprig braten.

Zuerst das Schwarzwurzelpüree, dann die gerösteten Schwarzwurzeln und den Fisch auf Tellern anrichten. Das Eisenkraut aus der Sauce entfernen, die Sauce mit dem Stabmixer kurz aufschäumen und dazugeben.

Ostseeschnäpel mit Falafel und Gewürztomaten

Für 4 Personen 45 Minuten

Für den Fisch:
100 g Kalamata-Oliven, 1 EL Kapern, fein gehackt, 1 Sardellenfilet, fein zerrieben
1 EL Aceto balsamico, Olivenöl, 600 g Ostseeschnäpelfilet ohne Haut

Für die Sauce:
1 Knoblauchzehe, 50 g Salatgurke, geraspelt, 100 g griechischer Joghurt
Kreuzkümmel, Cayennepfeffer, Zitronensaft, Salz

Für die Falafel:
100 g Kicherebsen, weich gekocht, 10 ml Olivenöl, 1 EL Tahini (Sesampaste)
Saft von ½ Zitrone, Petersilie, frisch gehackt, Salz, frisch gemahlener Pfeffer, Cayennepfeffer
etwa 20 g Kichererbsenmehl, 35 g Bulgur, in Wasser eingeweicht, Öl zum Ausbacken

Für die Gewürztomaten:
1 rote Paprikaschote, Samen und Scheidewände entfernt, in grobe Stücke geschnitten
1 Knoblauchzehe, 125 ml Olivenöl, 4 EL Weinessig, 400 g geschälte Tomaten (aus der Dose)
500 ml Geflügelfond (Grundrezept siehe Seite 49), Zitronensaft, Salz, Kreuzkümmel
Cayennepfeffer, scharfes Paprikapulver, 1 EL Honig, 400 g Tomaten, enthäutet, Samen entfernt, grob gewürfelt, Petersilie und Koriandergrün, gehackt

Für den Fisch die Oliven entkernen und das Fruchtfleisch hacken. Mit Kapern, Sardelle, Essig und Olivenöl mischen und ziehen lassen. Den Backofen auf 120 °C vorheizen. Die Fischfilets waschen und trocken tupfen. Oben mit der Olivenpaste bestreichen und im Ofen etwa 20 Minuten gar ziehen lassen.

Für die Sauce eine Schüssel mit der Knoblauchzehe ausreiben. Die Gurkenraspel mit dem Joghurt und den Gewürzen darin mischen. 10 Minuten ziehen lassen, dann mit Zitronensaft und Salz abschmecken.

Für die Falafel die Kichererbsen pürieren und mit Olivenöl, Tahini, Zitronensaft, Petersilie, Salz, Pfeffer und Cayennepfeffer mischen. So viel Kichererbsenmehl dazugeben, dass der Teig eine feste Konsistenz hat. Den eingeweichten Bulgur untermischen. Aus dieser Masse kleine Bällchen formen und in heißem Öl schwimmend ausbacken.

Für die Gewürztomaten Paprika und Knoblauch im Olivenöl anschwitzen, mit Essig ablöschen und die Tomaten und den Geflügelfond dazugeben. Bei niedriger Temperatur in etwa 30 Minuten auf die Hälfte reduzieren. Mit Zitronensaft, Salz, Kreuzkümmel, Cayennepfeffer und Paprikapulver abschmecken, den Honig dazugeben, alles aufmixen und durch ein feines Sieb passieren. Zum Servieren erhitzen und die Tomatenwürfel darin erwärmen. Vor dem Anrichten mit Petersilie und Koriandergrün verfeinern.

Zum Anrichten die Gewürztomaten auf Teller verteilen und den Fisch daraufsetzen. Daneben die Gurken-Joghurtsauce anrichten und die Falafel daraufsetzen.

Ostseeschnäpel mit Pfifferlingen und Feldsalat in Paprikasauce

Für 4 Personen

30 Minuten

4 Ostseeschnäpel (1,5–2 kg)
100 g Fenchelknolle, gewürfelt
100 g Sellerieknolle, gewürfelt
100 g weißer Lauch gewürfelt
200 g weiße Zwiebel, gewürfelt
Estragon
3 Knoblauchzehen
200 ml frisch gepresster gelber Paprikasaft
200 ml leichte Gemüse- oder Hühnerbrühe
200 ml Sahne
Salz, frisch gemahlener Pfeffer
400 g Pfifferlinge
400 g Feldsalat
Olivenöl
1 Thymianzweig
100 g Schalotten, fein gewürfelt
Zucker, frisch geriebene Muskatnuss

Die Fische schuppen und filetieren. Dabei alle Abschnitte aufbewahren und wässern. Die Filets mit einer Pinzette von allen Gräten befreien und kalt stellen.

Die Fischabschnitte mit den Gemüsewürfeln, Estragon und 1 Knoblauchzehe in einen Topf geben und mit dem Paprikasaft und der Brühe langsam aufkochen. 20 Minuten ziehen lassen, durch ein Sieb passieren und bei hoher Temperatur etwas reduzieren. Die Sahne dazugeben und die Sauce mit Salz und Pfeffer abschmecken. Die Fischfilets darin 5-8 Minuten gar ziehen lassen.

Inzwischen die Pfifferlinge putzen und waschen, den Feldsalat sehr gründlich waschen und trocken schütteln. Die Pilze in Olivenöl anbraten, mit Salz und Pfeffer würzen, den Thymian und 1 Knoblauchzehe mitbraten und zum Ende der Garzeit die Schalottenwürfel dazugeben.

Den Feldsalat wie jungen Spinat kurz in heißem Olivenöl mit 1 gequetschten Knoblauchzehe schwenken. Mit Salz, Pfeffer, Zucker und etwas Muskatnuss abschmecken.

Zum Anrichten den Feldsalat auf Teller geben, die gebratenen Pfifferlinge darum herum verteilen. Die Fischfilets darauf anrichten und mit der schaumig aufgemixten Sauce servieren.

Karpfen
(Cyprinus carpio)

Familie: Karpfenfische

Vorkommen: weltweit

Saison: September bis April

Geeignete Garmethoden:
Dünsten, Kochen, Backen, Frittieren, Räuchern

Kann ersetzt werden durch: Schleie, Brachsen, Blei

Die meisten Karpfen stammen heute aus Zucht. Der Wildkarpfen ist fast ausgestorben. Der genügsam lebende Fisch ist eine sehr umweltverträgliche Variante, Fisch zu genießen. Wird er extensiv gehalten, schmeckt er nicht nur besser, der Karpfen muss auch kaum gefüttert werden, weil er sich von Schnecken und Würmern, kleinen Fischen und Molchen ernährt. Regional ist er überall zu haben. Zum Beispiel in Bierteig ausgebacken wird er geschmacklich sicher auch Karpfenskeptiker überzeugen.

Backfisch vom Karpfen mit Algenremoulade

Für 4 Personen

30 Minuten plus 1 Stunde Ruhen

Für den Backteig:
100 g Weizenmehl Type 405
100 g Maisstärke
1 Eigelb
1 EL Öl
Kurkuma, gemahlen
Salz
etwa 100 ml Eiswasser

Für die Remoulade:
10 g getrocknete Wakame-Algen
1 Schalotte
2 Essiggurken
200 ml Mayonnaise
10 g glatte Petersilie, gehackt
20 g Schnittlauch, gehackt
10 g Kerbel, gehackt
Salz, frisch gemahlener Pfeffer

Für den Fisch:
Öl zum Frittieren
400 g Karpfenfilet ohne Haut, gekämmt
Salz, frisch gemahlener Pfeffer
Mehl

Für den Teig Mehl, Stärke, Eigelb, Öl, 1 Prise Kurkuma und etwas Salz mischen. Nur so viel Eiswasser dazugeben, dass der Teig sehr flüssig ist. Je flüssiger der Teig, desto dünner und delikater wird die Knusperkruste. Macht man sie zu dünn, weicht sie aber auch sehr schnell durch. Den Teig etwa 1 Stunde gekühlt ruhen lassen.

Für die Remoulade die Algen abspülen und etwa 5 Minuten in lauwarmem Wasser einweichen. Die Schalotte und die Essiggurken sehr fein würfeln. Mit der Mayonnaise, den gehackten Kräutern und den klein geschnittenen Algen vermischen und mit Salz und Pfeffer abschmecken.

Das Öl zum Frittieren auf 160–180 °C erhitzen. Das Fischfilet waschen und trocken tupfen, mit Salz und Pfeffer würzen und rundherum mehlieren. Durch den Backteig ziehen und im heißen Öl knusprig frittieren. Auf Küchenpapier abtropfen lassen und mit der Algenremoulade servieren.

Indisches Karpfencurry

Für 4 Personen

30 Minuten plus 1 Stunde Kochen

75 ml Öl
½ Zimtstange
2 Lorbeerblätter
3 Gewürznelken
3 Sternanis
5 grüne Kardamomkapseln
2 schwarze Kardamomkapseln
1 g Macis (Muskatblüte) am Stück
350 g Zwiebeln, in Streifen
90 g Ingwer-Knoblauch-Püree (Fertigprodukt oder selbst gemacht aus je 45 g Ingwer und Knoblauch)
2 g gemahlenes Kurkuma
Salz
170 g Tomatenmark
15 g edelsüßes Paprikapulver
2 g Chilipulver
1 Prise Kreuzkümmel
4 g gemahlener Koriander
2 g gemahlener grüner Kardamom
7 g Garam Masala
600 g Karpfenfilet
150 g Blumenkohlröschen
150 g Erbsen
150 g Karotten, in Scheiben geschnitten
150 g Kartoffeln, in Würfel geschnitten

Das Öl in einem Topf erhitzen und die ganzen Gewürze darin anrösten, bis sie duften. Die Zwiebelstreifen und das Ingwer-Knoblauch-Püree hinzufügen und anschwitzen. Wenn die Zwiebeln glasig sind, Kurkuma darüberstäuben und das Ganze salzen. Weiterdünsten, bis die Zwiebeln weich sind. Tomatenmark, Paprika, Chili, Kreuzkümmel und Koriander dazugeben.

Die Mischung weiterbraten, bis das Öl beginnt sich abzutrennen. 1 l Wasser dazugeben und das Ganze mindestens 1 Stunde köcheln lassen. Zum Schluss den gemahlenen Kardamom und das Garam Masala hinzufügen, mit Salz abschmecken.

Das Fischfilet waschen und trocken tupfen, nach Belieben in Stücke schneiden. Fisch und Gemüse in die Currysauce geben und etwa 10 Minuten garen. Den Topf vom Herd nehmen und das Curry noch etwa 10 Minuten ziehen lassen.

Mit gedämpftem Reis und Chutneys servieren.

TIPP: Diese Sauce kann als Basis für verschiedene Currys vorbereitet und in einem gut verschlossenen Glas im Kühlschrank aufbewahrt werden.

Karpfen blau mit grüner Kräutersauce

Für 4 Personen 1 Stunde

1 fangfrischer Karpfen (etwa 1 kg) mit intakter Schleimschicht, ausgenommen

200 ml Essig
600 g Suppengemüse (Sellerie, Karotte, Lauch, Fenchel), gewürfelt
5 EL Fischsudgewürz (Wacholder, Lorbeer, weißer Pfeffer, Koriandersamen)
Salz
300 ml kräftiger Fischfond (Grundrezept siehe Seite 49)
Speisestärke
50 g Spinat, geputzt
150 g frische Kräuter (Petersilie, Dill, Estragon, Kerbel, Fenchelgrün), grob zerkleinert
100 g Butter
100 ml Sahne
frisch gemahlener Pfeffer
Zitronensaft

Den Essig mit 2 l Wasser, dem Suppengemüse und dem Fischsudgewürz in einen großen Topf geben und zum Kochen bringen. Den Sud kräftig mit Salz und Essig abschmecken. Den Fisch im Ganzen in den kochenden Sud geben, die Temperatur reduzieren und den Fisch etwa 30 Minuten ziehen lassen.

Den Fischfond aufkochen und mit etwas angerührter Stärke leicht binden. Den Spinat und die Kräuter im Mixer zerkleinern, den kochenden Fond, die Butter und die Sahne dazugeben und 2 Minuten auf höchster Stufe mixen, bis eine homogene, leuchtend grüne Sauce entstanden ist. Die Sauce durch ein Haarsieb auf ein kaltes Blech passieren, damit sie schnell auskühlt und ihre Farbe behält. Die Sauce erst jetzt mit Salz, Pfeffer und Zitronensaft abschmecken und wieder erhitzen.

Den blau gekochten Karpfen aus dem Sud heben und filetieren. Die Fischfilets anrichten und mit der Sauce überziehen.

TIPP: Dazu schmeckt buttergelbes Kartoffelpüree.

Karpfen blackened mit Okra-Paprika-Gemüse

Beim »Blackening«, dem Schwärzen von in Gewürzen gewendetem Fisch oder Fleisch auf dem Holzkohlengrill oder in einer fast rotglühenden gusseisernen Pfanne, gehen die Cajun-Gewürze eine innige Verbindung mit der Haut und dem Fleisch des Grillgutes ein. So entsteht ein neues Aroma, das einzigartig ist und typisch für die Küche der Cajuns in New Orleans.

Für 4 Personen 30 Minuten

Für die Gewürzmischung:
1 EL edelsüßes Paprikapulver, ½ EL schwarze Pfefferkörner, ½ EL Kreuzkümmelsamen
1 EL Thymianblättchen, 1 EL Salz, 1 EL brauner Zucker, 1 Knoblauchzehe, ½ EL Senf

Für die Sauce:
1 Knoblauchzehe, Olivenöl, 200 ml geschälte Tomaten, 1 TL Salz, frisch gemahlener Pfeffer
1 EL Zucker, 200 g frische vollreife Tomaten, grob zerkleinert, 1 Zweig Rosmarin

Für Fisch und Gemüse:
1 Karpfen (etwa 1 kg), ausgenommen, Kiemen und Schuppen entfernt, Salz
200 g Okraschoten, 1 rote Paprikaschote, 1 gelbe Paprikaschote
Olivenöl, 1 Knoblauchzehe, 2 Zweige Thymian, frisch gemahlener Pfeffer

Für die Gewürzmischung alle Gewürze (bis auf Knoblauch und Senf) in einer Gewürz- oder Kaffeemühle fein mahlen. Die Knoblauchzehe pürieren. Die gemahlenen Gewürze mit dem Knoblauch und dem Senf vermischen und beiseitestellen.

Für die Sauce den Knoblauch im Olivenöl anschwitzen und die geschälten Tomaten hinzugeben. Bei hoher Temperatur einkochen, bis fast die ganze Flüssigkeit verkocht ist. Mit Salz, Pfeffer und Zucker würzen. Die frischen Tomaten und den Rosmarin dazugeben. Von der Cajun-Gewürzmischung 1 EL entnehmen und hinzufügen, alles etwa 10 Minuten köcheln lassen, abschmecken und durch ein feines Sieb passieren.

Für den Fisch den Karpfen waschen, trocken tupfen und mit Salz würzen. Die übrige Cajun-Gewürzmischung mit 6 EL Wasser zu einer Paste verrühren. Den Karpfen großzügig mit der Paste bestreichen. Auf dem Holzkohlengrill auf beiden Seiten bei mittlerer Temperatur grillen, dabei darauf achten, dass die Flossen nicht zu sehr versengen. Den Backofen auf 160 °C vorheizen. Wenn die Fischhaut rundum schön dunkel angegrillt ist, den Fisch vom Grill nehmen, auf eine Platte legen und an der Seite des Grills oder im Ofen gar ziehen lassen (Nadelprobe machen!).

Inzwischen die Okraschoten waschen, putzen, salzen und auf dem Holzkohlengrill oder im Ofen etwa 5 Minuten trocken rösten. Die Paprikaschoten mit dem Sparschäler häuten, von Samen und Scheidewänden befreien und in Streifen schneiden. In etwas Olivenöl mit dem angequetschten Knoblauch und dem Thymian ansautieren. Die Okraschoten dazugeben und erhitzen, das Gemüse mit Salz und Pfeffer kräftig abschmecken.

Den Fisch filetieren, die verbrannte Haut abziehen und die Fischfilets mit dem Gemüse anrichten.

Ganzer Brachsen mit Pilzen, Birnen und Speck

Für 4 Personen 1 Stunde

2 kg ganzer Brachsen, ausgenommen
Salz, frisch gemahlener Pfeffer
5 Zweige Ysop
5 Zweige Bohnenkraut
2 EL Liebstöckelblätter
10 Knoblauchzehen
200 g mild gesalzener Bauchspeck (Bacon) in Scheiben
400 g Pilze (z. B. Egerlinge, Buchenpilze, Stockschwämmchen, Pfifferlinge)
2 aromatische, festfleischige Birnen
2 Zwiebeln, fein gewürfelt
Olivenöl
¼ Bund glatte Petersilie, grob gehackt

Den Brachsen schuppen, waschen und trocken tupfen. Die Haut auf beiden Seiten mehrmals parallel einschneiden. Die Fische innen und außen mit Salz und Pfeffer würzen. Den Backofen auf 160–170 °C vorheizen.

Die Kräuter waschen, trocken schütteln und die Blätter abzupfen. Den Knoblauch schälen und in Scheiben schneiden. Fische innen und außen mit den Kräuterblättern und Knoblauchscheiben belegen. Die Fische mit dem Bauch nach unten auf ein Backblech setzen, wenn nötig, mit Alufolie stabilisieren, damit sie nicht umfallen. Die Speckscheiben auf die Fische legen und etwas andrücken. Die Fische im Ofen etwa 45 Minuten garen, bis eine hineingestochene Rouladennadel im Kern etwas Wärme anzeigt.

Inzwischen die Pilze putzen, trocken abreiben und klein schneiden, die Birnen schälen, von den Kerngehäusen befreien und in Spalten schneiden. Pilze und Birnen mit den Zwiebelwürfeln mischen, mit Olivenöl marinieren und mit Salz und Pfeffer würzen. Nach 45 Minuten die Pilzmischung um den Fisch herum aufs Blech geben und alles weitere 15–20 Minuten garen.

Den Brachsen im Ganzen mit dem entstandenen Fond servieren. Beim Zerlegen vom Rücken her vorsichtig nach unten arbeiten, damit man möglichst viele kleine Gräten vermeiden kann. Für Kinder eignet sich das Schwanzstück am besten, weil dort kaum Gräten sind.

Dazu passt ein sahniges Kartoffelpüree.

TIPP: Wenn Sie den Brachsen selbst geangelt haben, sollten Sie schon beim Schlachten die Kiemen herausschneiden.

Porter

Brachsenfilet mit grünem Spargel und Senfbutter

Für 4 Personen

30 Minuten

200 g grüner Spargel
Salz
Zucker
100 g Butter
4 EL Austernsauce
500 g Brachsenfilet mit Haut, geschuppt
frisch gemahlener Pfeffer
Öl zum Braten
1 Knoblauchzehe
1 Zweig Thymian
2 EL Senfsamen
Saft von 1 Orange
1 EL grober Orangen-Senf

Den Spargel waschen und im unteren Teil schälen, die holzigen Enden abschneiden. In sprudelnd kochendem Salzwasser mit etwas Zucker und wenig Butter blanchieren. Abgießen, mit der Austernsauce mischen und warm stellen, bis der Fisch fertig ist.

Das Fischfilet waschen und trocken tupfen, auf beiden Seiten mit Salz und Pfeffer würzen und auf der Hautseite in Öl anbraten, Knoblauch und Thymian dazugeben. Das Fischfilet wenden und mit etwas Butter fertig braten.

Fischfilet aus der Pfanne nehmen und warm stellen. Die Pfanne mit etwas mehr Butter weiter erhitzen und die Senfsamen darin braten, bis die Körner platzen. Den Orangensaft und den Senf dazugeben und mit dem Schneebesen emulgieren.

Den Fisch mit dem Spargel anrichten und mit der Senfbutter servieren.

Brachsen auf Gelber Bete mit Kräuter-Sauerrahm

Für 4 Personen

30 Minuten plus 40 Minuten Backen

Für das Gemüse:
4 dicke Gelbe Beten (je etwa 150 g)
Olivenöl
1 TL Koriandersamen, im Mörser gemahlen
Salz

Für den Fisch:
2 Brachsen (je 500–600 g)
30 g Butter
1 Knoblauchzehe
1 Zweig Thymian
100 ml Weißwein

Für die Sauce:
½ Bund Schnittlauch
⅛ Bund Estragon
⅛ Bund Kerbel
⅛ Bund Dill
200 ml Crème fraîche
1 TL scharfer Senf
1 TL Honig
Salz, frisch gemahlener Pfeffer

Den Backofen auf 150 °C vorheizen. Für das Gemüse die Gelbe-Bete-Knollen waschen und mit Schale im Backofen 30-40 Minuten backen, bis sie gar sind. Inzwischen die Brachsen schuppen, filettieren und beiseitestellen. Rote Bete herausnehmen, abkühlen lassen, schälen und in 5 mm dicke Scheiben schneiden. Die Scheiben mit Olivenöl, Koriander und Salz marinieren und warm stellen.

Für die Sauce die Kräuter waschen, trocken schütteln und fein schneiden. Crème fraîche, Senf und Honig verrühren, die Kräuter untermischen und die Sauce mit Salz und Pfeffer abschmecken.

Den Backofen auf 160-170 °C vorheizen. Die Fischfilets auf einem gebutterten Blech mit Knoblauch, Thymian und Weißwein im Ofen 5-8 Minuten garen. Herausnehmen und mit einer Grätenpinzette die Gräten herausziehen.

Die Gelbe-Bete-Scheiben auf Tellern anrichten. Die Sauce dazwischen verteilen und die Fischfilets obenauf geben.

TIPP: Dazu passen mit Rosmarin geröstete Ofenkartoffelhälften in der Schale.

Forelle

Familie: Lachsfische

Vorkommen: weltweit

Saison: ganzjährig, am besten im Frühjahr und Sommer; Meerforelle Mai bis September

Geeignete Garmethoden:
Braten, Backen, Dünsten, Räuchern, roh

Kann ersetzt werden durch: jeweils eine andere Forellenart

Die meisten Forellen, die im Handel angeboten werden, sind gezüchtet. Bio-Forellen sind dabei natürlich die bessere Wahl und mittlerweile auch mühelos zu beschaffen. Wer sich obendrein für eine Bachforelle statt einer Regenbogenforelle entscheidet, unterstützt damit Zucht und Erhalt einer heimischen Art. Die Regenbogenforelle ist nämlich die amerikanische Schwester, die vor langer Zeit in Europa eingebürgert wurde und die kleinere Bachforelle fast verdrängt hat. Die Meerforelle, die in Aussehen und Geschmack dem Lachs sehr nahekommt, ist an der Küste seltener geworden und steht zum Teil unter Schutz. Befischt wird sie kaum. Die Vorschriften richten sich vor allem an Angler.

Regenbogenforelle
(Oncorhynchus mykiss)
Bachforelle
(Salmo trutta fario)
Meerforelle
(Salmo trutta trutta)
verantwortungsbewusst genießen

Planked Trout

Für 4 Personen 30 Minuten plus 12 Stunden Einweichen

4 unbehandelte Nadelholzbrettchen (z. B. Kiefer, Zeder oder Fichte), 500 ml Apfelsaft
600 g Forellenfilet, Olivenöl, Salz, frisch gemahlener Pfeffer

Für die Sauce:
100 g Staudensellerie, gewürfelt, 100 g Nashi-Birne, gewürfelt
1 milde Chilischote, fein gehackt, 1 EL Ahornsirup, 200 g Sour Cream
1 Bund Schnittknoblauch, klein geschnitten

Die Holzbrettchen über Nacht mit dem Apfelsaft in einen großen Gefrierbeutel legen. Sie müssen richtig nass sein, damit sie nicht verbrennen. Das Fischfilet waschen und trocken tupfen, mit Salz und Pfeffer würzen. Die nassen Brettchen mit etwas Olivenöl oberflächlich einpinseln und je ein Fischfilet auf jedes Brettchen legen. Die Bretter 10–15 Minuten auf den heißen Holzkohlengrill legen, den Deckel auflegen.

Inzwischen für die Sauce Sellerie, Birne und Chili vermischen. Ahornsirup und Sour Cream glatt rühren und unterrühren. Den Schnittknoblauch untermischen und die Sauce kurz ziehen lassen. Die gegarten Fischfilets mitsamt Holzbrett vom Grill nehmen und diese auf hitzefeste Teller stellen. Als Beilage passt gegrillter Mais oder Maisbrot.

Forellentatar mit Pomelosalsa und Ingwermayonnaise

Für 4 Personen 45 Minuten

200 g sehr frisches Forellenfilet, ½ TL geröstetes Sesamöl, 2 EL kalt gepresstes Olivenöl
2 EL japanische Sojasauce, Salz, frisch gemahlener Pfeffer, 1 reife Avocado
Limettensaft, Tabasco, ½ Pomelo, 4 EL reduzierter Orangensaft (von 200 ml Saft)
1 milde Chilischote, fein gewürfelt, 2 EL Thai-Fischsauce, 1 EL eingelegter Sushi-Ingwer
2 EL Mayonnaise, 1 Prise Kurkuma, Sesamsamen, Frühlingszwiebelgrün, fein gehackt

Das Fischfilet waschen und trocken tupfen. In kleine Würfel schneiden und mit Sesamöl, Olivenöl und Sojasauce mischen, mit Salz und Pfeffer abschmecken. Die Avocado halbieren, den Kern herauslösen und das Fruchtfleisch aus der Schale löffeln. Mit einer Gabel zerdrücken und mit Salz und Pfeffer abschmecken. Ein paar Tropfen Limettensaft und etwas Tabasco untermischen. Die halbe Pomelo mit dem Messer schälen, von weißen Häuten befreien. Die Fruchtfilets herauslösen und in kleine Stücke teilen. Mit Orangensaft, den Chiliwürfeln und der Fischsauce würzen. Den Sushi-Ingwer sehr fein hacken und mit Mayonnaise und Kurkuma vermischen.

Zum Anrichten mit der Ingwermayonnaise einen Kreis, ein Dreieck, ein Herz oder eine Blume auf die Teller zeichnen. Diese mit der Pomelosalsa ausfüllen und mit Sesam garnieren. In vier Servierringen das Avocadopüree und darauf das Fischtatar einschichten, die Ringe mithilfe einer Palette in die Mitte der Teller setzen und vorsichtig nach oben abziehen. Das Tatar mit etwas Frühlingszwiebelgrün verzieren. Mit Süßkartoffelchips (Rezept siehe Seite 252) servieren.

Heiß geräucherte Forellen mit Apfelmeerrettich

Für 4 Personen

1 Stunde plus mindestens 2 Stunden Pökeln

4 frisch geschlachtete Regenbogenforellen
250 g Salz
1 Handvoll Buchenspäne, unbehandelt
2 säuerliche Äpfel (z. B. Boskop)
50 g Meerrettich aus dem Glas
Zitronensaft
Zucker

Die Forellen ausnehmen und die Kiemen entfernen. Aus dem Salz und 1 l Wasser eine gesättigte Lake herstellen. Die Forellen darin komplett eintauchen und etwa 2 Stunden ziehen lassen. Das geht am besten in großen stabilen Gefrierbeuteln (man kann auch mit weniger starker Lake salzen, dann dauert es länger).

Zum Räuchern die Räucherkammer vorbereiten: Feuer machen, Buchenspäne in Wasser einweichen und Roste oder Haken zum Aufnehmen der Fische bereitlegen. Man kann auch in einer einfachen Kiste mit Deckel kalt vorräuchern und die Fische anschließend im Ofen garen. Dazu einen Backofenrost in die Kiste stellen. Auf diesen später eine Pfanne mit den glimmenden Räucherspänen stellen. Den Backofenrost mit den Fischen darüberstellen. Die Räucherzeit beträgt - abhängig von Hitze und Rauchentwicklung - zwischen 10 und 30 Minuten.

Für den Apfelmeerrettich die Äpfel fein reiben und mit dem Meerrettich vermischen, mit Salz, Zitronensaft und Zucker abschmecken.

Zum Servieren die Forellen mit Haut und Gräten frisch aus dem Back- oder Räucherofen auf den Tisch bringen und mit Apfelmeerrettich und getoastetem Weißbrot servieren.

Forelle »Müller« mit Steckrübengemüse und brauner Buttersauce

Für 4 Personen 30 Minuten

Für die Sauce:
50 ml Kalbsjus (Grundrezept siehe Seite 48)
20 g frische Butter
100 g dunkel gebräunte Butter (Nussbutter)
Salz, frisch gemahlener Pfeffer, Zucker
Zitronensaft

Für das Gemüse:
400 g Steckrüben, in Würfel geschnitten
20 g Butter
10 g Rapsblütenhonig
100 ml Hühnerbrühe

Für den Fisch:
4 Portionsforellen (je etwa 350 g)
Salz, frisch gemahlener Pfeffer
100 g Roggenfeinschrot oder Roggenvollkornmehl
Butterschmalz
1 Knoblauchzehe
1 Zweig Thymian

Für die Sauce die Kalbsjus mit der frischen und der braunen Butter erhitzen und mit dem Stabmixer aufmixen. Mit Salz, Pfeffer, Zucker und Zitronensaft abschmecken.

Das Steckrübengemüse in der Butter ansautieren. Den Honig und die Hühnerbrühe dazugeben und das Gemüse bissfest dünsten.

Die Fische waschen und trocken tupfen, innen und außen mit Salz und Pfeffer würzen und in Roggenschrot oder -mehl wenden. In einer nicht zu heißen Pfanne in Butterschmalz bei niedriger Temperatur auf beiden Seiten gut anbraten, dabei Knoblauch und Thymian hinzufügen. Die Forellen 8-10 Minuten garen, dabei immer wieder mit einem Löffel Butterschmalz über die Fische geben.

Wenn die Fische gerade gar sind, die Pfanne vom Herd nehmen und die Fische warm stellen. Zum Servieren die Steckrüben auf Teller geben und jeweils einen ganzen Fisch darauf anrichten. Die braune Buttersauce rundherum verteilen.

Quappe/Trüsche

(Lota lota)

Familie: Dorsche

Vorkommen: Europa, Sibirien, Nordamerika

Saison: Oktober bis Dezember, März bis Mai

Geeignete Garmethoden: Braten, Dünsten

Kann ersetzt werden durch: Steinbeißer

Auch wenn die Quappe auf der Roten Liste der Weltnaturschutzunion IUCN als kaum gefährdet eingestuft wird, gibt es zahlreiche Schutzprogramme, um sie in unseren Flüssen wieder heimischer werden zu lassen, ist doch die Quappe der einzige im Süßwasser lebende dorschartige Fisch. Als Wanderfisch hat sie besonders unter Wehren und Wasserkraftanlagen zu leiden. Kommerziell befischt werden Quappen kaum, die im Handel erhältlichen kommen fast ausschließlich aus Aquakultur.

Gebratene Quappe mit Selleriepüree, Petersilienpesto und Apfelchutney

Zum Räuchern zu Hause auf dem Balkon genügt ein großer Bräter oder Topf mit Deckel, in den ein Kuchengitter oder Metallsieb hineinpasst. Unten im Topf glimmen die Späne und darüber auf dem Gitter liegt das Räuchergut (siehe Seite 32).

Für 4 Personen

1 Stunde 30 Minuten

Für das Püree:
1 kleine Sellerieknolle (etwa 400 g), Salz, Butter, frisch gemahlener Pfeffer
Räucherspäne

Für das Pesto:
1 Bund glatte Petersilie, 50 ml kräftige Hühnerbrühe, Salz, Olivenöl

Für das Chutney:
2 süß-säuerliche Äpfel, 125 ml Apfelsaft, 2–3 EL Zucker, 1 Prise Kurkuma
1 TL Maisstärke, 2 cl Calvados, 1 EL Essig, Salz, frisch gemahlener Pfeffer

Für den Fisch:
500 g Quappenfilet ohne Haut
Salz, frisch gemahlener Pfeffer, Butter

Die Sellerieknolle waschen und sorgfältig schälen. In 3-4 cm große Stücke schneiden und leicht salzen. Die Selleriestücke wie oben beschrieben 5-10 Minuten räuchern. Danach in gebutterte Alufolie wickeln und im Dampf oder im Backofen etwa 45 Minuten weich garen. Die weichen Selleriestücke noch heiß im Mixer mit etwas Butter pürieren und mit Salz und Pfeffer abschmecken. Warm stellen.

Für das Pesto die Petersilie waschen und trocken schütteln, die Blätter abzupfen und mit der Hühnerbrühe und etwas Salz im Mixer ganz fein pürieren. Nach und nach etwas Olivenöl dazugeben, bis die Konsistenz schön cremig ist.

Für das Chutney die Äpfel schälen und in 5 mm große Würfel schneiden. Apfelsaft, Zucker, Kurkuma, Stärke, Calvados und Essig in einem Topf vermischen und aufkochen. Die Apfelwürfel in die kochende Flüssigkeit geben, den Topf vom Herd ziehen und das Chutney im Topf ziehen und abkühlen lassen. Kalt stellen und mit Salz und Pfeffer abschmecken.

Das Fischfilet waschen und trocken tupfen, mit Salz und Pfeffer würzen und in Butter auf beiden Seiten 2-3 Minuten braten. Mit dem geräucherten Selleriepüree, dem Petersilienpesto und dem Apfelchutney anrichten.

Quappe mit Fuji-Äpfeln und süß-würzigem Chilisud

Für 4 Personen 25 Minuten

2 l Hühnerbrühe, 2 EL Maisstärke, 40 Halme chinesischer Schnittknoblauch
500 g Quappenfilet, 4 EL Sojasauce, 150 ml Shaoxing-Wein, 2 EL Erdnussöl
2 Fuji-Äpfel geschält, entkernt und gewürfelt, 1 EL aromatischer Honig (z. B. Heidehonig)
4 Chilischoten, Samen und Scheidewände entfernt, fein gewürfelt, Salz, Zitronensaft

Die Hühnerbrühe bei hoher Temperatur aufkochen und mit der angerührten Stärke binden. Inzwischen den Schnittknoblauch in feine Stücke schneiden. Das Fischfilet waschen und trocken tupfen. Die Sojasauce mit 4 EL Shaoxing-Wein mischen und die Fischstücke darin marinieren.

Alle Zutaten neben den Herd stellen, auch die Servierteller bereitstellen, da nur kurz gekocht wird und dann sofort serviert werden muss.

Eine Eisenpfanne oder einen Wok stark erhitzen, bis Rauch aufsteigt. Den Fisch aus der Marinade nehmen und mit dem Erdnussöl in die Pfanne geben, kurz sautieren, bis er braune Stellen bekommt. Die Apfelwürfel dazugeben, dann mit dem übrigen Wein, der eingekochten Brühe und dem Honig ablöschen, Chiliwürfel und Schnittknoblauch dazugeben und alles einmal aufwallen lassen. Mit Salz und Zitronensaft abschmecken und sofort auf Teller verteilen.

Grünes Thaicurry mit Quappenfilet

Für 4 Personen 30 Minuten

2 EL kalt gepresstes Erdnussöl, 1 EL grüne Thai-Currypaste
200 ml Fischfond (Grundrezept siehe Seite 49)
8 kleine weiße oder grüne Thai-Auberginen, in 2–3 cm große Stücke geschnitten
20 Baby-Karotten, geputzt, 50 g Palmzucker
80 g Galgantwurzel, in dünne Scheiben geschnitten, 2 Stängel Zitronengras
8 Kaffirlimettenblätter, 500 ml frische Kokosmilch (oder Kokosmilch aus der Dose)
2–3 EL Thai-Fischsauce, 2–4 milde grüne Chilischoten, in Ringe geschnitten
400 g Quappenfilet, 2 Tomaten, Samen entfernt, in Streifen geschnitten, Koriandergrün

Das Erdnussöl in einem flachen Topf erhitzen und die Currypaste darin anbraten. Mit dem Fischfond ablöschen. Die Gemüse, den Palmzucker, die Galgantwurzel, das Zitronengras und die Limettenblätter sowie die Kokosmilch hinzufügen und zum Kochen bringen.

Das Curry etwa 5 Minuten kochen lassen. Mit Thai-Fischsauce und Chiliringen abschmecken. Das Fischfilet waschen, trocken tupfen und in 2 cm große Würfel schneiden. Zum Curry geben und nur kurz gar ziehen lassen. Das Curry in Schalen anrichten. Mit Tomatenstreifen und frischem Koriandergrün garnieren.

TIPP: Ich empfehle dazu gedämpften Thai-Duftreis oder Baguette.

verantwortungsbewusst genießen

Kleine Maräne
(Coregonus albula)

Familie: Coregonidae

Vorkommen: Nordeuropa

Saison: August bis Oktober

Geeignete Garmethoden: Braten, Räuchern, Marinieren

Kann ersetzt werden durch: Flussbarsch

Die Kleine Maräne, ein zierlicher Süßwasserfisch, lebt in klaren, sauerstoffreichen Seen und ernährt sich vor allem von Plankton. Gefährdet ist ihre Art nicht, was nicht zuletzt daran liegen mag, dass sie selbst unter erklärten Fischliebhabern noch eher zu den Geheimtipps zählt.

Salat-Melonen-Cocktail mit Maränenfilet

Für 4 Personen 30 Minuten

400 g bunte Blattsalate (z. B. Kopfsalat, Eichblatt, Lollo Rosso, Romana), 200 g Honigmelone
200 g Galia-Melone, 200 g Cantaloupe-Melone, 200 g Wassermelone, 150 g Mayonnaise
150 g Joghurt, 100 ml Zitronenlimonade, 1 EL Zucker, 1 Schuss Weißweinessig, Salz
Tabasco, Zitronensaft
200 g Maränenfilet ohne Haut, Butter, frisch gemahlener Pfeffer
125 ml Weißwein

Die Blattsalate waschen und trocken schleudern, große Blätter kleiner zupfen. Die Melonen schälen und jeweils in dünne Spalten oder Streifen schneiden. Mit den Blattsalaten mischen. Mayonnaise, Joghurt, Zitronenlimonade, Zucker und Essig in einer Schüssel zu einem Dressing vermischen. Mit Salz, Tabasco und Zitronensaft kräftig abschmecken.

Den Backofen auf 160 °C vorheizen. Das Fischfilet waschen, trocken tupfen und in Stücke schneiden. Auf eine ofenfeste gebutterte Platte legen und mit Salz und Pfeffer würzen. Den Weißwein dazugießen und die Fischstücke im Ofen etwa 5 Minuten garen. Den Salat-Melonen-Cocktail auf Teller verteilen, den Fisch darauf anrichten und mit dem Dressing servieren.

Gebratene kleine Maräne mit Zitronenbutter und Knusperkapern

Für 4 Personen 30 Minuten

100 g große, milde italienische Kapern in Salz, 2 cl Grappa, 2 unbehandelte Zitronen
2 Kaffirlimettenblätter, 400 ml Fischfond (Grundrezept siehe Seite 49), 150 g Butter
Salz, Zucker
Mehl, Olivenöl zum Ausbacken
8 kleine Maränen (je etwa 150 g), Butter

Die Kapern in Wasser entsalzen, trocken tupfen und im Grappa marinieren.

Die Zitronen heiß waschen und abtrocknen, die Schale abreiben und den Saft auspressen. Den Saft und drei Viertel der Schale mit den Kaffirlimettenblättern in den Fischfond geben und diesen auf etwa 100 ml einkochen. Die Limettenblätter herausnehmen und den Fond mit der Butter im Mixer emulgieren. Mit Salz und Zucker abschmecken.

Die Kapern wieder abtropfen und in Mehl wenden. In ein Sieb geben und überschüssiges Mehl abschütteln. Die mehlierten Kapern in Olivenöl knusprig ausbacken.

Die Fische waschen und trocken tupfen, mit Salz und Pfeffer würzen und dünn mehlieren. In einer Pfanne in etwas Butter knusprig ausbraten. Die Fische filetieren und die Filets mit Zitronenbutter und Knusperkapern anrichten.

Europäischer Wels/ Waller

(Silurus glanis)

Familie: Echte Welse

Vorkommen: Europa, Asien

Saison: ganzjährig, am besten August bis April

Geeignete Garmethoden:
Braten, Dünsten, Pochieren

Kann ersetzt werden durch: Pangasius

Wild lebende Welse werden mit Angeln, Stellnetzen oder Reusen gefangen, also ausschließlich durch nachhaltige, selektive Fangmethoden. Der Welsbestand ist entsprechend nicht gefährdet. Meistens stammen die Welse, die man im Handel erhält, aber aus Aquakulturen, und zwar hauptsächlich aus Teichwirtschaften, immer häufiger aber auch aus geschlossenen Kreislaufanlagen. Diese sind zwar energetisch optimiert, die Fische werden hier jedoch sehr intensiv auf engstem Raum gehalten.

Wels à la Bourride mit Aioli

Für 4 Personen 1 Stunde

Für den Fond:
1 kg Fischkarkassen, 200 g Krustentierkarkassen, 40 ml Olivenöl, 1 Fenchelknolle, zerkleinert
½ Stange Lauch, zerkleinert, ¼ Staude Sellerie, zerkleinert, 2 Schalotten, grob zerkleinert
2 Knoblauchzehen, angequetscht, 2 gelbe Paprikaschoten, püriert, 1 Tomate, grob zerkleinert
1 Lorbeerblatt, je 1 kleiner Zweig Thymian und Rosmarin, 1 Stück unbehandelte Orangenschale, 250 ml Weißwein, 2 cl Pernod, 500 ml Fischfond (Grundrezept siehe Seite 49)
1 Msp. Safranfäden

Für die Aioli:
3 Eigelb, Salz, Tabasco, Zitronensaft, 250 ml mildes Olivenöl, 1 Knoblauchzehe, zerdrückt

200 g Welsfilet ohne Haut, Öl zum Braten, Weißbrot

Die Karkassen in einem großen Topf im Olivenöl anschwitzen. Alle Gemüse, Kräuter und die Orangenschale dazugeben. Mit dem Wein, dem Pernod und dem Fischfond ablöschen und 20–25 Minuten köcheln lassen. Dabei öfter den entstehenden Schaum entfernen. Den Fond durch ein Passiertuch passieren, auf die Hälfte reduzieren und mit Safran würzen.

Für die Aioli die Zutaten mit 5 Tropfen Tabasco zur Mayonnaise aufschlagen und beiseitestellen.

Das Fischfilet waschen und trocken tupfen. In wenig Öl braten und in vier Stücke schneiden. Je eine Scheibe mediterranes Weißbrot in vorgewärmte tiefe Teller geben und je ein Stück Fischfilet darauf anrichten. Die heiße Suppe mit der Aioli aufmixen und darüber löffeln.

Wels blau mit Meerrettichsauce

Für 4 Personen 30 Minuten

200 ml Essig, 600 g Suppengemüse (Sellerie, Karotte, Porree, Fenchel), gewürfelt, 5 EL Fischsudgewürz (Wacholder, Lorbeer, weißer Pfeffer, Koriandersamen), Salz, 1 ganzer fangfrischer Wels (etwa 1 kg) mit intakter Schleimschicht, 300 ml kräftiger Fischfond (Grundrezept siehe Seite 49)
100 g Mie de Pain (entrindetes gemahlenes Weißbrot), 100 g Meerrettich (aus dem Glas)
1 Apfel, gerieben, 100 ml Sahne, 100 g Butter, frisch gemahlener Pfeffer, Zitronensaft

Aus 2 l Wasser, dem Essig, dem Suppengemüse und den Gewürzen einen Sud herstellen und diesen kräftig mit Salz und Essig abschmecken. Den Fisch ausnehmen und mit Haut und Knochen in den kochenden Sud geben. Etwa 30 Minuten ziehen lassen.

Inzwischen den Fischfond mit dem Mie de Pain aufkochen. Den Meerrettich und den geriebenen Apfel dazugeben und etwa 5 Minuten kochen. Mit dem Stabmixer Sahne und Butter untermixen, bis man eine homogene Sauce erhält. Die Sauce mit Salz, Pfeffer und Zitronensaft abschmecken. Wieder erhitzen, aber nicht mehr aufkochen.

Den Fisch mit Salzkartoffeln auf einer Servierplatte anrichten und mit der Sauce überziehen.

Fishcakes vom Wels mit Mangosalsa und Papayasalat

Für 4 Personen 40 Minuten

Für die Fishcakes:
500 g Welsfilet, 100 g Eiswürfel, 2 EL rote Thai-Currypaste, 2 EL Thai-Fischsauce
Salz, Öl zum Ausbacken

Für die Salsa:
1 reife Thai-Mango, ½ Chilischote, ½ rote Zwiebel oder Schalotte
Salz, frisch gemahlener Pfeffer, Zitronensaft

Für den Salat:
1 grüne unreife Papaya (etwa 400 g), 1 Chilischote, Samen und Scheidewände entfernt
1 Tomate, grob gewürfelt, 3 EL Thai-Fischsauce, 1 EL Palmzucker
Saft von 1 Limette, Salz, 2 EL geröstete Erdnüsse, grob gehackt

Koriandergrün zum Garnieren

Für die Fishcakes das Fischfilet waschen und trocken tupfen, in Stücke schneiden und mit den Eiswürfeln, der Currypaste und der Fischsauce im (elektrischen) Zerkleinerer oder Mörser fein zerkleinern. Mit Salz abschmecken und zugedeckt kalt stellen.

Für die Salsa die Mango schälen. Das Fruchtfleisch in Würfel schneiden, übrige Abschnitte pürieren. Chilischote und Zwiebel oder Schalotte fein würfeln und locker mit dem Mangopüree vermischen. Mit Salz, Pfeffer und Zitronensaft abschmecken.

Für den Salat die Papaya schälen und in feine Streifen schneiden. Die Chilischote mit der Tomate in einer Schüssel zerstampfen. Fischsauce, Zucker und Limettensaft gut unterrühren. Mit den Papayastreifen vermischen und etwas durchkneten. Mit Salz abschmecken und mit den Erdnüssen bestreut anrichten.

Das Öl zum Ausbacken in der Fritteuse oder einem Topf langsam auf 160° C erhitzen. Den Fischteig mit nassen Händen zu kleinen flachen Buletten formen und ins heiße Fett gleiten lassen. Die Fishcakes etwa 1 Minute frittieren, bis sie außen leicht gebräunt und innen saftig sind.

Die Fishcakes auf Küchenpapier entfetten. Mit der Mangosalsa und dem Papayasalat anrichten und mit Koriander bestreut servieren.

Saibling
(Salvelinus spp.)

Familie: Lachsfische

Vorkommen: nördliche Hemisphäre

Saison: ganzjährig

Geeignete Garmethoden:
Braten, Dünsten, Räuchern, Grillen, roh

Kann ersetzt werden durch: Forelle

Der Saibling stellt hohe Ansprüche an die Wasserqualität. Damit er sich wohlfühlt, muss es kalt, sauerstoffreich und sehr sauber sein. Die Verschmutzung der Gewässer ist vielleicht einer der Gründe dafür, dass zahlreiche Saiblingsarten gefährdet sind. Der Saibling in der Fischtheke stammt meist aus einer Teichwirtschaft, zu bevorzugen ist natürlich ein Fisch aus ökologischer Zucht.

Saiblingscarpaccio mit Eiersauce, Wasabi und Forellenkaviar

Für 4 Personen 30 Minuten

Für die Eiersauce:
3 Eigelb, ⅓ TL Salz, 1 EL Zucker, 3 EL Reisessig, 2 EL Dashi (japanischer Algenfond)

Für das Carpaccio:
1 großes Saiblingsfilet mit Haut (etwa 300 g), Salz, frisch gemahlener Pfeffer, 120 g Forellen- oder Lachskaviar, 30 g frischer Wasabi

Für die Eiersauce Eigelbe, Salz, Zucker, Essig und Fond in eine Metallschüssel geben und auf dem siedenden Wasserbad mit dem Schneebesen schlagen, bis die Sauce dick wird. Dann auf Eiswasser weiterschlagen, bis sie kalt ist.

Für das Carpaccio das Saiblingsfilet waschen und trocken tupfen. Mit der Haut nach unten auf ein Schneidebrett legen. Mit einem langen, schmalen, sehr scharfen Messer schräg von der Haut in hauchdünne Scheiben schneiden, die Haut dabei nicht durchschneiden. Die Fischscheiben kreisförmig auf Teller verteilen, leicht salzen und pfeffern.

In die Mitte jeder Portion einen Klecks Eiersauce geben, diese dabei so verteilen, dass ein Rand von 3-4 cm frei bleibt. In die Mitte der Sauce je 2 EL Forellen- oder Lachskaviar setzen. Den Wasabi auf einer feinen Reibe über das Gericht reiben und servieren.

Gedünsteter Saibling mit zweierlei Haferwurzeln und Vermouthsauce

Für 4 Personen 30 Minuten

800 g Haferwurzeln (oder Schwarzwurzeln), Salz, frisch gemahlener Pfeffer, Rapsöl
100 ml Sahne, 400 ml Weißwein-Velouté (Grundrezept siehe Seite 51)
4 cl Vermouth (z. B. Noilly Prat), 500 g Saiblingsfilet mit Haut, geschuppt
4 EL Klostersenf mit Honig, 100 ml Weißwein

Den Backofen auf 180 °C vorheizen. Die Haferwurzeln gut waschen und sauber bürsten. Die Hälfte der Wurzeln halbieren, kurz mit Salz, Pfeffer und Öl marinieren und im Ofen etwa 10 Minuten trocken rösten. Die übrigen Wurzeln schälen, große Wurzeln klein schneiden und in der Sahne weich dünsten. Pürieren und mit Salz abschmecken.

Die Weißwein-Velouté erhitzen und mit dem Vermouth abschmecken. Das Fischfilet waschen und trocken tupfen, die Haut mit dem Senf bestreichen. Leicht salzen und in der Pfanne oder auf dem Backblech mit dem Weißwein etwa 4 Minuten dünsten.

Das Haferwurzelpüree, die gerösteten Wurzeln und den Fisch anrichten. Die Sauce mit dem Stabmixer aufschäumen und auf den Tellern verteilen.

Gegrillter Saibling mit grüner Salsa und dreierlei Karotten

Für 4 Personen 45 Minuten

Für die grüne Salsa:
1 grüne Paprikaschote, 1 Bund Koriandergrün, zerkleinert, ¼ Bund glatte Petersilie, zerkleinert, 2 Stiele Oregano, zerkleinert, 2 Knoblauchzehen, 1 grüne Chilischote, grob zerkleinert, 200 ml Olivenöl, Salz, Saft von 1 Limette

Für die Karotten-Salsa:
2 gelbe Pfälzer Karotten, Butter, Salz, Limettensaft, 1 TL Chilischote, fein gewürfelt
1 kleine Schalotte, sehr fein gewürfelt, Olivenöl, frisch gemahlener Pfeffer

Für die lila Karotten:
3 lila Beta-Sweet-Karotten, Salz, Butter, 200 ml Gemüse- oder Hühnerbrühe
Koriandergrün zum Garnieren

Für das Karottenpüree:
200 g Bundkarotten, 5 g Koriandersamen, 50 g Butter, Salz, Zucker

Für den Fisch:
1–2 große Saiblingsfilets (etwa 800 g), Salz, frisch gemahlener Pfeffer

Für die grüne Salsa die Paprikaschote waschen, vierteln, Samen und Scheidewände entfernen. Mit den Kräutern, dem Knoblauch, der Chilischote und Olivenöl grob pürieren und mit Salz abschmecken. Erst kurz vor dem Servieren mit Limettensaft würzen.

Für die Karotten-Salsa die gelben Karotten putzen, in 5 mm große Würfel schneiden und blanchieren. Die Reste in Butter mit etwas Salz dünsten und pürieren. Das Karottenpüree und die blanchierten Würfel mit etwas Limettensaft, Chili, Schalotte, Öl, Salz und Pfeffer zu einer fruchtig-scharfen Salsa abschmecken.

Die Beta-Sweet-Karotten waschen und mit der Schale in Salzwasser bissfest kochen. Von den gegarten Karotten mit einem Tuch die Schale abreiben. Die Wurzeln längs halbieren oder in 3 cm lange Stücke schneiden und kurz in etwas Butter und der Brühe erwärmen.

Für das Karottenpüree die Bundkarotten putzen und klein schneiden. Mit dem Koriander in der Butter weich dünsten, die Samen entfernen und die Karotten mit dem Stabmixer pürieren. Mit Salz und Zucker abschmecken.

Das Saiblingsfilet waschen und trocken tupfen, mit Salz und Pfeffer würzen und in einer Grillpfanne oder auf dem Grillrost rundum anbraten und kurz ziehen lassen. Der Fisch soll medium bis glasig sein und mit einem rohen Kern serviert werden.

Das warme Karottenpüree anrichten, mit dem Löffel eine Mulde hineinmachen und grüne Salsa in die Mulde geben. Fischfilet anschneiden, anrichten und Karotten-Salsa daraufgeben. Die lila Karotten dazu anrichten und mit Korianderblättern garnieren.

Zander
(Sander spp.)

Familie: Echte Barsche

Vorkommen: Europa, USA

Saison: Juni bis Oktober

Geeignete Garmethoden: Braten, Dünsten

Kann ersetzt werden durch: Flussbarsch

Das weiße, fettarme und sehr zarte Fleisch des Zanders begründet seine außerordentliche Beliebtheit auch bei weniger überzeugten Fischessern. So ist der elegante Raubfisch auf vielen Speisekarten der Gastronomie und in den meisten Fischtheken zu finden. Gefangen wird er vor allem mit Stellnetzen, Reusen oder Angeln. Oft wird auch bei uns Importware aus dem Kaukasus angeboten, wo Fischerei wie Handel kaum kontrolliert werden. Man sollte also am besten etwas genauer nachfragen.

Gebratenes Zanderfilet mit Selleriepüree, Pfifferlingen und Apfelsauce

Für 4 Personen 45 Minuten

Für das Püree:
500 g Knollensellerie
100 g Butter
Salz

Für die Sauce:
250 ml Apfelsaft
10 ml Apfelessig
40 g Butter
Salz, frisch gemahlener Pfeffer

Für die Pilze:
400 g Pfifferlinge
4 EL Olivenöl
1 Schalotte, fein gewürfelt
2 Zweige glatte Petersilie, fein geschnitten

Für den Fisch:
4 Zanderfilets mit Haut (je etwa 150 g), geschuppt
Salz, frisch gemahlener Pfeffer
Olivenöl zum Braten

Für das Püree die Sellerieknolle schälen, in Würfel schneiden und mit wenig Wasser in einem Topf zugedeckt weich dünsten. In einem Sieb abtropfen lassen und mit der Butter pürieren. Mit Salz abschmecken und warm stellen.

Für die Sauce den Apfelsaft mit dem Essig auf etwa 60 ml einkochen. Mit der Butter aufmixen und mit Salz und Pfeffer abschmecken.

Den Backofen auf 170 °C vorheizen. Die Pfifferlinge putzen, kurz waschen und trocken schleudern (Salatschleuder). Mit dem Olivenöl und der Schalotte mischen, mit Salz und Pfeffer würzen und auf ein Backblech geben. Im heißen Ofen 8-10 Minuten garen.

Inzwischen das Fischfilet waschen und trocken tupfen, mit Salz und Pfeffer würzen und in Olivenöl in einer Pfanne auf der Hautseite bei niedriger Temperatur in 5-8 Minuten knusprig braten. Damit die Stücke sich nicht wölben, einen Topf zum Beschweren direkt auf die Filets stellen.

Das Selleriepüree anrichten. Die Pilze mit der Petersilie mischen, locker um das Püree herum verteilen. Die Apfelsauce mit dem Stabmixer aufschäumen und dazu anrichten. Zum Schluss den knusprigen Fisch daraufsetzen.

Geknuspertes Zanderfilet mit Rahmlauch und gefüllten Kirschtomaten

Für 4 Personen 30 Minuten

Für den Rahmlauch:
2 Stangen Lauch
40 g Butter
Salz, frisch gemahlener Pfeffer
50 ml Weißwein
200 ml Sahne
Ingwerpulver

Für die gefüllten Tomaten:
3 Stängel Basilikum, grob zerkleinert
2 Stängel Petersilie, grob zerkleinert
⅛ Knoblauchzehe
15 ml Olivenöl
Salz, frisch gemahlener Pfeffer
20 vollreife Kirschtomaten
40 g Feta

Für den Fisch:
4 Zanderfilets mit Haut und Schuppen (je etwa 150 g), Salz
600 ml Olivenöl
frisch gemahlener Pfeffer

Den Lauch putzen, längs halbieren, waschen und in 1 cm breite Streifen schneiden. Dabei die dunkelgrünen Blatteile entfernen und als Suppengemüse aufbewahren. Die Butter in einem Topf zerlassen, den Lauch darin anschwitzen und mit Salz und Pfeffer würzen. Mit dem Weißwein ablöschen, reduzieren und mit der Sahne verfeinern. Mit dem Ingwerpulver abschmecken und warm stellen.

Für die gefüllten Tomaten die Kräuter mit Knoblauch, Olivenöl, Salz und Pfeffer zu einem Pesto pürieren. Die Kirschtomaten waschen, oben jeweils einen Deckel abschneiden und das Innere aushöhlen. Das ausgelöste Fruchtfleisch ohne die Samen hacken. Mit dem Pesto und dem zerkrümelten Feta mischen. Diese Mischung in die Tomaten füllen und die Deckel wieder auflegen.

Die Fischfilets waschen und trocken tupfen. Mit der Hautseite nach oben auf ein Metallsieb oder Lochblech legen und salzen. Die Schuppen durch Überstreichen mit einem Löffel oder stumpfen Tafelmesser gegen den Strich leicht aufrichten. Das Öl auf 160–180 °C erhitzen, das Sieb mit den Fischfilets über eine Fettpfanne oder einen Bräter legen und das heiße Öl mit einer Suppenkelle über die Fischhaut gießen. Diesen Vorgang mehrmals wiederholen, dabei die Schuppen immer wieder aufrichten. Das Öl zwischendurch immer wieder erhitzen. Nach sechs bis acht Durchgängen sind die Schuppen knusprig wie Chips und köstlich zum Mitessen. Das Fischfilet sollte jetzt gar sein, falls nicht, ganz kurz auf der Fleischseite braten. Die Fischfilets mit Pfeffer würzen und mit dem Rahmlauch und den angewärmten gefüllten Tomaten servieren.

Hecht
(Esox lucius)

Familie: Hechte

Vorkommen: nördliche Hemisphäre

Saison: Mai bis Dezember

Geeignete Garmethoden:
Braten, Dünsten, Backen, Klöße, Frikadellen

Kann ersetzt werden durch: Wolfsbarsch

Den Hecht kann man ohne Bedenken genießen. Der Mensch greift zwar vielerorts in seinen Lebensraum ein, das gefährdet seine Art bisher aber nicht. Mit seinem aromatischen, festen Fleisch ist der stattliche Raubfisch eine gute Alternative zu Fisch aus dem Meer. Zu Unrecht wird er wegen seiner ypsilonförmigen Gräten oft gemieden, denn diese lassen sich durch die sehr klar strukturierte zweireihige Lage im Rücken ohne größere Probleme entfernen.

verantwortungsbewusst genießen

Gefilte Fisch mit Dill-Sahnesauce

Für 4 Personen

2 Stunden

1 Hecht (2–3 kg)
300 g Zwiebeln, fein gewürfelt
100 g Butter
Salz, frisch gemahlener Pfeffer
2 eingeweichte Brötchen
400 ml kalte Sahne
1 Bund Dill, fein gehackt
1 kg Fischkarkassen
300 g Gemüsemischung (Zwiebel, Fenchel, Lauch), fein gehackt
1 l Weißwein
4 Zweige Estragon
3 EL Fischgewürzmischung (Fenchel, Anis, weißer Pfeffer, Koriandersamen, Macis, Lorbeer, rosa Pfeffer, Orangenschale)
2 Knoblauchzehen
200 ml Crème fraîche
Salz, weißer Pfeffer

Den Hecht von der offenen Bauchhöhle hohl auslösen: die Haut vorsichtig vom Filet trennen, ohne sie zu beschädigen. Dabei vorsichtig Stück für Stück bis zum Rücken vorarbeiten und durch das Trennen der Wirbelsäule dicht an Kopf und Schwanzflosse den gesamten Rumpf entfernen. Die Hülle waschen und beiseitelegen.

Mit einem Löffel das Fischfleisch Stück für Stück von der Gräte abschaben. Dabei darauf achten, dass keine Gräten ins Fischfleisch gelangen. Das abgeschabte Fischfleisch in eine Schüssel geben.

Die Zwiebeln in der Butter glasig anschwitzen, mit Salz und Pfeffer würzen und abkühlen lassen. Die Brötchen ausdrücken und zum Fisch geben. Die Zwiebeln, 200 ml kalte Sahne und die Hälfte vom Dill untermischen. Mit Salz und Pfeffer würzen und alle Zutaten im Mixer zu einer Farce mixen.

Diese sehr kräftig abschmecken und in die leere Fischhülle füllen. Die Hülle entlang der Bauchöffnung mit Rouladennadeln zustecken. Den gefüllten Fisch mit den Händen wieder in Form bringen und - wenn nötig - mit Küchengarn etwas binden. Dazu an mehreren Stellen zwischen Kopf und Schwanz um den ganzen gefüllten Fisch eine Schlaufe machen und diese mit nur wenig Zug verknoten.

Die Fischkarkassen und das Gemüse mit Weißwein, Estragon, Gewürzmischung und Knoblauch in einen großen Fischkochtopf (Poissoniere) geben. Den gefüllten Hecht darin bei niedriger Temperatur zugedeckt etwa 20 Minuten gar ziehen lassen.

Den Fisch vorsichtig aus dem Sud nehmen, auf eine Platte setzen und warm stellen.

Den Fond wieder aufkochen und durch ein feines Sieb in einen anderen Topf passieren. Die übrige Sahne, die Crème fraîche und den restlichen Dill unterrühren.

Den Fisch mit der Sauce überziehen und warm oder kalt servieren.

Hechtfilet mit dreierlei Artischocken à la barigoule

Für 4 Personen 45 Minuten

8 große Globe-Artischocken oder 20 kleine Baby-Artischocken, Salz, Zitronenwasser
2 Schalotten, fein gehackt, 2 Champignonköpfe, ½ Lauchstange, klein geschnitten
2 Stangen Staudensellerie, klein geschnitten, Olivenöl, 10 cl Vermouth (z. B. Noilly Prat)
200 ml Weißwein, 250 ml heller Geflügelfond (Grundrezept siehe Seite 49)
1 Zweig Koriandergrün, 1 TL Koriandersamen, 1 Lorbeerblatt, 1 Knoblauchzehe
250 ml Olivenöl zum Frittieren, Knoblauch und Thymian zum Braten
600 g Hechtfilet, Salz, frisch gemahlener Pfeffer, 1 l Fischfond zum Pochieren (Grundrezept siehe Seite 49)

Die großen Globe-Artischocken putzen: dafür die Stiele abbrechen, die äußeren zwei bis drei Blättkränze abschneiden. Die Spitzen der verbleibenden Blätter um etwa ein Drittel kürzen. Einige schöne große Blütenblätter in Salzwasser blanchieren und zum Garnieren verwenden, den Rest der Abschnitte wegwerfen. Die zartgrünen Blätter und das »Heu« im Zentrum der Blüte entfernen und beiseitelegen. Die Unterseite der Artischockenböden schälen. Die geputzten Böden in Zitronenwasser legen, damit sie nicht braun anlaufen. Zwei Drittel der Böden in Spalten schneiden und das restliche Drittel in hauchdünne Scheiben. Die Abschnitte aufbewahren.

Die Schalotten mit den Champignons, Lauch und Sellerie in Olivenöl anschwitzen. Die aufbewahrten Abschnitte und zarten Blätter sowie das »Heu« der Artischocken hinzufügen und kurz mitschwitzen. Mit Vermouth und Weißwein ablöschen.

Den Fond, die Kräuter und Gewürze dazugeben und die Gemüse weich kochen. Das Ganze mit dem Stabmixer grob zerkleinern und durch ein Sieb drücken. Diesen Artischockenfond nochmals durch ein feines Tuch passieren.

Nun werden Artischocken auf dreierlei Art zubereitet: Für Artischockenchips die hauchdünnen Scheiben im Öl knusprig frittieren. Auf Küchenpapier abtropfen, leicht salzen und warm stellen. Für Artischockenpüree die Hälfte der Artischockenspalten in der Hälfte des Fonds weich kochen, aus dem Fond heben und im Mixer mit etwas Olivenöl pürieren. Bis zum Servieren warm stellen. Für gebratene Artischocken etwas Olivenöl mit Knoblauch und Thymian erhitzen und die restlichen Spalten 2-3 Minuten darin braten, bis sie weich sind, aber noch etwas Biss haben. Kurz warm stellen.

Den übrigen Artischockenfond erhitzen. Die Fischfilets waschen und trocken tupfen, mit Salz und Pfeffer würzen. Den Fischfond erhitzen und die Fischfilets darin gar ziehen lassen. Mit einer kleinen Flachzange oder Pinzette die Gräten entfernen und den Fisch wieder in den warmen Fond legen. Den Fisch mit dreierlei Artischocken anrichten und mit dem heißen Artischockenfond und Olivenöl überziehen.

Schleie
(Tinca tinca)

Familie: Karpfenfische

Vorkommen: Europa, Kleinasien, Westsibirien

Saison: Mai bis Oktober, aus Aquakultur vor allem Oktober bis Dezember

Geeignete Garmethoden: Braten, Räuchern, Dünsten, Dämpfen

Kann ersetzt werden durch: Karpfen

Gefährdet ist die wohlschmeckende Schleie nicht. Meist stammt sie aus Teichwirtschaften, in denen sie zusammen mit Karpfen gehalten wird. Sie ist auch ähnlich genügsam und ernährt sich von Insektenlarven und Schnecken. Es handelt sich also um einen ökologisch unbedenklich verzehrbaren und auch fernab der Küste regional erhältlichen Fisch.

Schleie im Thai-Sud mit Zitrusaromen, Chili und Galgant

Für 4 Personen

25 Minuten

1 Schleie (etwa 1,5 kg)
1 Knoblauchzehe
2 milde große Chilischoten
50 g frische Galgantwurzel
1 Bund Koriandergrün mit Wurzel
je 1 Zweig frische Thai-Kräuter (Vietnam-Koriander oder vietnamesische Minze, Thai-Basilikum und Sägeblatt, aus dem Asienladen)
6 Kaffirlimettenblätter
Saft von 1 Mandarine
Saft von 1 Limette
2 EL brauner Palmzucker
1 EL Thai-Fischsauce
Koriandergrün zum Garnieren, gehackt
Thai-Jasminreis zum Servieren

Den Fisch ausnehmen und schuppen, die Kiemen entfernen. und innen und außen gut waschen. Trocken tupfen.

Eine ofenfeste Platte mit Rand mit der Knoblauchzehe ausreiben. Chilischoten waschen, Samen und Scheidewände entfernen, Schoten in Ringe schneiden. Galgant schälen und mit den Korianderwurzeln (Blätter beiseitelegen) in Scheiben schneiden. Diese Gewürze mit den Thai-Kräutern und den Limettenblättern auf der Platte verteilen. Den Fisch daraufsetzen.

Den Backofen auf 160 °C vorheizen. Die Zitrussäfte mit dem Palmzucker und der Fischsauce verrühren und darüberträufeln. Das Ganze im heißen Ofen zum Kochen bringen und etwa 15 Minuten garen, dabei mehrmals dem Saft von der Platte darüberträufeln. Die Platte auf ein Rechaud in der Mitte des Esstisches platzieren. Das Gericht mit Koriandergrün bestreuen und mit gedämpftem Thai-Jasminreis servieren.

Schleie mit fermentierten Sojabohnen und gegrillter Wassermelone

Für 4 Personen

45 Minuten

60 g getrocknete fermentierte Sojabohnen
8 cl Shaoxing-Reiswein
30 ml Sojasauce
abgeriebene Schale von ½ unbehandelten Orange
½ Knoblauchzehe, fein gehackt
10 g Speisestärke
600 g Schleiefilet
1 kleine Wassermelone
Salz, frisch gemahlener Pfeffer
Koriandergrün zum Garnieren

Die fermentierten Sojabohnen im Reiswein einweichen. Die eingeweichten Bohnen mit Sojasauce, Orangenschale, Knoblauch und Stärke zu einer Marinade verrühren.

Das Fischfilet waschen und trocken tupfen. In 5 mm dicke Scheiben schneiden. Die Melone von der Schale schneiden und in ebenso dicke Scheiben schneiden.

Die Wassermelone mit Salz und Pfeffer würzen und ein paar Minuten grillen oder braten. Das Fischfilet durch die Marinade ziehen und auf einen Teller in einen Dämpftopf legen. Über Wasserdampf wenige Minuten glasig dämpfen. Die auf dem Teller entstehende Flüssigkeit ist die Sauce für das Gericht.

Zum Anrichten die Melonenscheiben und die Fischscheiben dachziegelartig schichten und mit der Sauce umgießen. Mit Koriandergrün garnieren und servieren.

MEERES- UND SÜSSWASSERFISCHE

Die Weltmeere scheinen in ihrer Größe und Weite unerschöpflich, im Bezug auf die Fischbestände sind sie es jedoch leider nicht: Eine Vielzahl an Fischen gilt inzwischen als überfischt. Um ihr Aussterben zu verhindern, sollte auf den Verzehr von beispielsweise dem Europäischen Aal und dem Steinbeißer weitestgehend verzichtet werden. Andere Fischarten fühlen sich nur in tropischen Gewässern wohl, und es ist schwierig, sie im örtlichen Handel zu bekommen Außerdem sind die Transportwege teilweise so lang, dass es aus ökologischen Gründen nicht vertretbar ist, sie zu kaufen. Weil es in diesem Buch so viele feine Rezepte ohne Red Snapper, Tilapia und Co. gibt, stellen wir diese Kandidaten auf den folgenden Seiten nur in Kurzporträts vor.

Drachenkopf
(Scorpaena scrofa)

Familie: Skorpionfische

Vorkommen: Ostatlantik, Mittelmeer

Saison: ganzjährig

Geeignete Garmethoden: Dünsten, Backen, Fischsuppe

Kann ersetzt werden durch: Knurrhahn, Steinbeißer

Gezielt befischt wird dieser schmackhafte Fisch, der sich vor allem auf felsigem Untergrund wohl fühlt, sicherlich nicht. Deshalb ist eine Gefährdung der Art auch eher unwahrscheinlich, in jedem Fall aber nicht dokumentiert. Wer ihn fängt, muss jedoch wissen, wie man mit ihm umgeht: Sein Stachel enthält ein für den Menschen gefährliches Gift.

Hai
(Selachii/Carcharhinidae)

Familie: Plattenkiemer

Vorkommen: alle Weltmeere

Saison: ganzjährig

Geeignete Garmethoden: Braten, Grillen

Kann nicht ersetzt werden.

Haie pflanzen sich erst sehr spät fort und haben nur wenige Nachkommen. Werden sie befischt, ist ihre Art schnell bedroht. So sind die meisten Haiarten heute stark dezimiert, nicht nur durch die gezielte Fischerei. Oft sind die Haie auch Beifang, der wieder über Bord geworfen wird. Ein Management der Bestände gibt es für die meisten Haiarten nicht. Eine Ausnahme ist der Dornhai, der zum Beispiel als Schillerlocke oder Seeaal im Handel erhältlich ist. Hier wird jedoch nur einer der verschiedenen Bestände bisher nachhaltig befischt.

Heilbutt

Atlantischer Heilbutt
(Hippoglossus hippoglossus)

Pazifischer Heilbutt
(Hippoglossus stenolepsis)

Schwarzer Heilbutt
(Reinhardtius hippoglossoides)

Familie: Schollen

Vorkommen: Nordatlantik, Nordpazifik

Saison: Herbst, Winter, aus Zucht ganzjährig

Geeignete Garmethoden: Kochen, Dünsten, Braten, Backen, Grillen

Kann ersetzt werden durch: Glattbutt, Steinbutt

Der Heilbutt ist eine begehrte Delikatesse und wurde jahrzehntelang intensiv befischt. Sein langsames Wachstum und seine späte Reife machen ihn jedoch anfällig und so wurden viele Bestände überfischt. Strenge Schonmaßnahmen haben zwar zu einer Erholung beigetragen, aber noch lange sind nicht alle Fischereien auf Heilbutt nachhaltig. Gefangen wird der Riese unter den Plattfischen mit Langleinen oder Grundschleppnetzen. Zum Teil wird der schmackhafte Fisch auch an Land gezüchtet. Das Fischfutter, das in nicht geringen Mengen benötigt wird, stammt dabei oft aus nicht nachhaltigen Fischereien.

Heringskönig/ Petersfisch
(Zeus faber)

Familie: Petersfische

Vorkommen: Nordostatlantik, Mittlerer Ostatlantik, Südostatlantik, Indischer Ozean, Pazifischer Ozean

Saison: ganzjährig

Geeignete Garmethoden: Braten, Dünsten, Pochieren

Kann ersetzt werden durch: Zander

Langsam und majestätisch folgt der Heringskönig den Heringsschwärmen, die eine wichtige Nahrungsquelle für ihn sind. Das brachte ihm den klangvollen Namen ein. Zur Bestandsituation des Heringskönigs hat die Wissenschaft keine verlässlichen Daten. Gefangen wird er mit Grundschleppnetzen, selten jedoch gezielt befischt.

Rochen
(Raja spp.)

Familie: Plattenkiemer

Vorkommen: in allen Weltmeeren

Saison: ganzjährig

Geeignete Garmethoden: Dünsten, Braten

Kann nicht ersetzt werden.

Über die Rochen, von denen es viele verschiedene Arten gibt, weiß man wenig - weder über ihr Wanderverhalten, noch über ihre Fortpflanzung. Weltweit sind bereits ein Drittel aller Rochenarten auf der Roten Liste der Weltnaturschutzorganisation als gefährdet oder sogar vom Aussterben bedroht gelistet. Häufig endet er als Beifang in den Netzen der Grundschleppnetzfischerei.

Red Snapper
(Lutjanus malabaricus)

Familie: Schnapper

Vorkommen: Indischer Ozean, Pazifischer Ozean

Saison: ganzjährig

Geeignete Garmethoden: Braten, Dünsten, Pochieren, Grillen

Kann ersetzt werden durch: Dorade

Der Red Snapper lebt ausschließlich in wärmeren Meeren mehr oder weniger auf der anderen Seite der Erde. Das wirft natürlich die Frage auf, ob es nötig ist, Speisefische über so weite Strecken zu transportieren. Hinweise auf eine Überfischung gibt es aber nicht, zumindest nicht für die auf dem deutschen Markt angebotene Art.

Rotbarsch
(Sebastes spp.)

Familie: Stachelköpfe

Vorkommen: Nordwestatlantik, Nordostatlantik, Nordpazifik

Saison: ganzjährig

Geeignete Garmethoden: Braten, Dünsten, Backen

Kann ersetzt werden durch: Seelachs

Auf ihrer Roten Liste stuft die Weltnaturschutzunion IUCN den Rotbarsch als nicht gefährdet ein. Um die Bestandssituation eindeutig zu bewerten, reicht die wissenschaftliche Datenlage derzeit noch nicht aus. Umweltverbände raten jedoch eher vom Verzehr ab, wegen des geringen Bestands, aber auch weil der delikate Fisch häufig mit Grundschleppnetzen gefangen wird, die in den Fangregionen Kaltwasserkorallen und andere empfindliche Habitate am Boden zerstören.

Europäische Sardelle
(Engraulis encrasicolus)

Familie: Sardellen

Vorkommen: Nordostatlantik, mittlerer Ostatlantik, Mittelmeer, Schwarzes Meer

Saison: ganzjährig

Geeignete Garmethoden: Braten, Frittieren, Salzen

Kann ersetzt werden durch: Sprotte

Seit die Fischerei auf Sardellen in der Biscaya für mehrere Jahre ausgesetzt wurde, hat sich der Bestand dort gut erholt, heute wird er nachhaltig befischt. Vor Marokko und Mauretanien und vor allem im Mittelmeer sieht es für den kleinen Schwarmfisch leider nach wie vor weniger gut aus. Hier wird immer noch mehr Fisch aus dem Meer geholt, als nachwächst.

Schwertfisch
(Xyphias gladius)

Familie: Schwertfische

Vorkommen: gemäßigt warme bis tropische Meere

Saison: ganzjährig

Geeignete Garmethoden: Grillen, Braten

Kann nicht ersetzt werden.

Der Schwertfisch ist weltweit bereits überfischt oder steht zumindest an der Grenze dazu. Die meisten Fischereien fangen ihn mit Langleinen, denen auch Schildkröten, Haie und Delphine zum Opfer fallen. Lediglich in Nordamerika finden sich Fischereien, die den Schwertfisch noch ganz traditionell mit der Harpune erlegen - eine nachhaltige Fischerei, deren Produkte in Deutschland leider nicht im Handel erhältlich sind.

Schellfisch
(Melonogrammus aeglefinus)

Familie: Dorsche

Vorkommen: Nordostatlantik, Nordwestatlantik

Saison: Herbst und Winter

Geeignete Garmethoden: Braten, Dünsten, Backen, Frittieren

Kann ersetzt werden durch: Kabeljau, Seelachs

Zwar kommt der Schellfisch in Deutschland eher selten auf den Tisch, in anderen europäischen Ländern jedoch ist er als Speisefisch sehr beliebt. In Großbritannien zum Beispiel wird er zum Nationalgericht »Fish and Chips« verarbeitet. In der Folge sind einige Bestände überfischt, die Rote Liste der Weltnaturschutzunion IUCN stuft ihn als gefährdet ein. Es gibt aber auch Bestände, etwa den in der Nordsee, die dank eines funktionierenden Managementplans nachhaltig befischt werden.

Seehase
(Cyclopterus lumpus)

Familie: Seehasen

Vorkommen: Nordwestatlantik, Nordostatlantik, Ostsee

Saison: ganzjährig

Geeignete Garmethoden: Braten, Räuchern

Kann ersetzt werden durch: Kabeljau, Dorsch

In Deutschland wird der Seehase nur selten angeboten. Am besten kauft man ihn natürlich direkt vom Fischer. Nur das Fleisch der Männchen ist schmackhaft. Die Weibchen werden in Island vor allem wegen ihres Rogens gefangen, der als Kaviarersatz in den Handel kommt. Überfischt scheint der Seehase aber nach wie vor nicht zu sein. Zum Einsatz kommen beim Fang grobmaschige Kiemennetze.

Steinbeißer
(Anarhichas spp.)

Familie: Steinbeißer

Vorkommen: Nordwestatlantik, Nordostatlantik, Ostsee, Pazifischer Ozean

Saison: ganzjährig

Geeignete Garmethoden: Braten, Dünsten, Pochieren

Kann ersetzt werden durch: Aalrutte, Quappe

Der Steinbeißer gilt als überfischt. Die meisten Fische dieser Familie werden jedoch nicht gezielt befischt, sondern landen als Beifang in den Netzen der Grundschleppnetzfischerei. Einmal angelandet, sollten sie dann auch ihre Käufer finden. Seit einiger Zeit werden Steinbeißer auch in Netzgehegen mit hohem Energieeinsatz und negativen Auswirkungen auf die marine Umwelt im Meer gezüchtet.

Stint
(Osmerus eperlanus)

Familie: Stinte

Vorkommen: Ostsee, südliche Nordsee, französische Atlantikküste bis zur Mündung der Gironde

Saison: Februar bis April

Geeignete Garmethoden: Braten, Frittieren

Kann ersetzt werden durch: Sprotte, Hering

Gefangen werden die kleinen, schlanken Fische vor allem mit Stellnetzen kleiner, handwerklicher Fischereibetriebe. In der sogenannten Stint-Saison am Ende des Winters kommen die in früherer Zeit zahlreich gefangenen Stinte zum Laichen vom Meer in die Flüsse. Gefährdet scheinen der Stint laut Weltnaturschutzunion IUCN nicht zu sein, aufgrund von schlechter Wasserqualität ist sein Bestand lokal jedoch bedroht.

Thunfisch
(Thunnus spp.)

Familie: Makrelen und Thunfische (Scombridae)

Vorkommen: Tropische, subtropische und gemäßigte Meere

Saison: ganzjährig

Geeignete Garmethoden: Braten, Grillen, roh

Kann ersetzt werden durch: Echter Bonito

Thunfisch ist nicht gleich Thunfisch. Immerhin finden sich in den Weltmeeren acht verschiedene Arten. Nicht zu allen liegen verlässliche Daten vor. Aber über die, die weltweit gehandelt werden, weiß die Wissenschaft recht gut Bescheid. So sind die zwei Arten des Blauflossenthuns, auch Roter Thun genannt, nach Angaben des IUCN vom Aussterben bedroht bzw. stark gefährdet. Der Großaugenthun wird ebenfalls als gefährdet eingestuft, während sich der Gelbflossenthun und der Weiße Thun auf der Vorwarnliste befinden. Im Pazifik ist der Gelbflossenthun noch nicht überfischt und wird dort teilweise sehr selektiv mit Handleinen oder Angelruten gefangen. Kein Thunfisch, aber immer wieder als solcher gehandelt und ähnlich im Geschmack, ist der Echte Bonito oder Skipjack. Dieser ist - jedenfalls im atlantischen und pazifischen Ozean - nicht überfischt und so durchaus eine Alternative.

Europäischer Aal
(Anguilla anguilla)

Familie: Anguillidae

Vorkommen: Europa, Nordafrika, Kleinasien, Ostsee, Atlantik

Saison: April bis Oktober

Geeignete Garmethoden: Braten, Räuchern, Dünsten, Grillen

Kann ersetzt werden durch: Hornfisch, Meeraal

Auf der Roten Liste der Weltnaturschutzunion IUCN wird der Europäische Aal als »vom Aussterben bedroht« eingestuft. Grund hierfür ist das Zusammenwirken verschiedener Faktoren: Weltweit wird der Aal als Delikatesse gehandelt und ist so zum Brotfisch vor allem der Binnenfischer avanciert, sein komplizierter Lebenszyklus (siehe Seite 9) macht ihn jedoch sehr anfällig für Überfischung.

Nilbarsch/ Victoriabarsch
(Lates niloticus)

Familie: Riesenbarsche

Vorkommen: Afrika

Saison: ganzjährig

Geeignete Garmethoden: Kochen, Dünsten, Grillen

Kann ersetzt werden durch: Flussbarsch

Der Nilbarsch ist der größte Süßwasserfisch Afrikas. In den 50er Jahren wurde er im Viktoriasee eingesetzt und hat dort viele heimische Fischarten vertrieben. So ist er zu einem Brotfisch der dortigen Fischer geworden, deren Existenzen heute bedroht sind, denn der Nilbarsch steht an der Grenze zur Überfischung. In diesem Fall ist das keine ökologische, sondern vielmehr eine soziale Katastrophe. Ein Projekt des Naturland-Verbandes setzt sich für eine nachhaltige Befischung des Nilbarsches ein, ebenso wie für gerechte Arbeitsbedingungen in der lokalen Fischerei und einen fairen Handel. Bislang alles andere als eine Selbstverständlichkeit.

Pangasius
(Pangasius spp.)

Familie: Haiwelse

Vorkommen: Thailand, Vietnam, Laos, Kambodscha

Saison: ganzjährig

Geeignete Garmethoden: Braten, Dünsten, Grillen, Pochieren

Kann ersetzt werden durch: Europäischer Wels

Der in Deutschland erhältliche Pangasius stammt ausschließlich aus Aquakultur. Hauptsächlich wird der Fisch im Mekong-Delta gezüchtet. In vielen der kleinen Zuchten spielen Umweltbelange kaum ein Rolle. Auch ihre Zahl wird von keiner Behörde begrenzt. Gefüttert werden vor allem Fischmehl und -öl ohne Regulierung der Herkunft. Es wäre also ratsam, wenn überhaupt nur zu bio-zertifiziertem Pangasius zu greifen. Aber auch in diesem Fall drängt sich die Frage auf, warum Fisch so weit transportiert werden muss. Wels aus Aquakultur gibt es auch in Deutschland.

Tilapia
(Oreochromis spp.)

Familie: Buntbarsche

Vorkommen: Afrika, Asien, Südamerika

Saison: ganzjährig

Geeignete Garmethoden: Braten, Dünsten

Kann ersetzt werden durch: Dorade

Wer im deutschen Handel Tilapia kauft, wird meist einen Fisch aus chinesischer oder taiwanesischer Aquakultur erwerben. Die Zuchten dort in Teichen und Netzgehegen nehmen zum Teil wenig Rücksicht auf ihre Auswirkungen auf die Umwelt. Häufig werden die genügsamen Allesfresser mit Fischmehl und -öl aus konventioneller Fischerei gefüttert. Eine bessere Wahl ist Bio-Tilapia, aber auch hier ist der enorm weite Transportweg zu erwägen.

KRUSTEN-, SCHALEN- UND WEICHTIERE

MEERWASSERTIERE

Krusten-, Schalen- und Weichtiere können aufgrund ihrer Panzerung eine echte Herausforderung sein. Aber die Mühe lohnt sich: Meeresfrüchte haben immer einen Beigeschmack von Luxus und verleihen jedem Menü eine ganz besondere Note. Kaisergranat und Taschenkrebs lassen sich braten, grillen und zu köstlichen Crab-Cakes verarbeiten. Die allseits beliebte Garnele zeichnet sich durch ihre vielfältigen Verwendungsmöglichkeiten aus: in Salat oder Suppe, frittiert mit Dip oder als Dim Sum – perfekte Snacks oder leichte Vorspeisen. Vor allem die Auster gilt als Inbegriff des kulinarischen Glamours. Aber auch andere Muschelarten wie Pilger- oder Miesmuscheln verdienen Beachtung – ob roh, überbacken oder gegrillt. Kalmar, Sepia und Oktopus runden das Kapitel ab. Auch hier wieder das Wichtigste in den Porträts.

Kaisergranat
(Nephrops norvegicus)

Familie: Nephropidae

Vorkommen: Nordostatlantik, nördlicher Mittlerer Ostatlantik, Mittelmeer

Saison: ganzjährig

Geeignete Garmethoden:

Kochen, Braten, Grillen

Kann ersetzt werden durch: Hummer

Die Fischerei auf den Kaisergranat ist klar reguliert. Es gibt Höchstfangmengen und Mindestgrößen. Dennoch liegen zu den meisten Beständen bisher keine verlässlichen wissenschaftlichen Daten vor. Sofern es sie gibt, bescheinigen sie bisher nur teilweise eine nachhaltige Befischung. Die bessere, weil ökologisch weniger bedenkliche Wahl sind Kaisergranate, die mit Körben und nicht mit Grundschleppnetzen gefangen wurden.

Kaisergranat mit Spinat-Tomaten-Gemüse und Nudeln

Für 4 Personen 45 Minuten

12 große Kaisergranate
200 g sehr kleine Kirschtomaten
Salz, frisch gemahlener weißer Pfeffer
200 g feine Hartweizennudeln (Capelli d'angelo)
120 ml Gemüse- oder Hühnerbrühe
etwa 40 ml Arganöl
1 Knoblauchzehe
2 Zweige Thymian
Öl zum Braten
100 g Baby-Spinat, gewaschen und geputzt
Zucker
frisch geriebene Muskatnuss
50 g Pecorino, frisch gerieben
2 EL glatte Petersilie, gehackt

Die Kaisergranate roh schälen und das ausgelöste Schwanzfleisch bis zum Verarbeiten kühl stellen. Die Schalen nicht wegwerfen, sie sind eine ideale Basis für eine Krustentiersuppe.

Die Tomaten waschen, trocken tupfen, halbieren und mit Salz und Pfeffer leicht würzen. Die Nudeln in Salzwasser 1 Minute garen, abgießen und in die kochende Brühe geben, etwas Arganöl dazugeben und die Nudeln schwenken, bis eine Bindung entsteht.

Die Kaisergranatschwänze mit Knoblauch und Thymian in etwas heißem Öl in einer Pfanne auf jeder Seite etwa 1 Minute braten und kurz warm stellen.

Den Spinat und die Tomaten in etwas Arganöl bissfest anschwitzen und mit Salz, Pfeffer, Zucker und Muskatnuss würzen.

Den Pecorino unter die Nudeln rühren. Die Kaisergranatschwänze mit dem Spinat-Tomaten-Gemüse anrichten und mit Petersilie bestreuen.

Kaisergranat vom Grill mit Artischocken, Wurzelgemüse und Aioli

Für 4 Personen 30 Minuten

Für das Gemüse:
1 Bund Fingerkarotten (1–1½ cm dünne Karotten)
6–7 Petersilienwurzeln
4 Artischocken
Salz

Für die Aioli:
1 mehligkochende Kartoffel
3 Knoblauchzehen, in Milch weich gekocht
2 Eigelb
1 TL Dijonsenf
100 ml Weißwein
Salz
200 ml mildes Olivenöl
frisch gemahlener Pfeffer

12 große Kaisergranate

Die Gemüse waschen und putzen. Salzwasser in einem großen Topf zum Kochen bringen. Die Gemüse darin je nach Geschmack bissfest oder weich kochen.

Für die Aioli die Kartoffel schälen, weich kochen und durch ein Sieb pressen. Knoblauch, Eigelbe, Senf und Weißwein in einer Schüssel mischen und mit einer Prise Salz würzen. Das Olivenöl nach und nach mit dem Schneebesen oder Stabmixer untermixen. Abwechselnd durchgepresste Kartoffel und etwas Kochwasser dazugeben, bis eine cremige Aioli entstanden ist. Mit Salz und Pfeffer abschmecken.

Die Kaisergranate mit einem großen Messer längs halbieren und auf dem Holzkohlengrill grillen. Kaisergranate und das Gemüse mit der lauwarmen Aioli zum Dippen servieren.

Fingerfood vom Kaisergranat »Sashimi nuevo«

Für 4 Personen 20 Minuten

400 g sehr frische Kaisergranate
200 ml kalt gepresstes Erdnussöl
50 ml Olivenöl
50 ml Genen-Sojasauce (salzarme japanische Sojasauce)
20 ml Petersilienöl (frittierte Petersilie mit Olivenöl gemixt)
50 ml Usukuchi-Sojasauce (sehr helle, salzige japanische Sojasauce)
2 EL milde rote Chilischote, sehr fein gehackt
2 EL gelbe Paprikaschote, fein gehackt

Die Krustentiere roh schälen: dafür den Schwanz vom Körper abtrennen. Mit einer Flossen- oder Geflügelschere den Panzer vorsichtig Glied für Glied von vorne nach hinten auftrennen und das Fleisch in einem Stück entnehmen. Vorsichtig waschen und den Darm entfernen. Trocken tupfen und bis zur Verwendung auf Eis lagern. Dann jeden Kaisergranat längs in 3–5 etwa 2 mm dicke Scheiben schneiden.

Das Erdnussöl auf 150 °C erhitzen.

Vier Coup-Teller (oder große tiefe Teller) bereitstellen. Das Olivenöl mit der Genen-Sojasauce in einer kleinen Schüssel durch kreisförmige Bewegung der Schüssel vermischen, sodass sich die Sojasauce in ganz vielen kleinen Tröpfchen im Öl verteilt.

Die Kaisergranatscheiben auf einer großen Platte verteilen. Mit dem Petersilienöl unregelmäßig bestreichen, sodass auf jedem Stückchen etwas Petersilie zu sehen ist, die Stücke aber nicht bedeckt sind. Direkt vor dem Servieren ein wenig Usukuchi-Sojasauce darüberträufeln und sorgfältig jedes Stück Kaisergranat mit einem Löffel heißem Erdnussöl begießen. Die Oberfläche des Granats soll nicht mehr roh aussehen. Vorsicht, es spritzt!

Das Kaisergranatfleisch kreisförmig auf den Serviertellern anrichten, sodass die Tellermitte frei bleibt. Mit den rohen Chili- und Paprikawürfelchen garnieren. In die Mitte jeden Tellers etwas Sojasaucen-Olivenöl-Mischung geben. Sofort servieren.

TIPP: Das Rezept eignet sich auch gut als Appetizer: Dafür halbieren Sie die Kaisergranate längs und richten sie mit den anderen Zutaten auf Löffeln an.

Kaisergranat mit feinen Eiernudeln und japanischer Gurke

Für 4 Personen 45 Minuten

12 große Kaisergranate
200 g japanische Salatgurken (grünfleischige 20 cm lange Schlangengurken mit weniger als 3 cm Durchmesser)
120 ml Weißwein-Velouté (Grundrezept siehe Seite 51)
150 g feine Eiernudeln
Salz
Olivenöl
2 Zweige Estragon
40 g Butter
100 ml trockener Sekt
frisch gemahlener weißer Pfeffer

Die Kaisergranate roh schälen und das ausgelöste Schwanzfleisch bis zum Verarbeiten kühl stellen. Die Schalen nicht wegwerfen, sie sind eine ideale Basis für eine Krustentiersuppe.

Die Gurken waschen, schälen und in 3 mm große Würfel schneiden. Die Schalen und restlichen Abschnitte in der Weißwein-Velouté weich kochen. Mit der Flüssigkeit im Mixer pürieren. Die Sauce nimmt dadurch eine zartgrüne Farbe und einen dezenten Gurkengeschmack an.

Die kühl gestellten Kaisergranatschwänze in der heißen Sauce bei niedriger Temperatur in 3-5 Minuten gar ziehen lassen, die Sauce darf nicht kochen.

Die Nudeln in Salzwasser etwa 3 Minuten garen, abgießen und in Olivenöl schwenken. Die Gurkenwürfel mit dem Estragon in etwas Butter bissfest anschwitzen und mit Salz würzen.

Die Kaisergranatschwänze aus der Sauce heben und mit den Nudeln, der Gurkensauce und den Gurkenwürfeln anrichten. Den Sekt zur Sauce geben und diese noch einmal aufkochen. Mit Pfeffer würzen und servieren.

verantwortungsbewusst genießen

Taschenkrebs
(Cancridae)

Familie: Taschenkrebse

Vorkommen: weltweit

Saison: ganzjährig

Geeignete Garmethoden:
Kochen, Frittieren

Kann ersetzt werden durch: Hummer, Kaisergranat

Gefangen werden die delikaten Krebse mit Hummerkörben, Reusen oder Stellnetzen, drei ebenso den Meeresboden schonenden wie selektiven Fangmethoden. Ihr Bestand scheint nicht gefährdet. Auch in der Nordsee gibt es reichlich Taschenkrebse.

Taschenkrebssalat mit Avocadocreme, Tomatensalsa und Süßkartoffelchips

Für 4 Personen 20 Minuten

Für die Salsa:
2 vollreife Strauchtomaten mit Haut, sehr fein gewürfelt
30 g Schalotte, sehr fein gewürfelt
10 ml Olivenöl
Salz, frisch gemahlener Pfeffer

Für den Salat:
4 lebende Taschenkrebse (je etwa 1 kg) oder 300 g Krebsfleisch aus der Dose
1 EL mildes Olivenöl
Salz, frisch gemahlener Pfeffer
100 g gelbe Paprikaschote, sehr fein gewürfelt
etwas Zitronensaft

Für die Chips:
1 Süßkartoffel, geschält und in hauchdünne Scheiben geschnitten
4 EL Mehl
Olivenöl zum Frittieren
Salz

Für die Avocadocreme:
2 reife Avocados
Salz, frisch gemahlener Pfeffer
8 Zweige Koriandergrün, gehackt

Für die Salsa die Tomaten mit Schalotte und Öl mischen, mit Salz und Pfeffer abschmecken und etwas ziehen lassen.

Für den Salat die Taschenkrebse 3-5 Minuten in reichlich sprudelnd kochendem Salzwasser blanchieren, kalt abschrecken und abtropfen lassen. Mithilfe einer Küchenschere das Fleisch aus den Beinen und den Scheren lösen. Dabei innerhalb des Fleisches befindliche »Knochen« sorgfältig entfernen. Das Fleisch mit Olivenöl, Salz, Pfeffer und den Paprikawürfeln mischen. Mit Zitronensaft abschmecken. Zugedeckt kalt stellen.

Für die Chips die Süßkartoffelscheiben trocken tupfen, in Mehl wenden und dieses sorgfältig abklopfen, sodass nur eine dünne Schicht haften bleibt. In 160 °C heißem Olivenöl knusprig ausbacken und auf Küchenpapier abtropfen lassen. Salzen.

Kurz vor dem Servieren für die Avocadocreme das Fruchtfleisch von Schale und Kern befreien und mit einer Gabel grob zerdrücken. Salzen, pfeffern und mit Koriandergrün abschmecken. Die Avocadocreme in der Mitte der Teller rund verteilen und den Krabbensalat darauf anrichten. Mit Tomatensalsa umgeben, die Süßkartoffelchips hineinstecken.

Thai-Chili-Crab vom Taschenkrebs

Für 4 Personen

45 Minuten

Für die Würzpaste:
1 EL Shrimpspaste
5 frische rote Chilischoten, geputzt
10 getrocknete Chilischoten, eingeweicht
1 Stängel Zitronengras, fein geschnitten
1 Galgantwurzel (30 g), gerieben
4 Candlenuts (Kerzennüsse) oder Macadamianüsse

Für die Krebse:
4 große gegarte Taschenkrebse (je 800 g–1 kg)
3 EL Erdnussöl
10 Schalotten, klein geschnitten
3 Knoblauchzehen, gehackt
50 g junger Ingwer, fein gerieben
1 EL Tomatenmark
2 EL Zucker
60 g geröstete Erdnüsse, fein gemörsert
½ Bund Koriandergrün, fein gehackt
½ Bund Thai-Basilikum, fein gehackt
8–10 Kaffirlimettenblätter, in sehr feine Streifen geschnitten

Für die Würzpaste die Shrimpspaste in einem Topf erhitzen. Mit den frischen und getrockneten Chilischoten, dem Zitronengras, dem Galgant und den Nüssen im Mörser fein zermahlen.

Die Krebse gründlich waschen und die Oberteile abnehmen, innen ausspülen, die Kiemen entfernen und jeden Krebs in vier bis sechs Stücke zerteilen, die Scheren und Beine aufknacken und das Krebsfleisch entnehmen.

Das Öl in einem großen Topf erhitzen und Schalotten, Knoblauch und Ingwer darin etwa 2 Minuten anbraten. Die Würzpaste hinzufügen und 1 Minute rösten. Die Krebsstücke dazugeben und unter Rühren etwa 3 Minuten braten.

Mit 250 ml Wasser ablöschen und den Deckel auflegen. Alles bei hoher Temperatur 5-8 Minuten kräftig dünsten. Den Deckel abnehmen, Tomatenmark und Zucker hinzufügen und das Wasser vollständig einkochen lassen, bis der Zucker anfängt zu karamellisieren. Die Erdnüsse hinzufügen und das Gericht auf Teller verteilen. Mit Koriander, Basilikum und Limettenblättern bestreuen und servieren. Dazu isst man Weizenbrot oder gebratene Dampfbrötchen.

Frittierter Taschenkrebs auf kantonesische Art mit Knoblauch

Für 4 Personen

45 Minuten

2–3 kg möglichst große gegarte Taschenkrebse
1 Bund Frühlingszwiebeln
4 rote Zwiebeln
500 g Knoblauch
200 g Ingwer
3 milde oder scharfe Chilischoten, geputzt
30 g fermentierte Sojabohnen
200 g frische Semmelbrösel oder Panko (japanisches Paniermehl)
Öl zum Frittieren
200 g Maisstärke

Zuerst die Scheren abtrennen und die obere Schale des Körpers abnehmen. Die Kiemen entfernen und jeden Krebs in vier bis sechs Stücke hacken. Unter fließendem kaltem Wasser gründlich waschen.

Die Frühlingszwiebeln in 2-3 cm lange Stücke schneiden, die roten Zwiebeln fein würfeln, Knoblauch und Ingwer sehr fein hacken. Die Chilischoten in Ringe schneiden, die fermentierten Sojabohnen mit etwas Wasser pürieren.

Die Semmelbrösel oder das Panko in einer Pfanne ohne Fett goldbraun rösten. In einem Wok oder Topf das Öl auf 180 °C (Rauchpunkt) erhitzen. Die Krebsstücke in Maisstärke wenden, überschüssige Stärke abklopfen und die Krebsstücke im Öl goldbraun frittieren.

Den Wokinhalt durch ein Sieb gießen, das Öl auffangen, sofort wieder in den Wok geben und erhitzen. Den Knoblauch, den Ingwer und die Chilischoten darin goldbraun frittieren, dann die Krebsstücke, Frühlingszwiebelstücke und Zwiebelwürfel dazugeben. Alles 2-3 Minuten weitergaren, dann den größten Teil des Öls abgießen. Das Sojabohnenpüree unterrühren. Die gerösteten Semmelbrösel dazugeben und alle Zutaten im Wok gut mischen. Wenn alles goldbraun ist und fein duftet, sofort servieren.

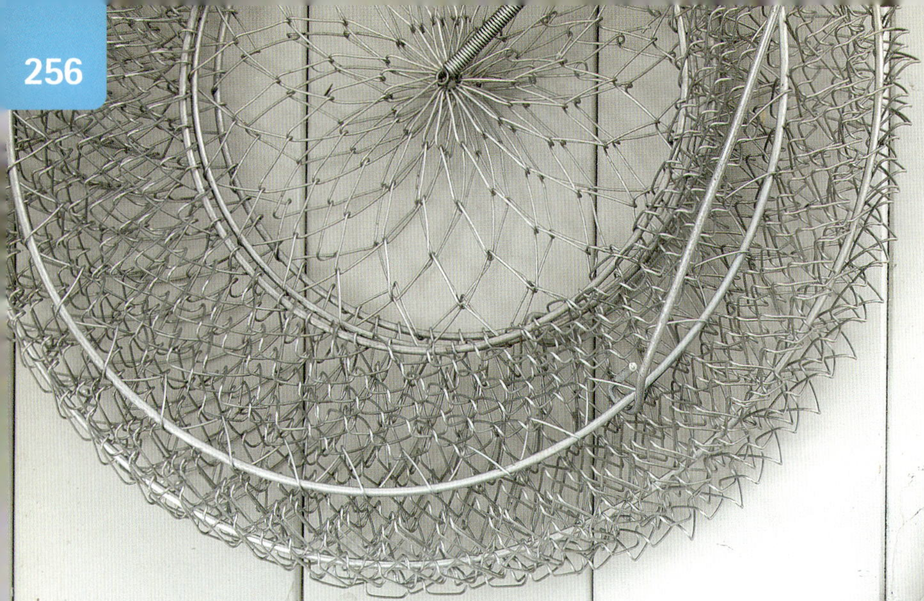

Tiger Prawn
(Penaeus monodon)

Familie: Geißelgarnelen

Vorkommen: australische Küste, Süd-Ost-Asien, südliches Asien, Ostafrika

Saison: ganzjährig

Geeignete Garmethoden:
Kochen, Braten, Grillen, Frittieren

Kann ersetzt werden durch: Weiße Tigergarnele aus lokaler Aquakultur* oder Bio-Aquakultur

Wild gefangen wird die Garnele meist mit Grundschleppnetzen. Im Handel erhältlich sind die Tiger Prawns meist aus Zucht, jedoch haben diese Garnelenzüchten vor allem in Asien dazu beigetragen, sensible Mangroven-Landschaften zu zerstören. Deshalb sollte man beim Kauf der exotischen Garnele darauf achten, dass sie ökologisch produziert wurde. Die beste Wahl sind dabei Tiger Prawns von Naturland. Sie werden extensiv ohne jegliche Zufütterung gehalten. Und auch die Sozialstandards stimmen hier.

Dreierlei Riesengarnelen-Dim-Sum mit Erdnuss-Chiliöl

Für 4 Personen 2 Stunden

Für das Öl:
5 milde Chilischoten, geputzt und grob zerkleinert, ¼ Knoblauchzehe, 50 ml Erdnussöl, Salz

Für die Garnelen im Teig:
50 g Weizenstärke, 30 g Maisstärke, 50 g Klebreismehl, Salz, 4 Riesengarnelen mit Schwanzflosse, geputzt, Korianderblätter

Für die Garnelen im Won-tan-Teig:
50 g Schweinefilet, in 5 mm kleine Würfel geschnitten, 50 g Garnelenfleisch, grob zerkleinert
10 g Shiitakepilze, 10 g Rückenspeck, fein gewürfelt, 4 g Mungbohnenstärke, Zucker, Salz
Sesamöl, Sojasauce, 4 Won-tan-Teigblätter (8 x 8 cm), Tobiko-Rogen

Für die Garnelenschleifen:
4 Riesengarnelen mit Schwanzflosse, geputzt, 20 g Karotte, in feine Streifen geschnitten
4 cl Shaoxing-Reiswein, 2 EL Sojasauce, 1 EL Speisestärke

Für das Öl die Chilischoten und den Knoblauch ansautieren und mit dem Erdnussöl etwa 15 Minuten kochen, bis sie fast trocken sind. Im Mixer grob pürieren und leicht salzen.

Für die Garnelen im Teig beide Stärkesorten, das Klebreismehl und etwas Salz mit 125 ml heißem Wasser vermischen. Den Teig dünn ausrollen und vierteln. Die Riesengarnelen mit Korianderblättern belegen und jeweils einzeln in ein Stück Teig einrollen.

Für die Garnelen im Won-tan-Teig Schweinefleisch, Garnelenfleisch, Pilze, Speck, Stärke, Zucker, Salz, Sesamöl und Sojasauce gut miteinander mischen und abschmecken. Die Füllung in die Mitte der Won-tan-Teigblätter geben und die Seiten vom Teig über der Füllung nach oben ziehen, sodass offene Zylinder entstehen. Die Füllung mit dem Tobiko-Rogen garnieren und die Teigtaschen kalt stellen.

Für die Garnelenschleifen die Garnelenschwänze in Kopfnähe mit einem Messer durchbohren und die Schwanzflosse jeweils durch das Loch stecken. Je ein kleines Bündel Karottenstreifen durch die entstandene Schleife schieben. Wein und Sojasauce mit der Stärke verrühren und die Garnelen in der Mischung marinieren.

Die dreierlei Dim Sum über sprudelnd kochendem Wasser 5-8 Minuten dämpfen. Die Servierteller mit dem Chiliöl bestreichen und die Dim Sum darauf anrichten.

Asiatisch gewürzte Riesengarnelen aus dem Tontopf mit zwei Dips

Für 4 Personen

30 Minuten

Für die Dips:
100 ml Mayonnaise
1 EL Misopaste (Sojabohnenpaste)
2 EL Dashi (japanischer Algenfond)
Saft von ½ Limette
2 EL Thai-Fischsauce
1 EL Zucker
1 Knoblauchzehe, fein gehackt
gehacktes Koriandergrün

Für die Garnelen:
16–20 Riesengarnelen mit Kopf und Schale (12-er oder 16-er Größe)
5 Stängel Zitronengras, längs halbiert
4 Kaffirlimettenblätter
3 Knoblauchzehen, angequetscht
30 g Ingwer, in Scheiben
2 milde rote Chilischoten, geputzt und halbiert
4 EL Usukuchi-Sojasauce (helle, salzige japanische Sojasauce)
4 cl Shaoxing-Reiswein

Für den ersten Dip die Mayonnaise mit der Misopaste und dem Algenfond vermischen. In ein Schälchen füllen. Für den zweiten Dip den Limettensaft mit der Fischsauce, dem Zucker, dem Knoblauch, dem Koriander und 2-3 EL Wasser anrühren. Ebenfalls in ein Schälchen füllen.

Die Riesengarnelen waschen, trocken tupfen und in eine Schüssel geben. Das Zitronengras, die Limettenblätter, den Knoblauch, den Ingwer und die Chilischoten dazugeben. Die Sojasauce und den Reiswein hinzufügen und alles gut vermischen. Die Garnelen kurz ziehen lassen.

Den Backofen auf 180-200 °C vorheizen und die Garnelen mit den Aromaten in einen ofenfesten Tontopf (z. B. einen Römertopf) geben. Im Ofen je nach Dicke des Topfes 30-60 Minuten garen.

Den Tontopf auf ein Stövchen auf den Tisch stellen und das Gericht warm halten. Die Schälchen mit den Dips dazustellen. Man entnimmt die Garnelen einzeln, schält sie und dippt sie in eine der Saucen.

Nordseegarnele

(Crangon crangon)

Familie: Crangonidae

Vorkommen: Nordostatlantik, Ostsee, Mittelmeer, Schwarzes Meer

Saison: ganzjährig

Geeignete Garmethoden:
werden unmittelbar nach dem Fang gekocht

Kann ersetzt werden durch: Tiefseegarnele

Nordseegarnelen gibt es reichlich und sie vermehren sich sehr schnell. Gefischt werden die kleinen Krebse mit sogenannten Baumkurren. Das sind Grundschleppnetze, die mithilfe von Rollen über den Boden gezogen werden. Beifang von kleinen Fischen lässt sich dabei nicht ganz vermeiden, wird aber mit modernen Fangtechniken immer weiter reduziert. Am besten kauft man die Garnelen noch in der Schale und pult selbst. Auch gut ist in Deutschland oder den Niederlanden handgepulte oder maschinengeschälte Ware. Diese ist sehr viel weniger konserviert.

Glasnudelsalat mit Nordseegarnelen und Sellerie

Für 4 Personen 20 Minuten

Für den Salat:
150 g koreanische Glasnudeln
250 ml Gemüse- oder Hühnerbrühe
60 ml Thai-Fischsauce
10 ml dunkle Sojasauce
40 ml Limettensaft
20 g Kokosblütenzucker (Gula java) oder Palmzucker
1 kleine Chilischote, fein gehackt
½ Knoblauchzehe, angequetscht
Speisestärke
300 g Nordseegarnelen (z. B. Büsumer Krabben)
4 Stangen Staudensellerie mit Grün, in Streifen geschnitten
1 Frühlingszwiebel, in feine Streifen geschnitten
2 milde Chilischoten, in feine Streifen geschnitten

Zum Servieren:
½ Bund Koriandergrün
1 Salatgurke, in Scheiben geschnitten

Die Glasnudeln in warmem Wasser einweichen. Abtropfen lassen und mit der Schere etwas kürzen. Für die Sauce die Brühe mit der Fisch- und der Sojasauce, dem Limettensaft, dem Zucker, dem Chili und dem Knoblauch in einen Topf geben. Zum Kochen bringen und mit dem Stabmixer fein zerkleinern. Mit etwas angerührter Stärke binden und nach Belieben mit Zucker abschmecken.

Die Nordseegarnelen in die Sauce geben. Selleriestreifen, Frühlingszwiebeln und Chilistreifen hinzufügen. Kurz vor dem Servieren die Glasnudeln und das Selleriegrün dazugeben. Einmal aufkochen lassen, durchschwenken und mit frischem Koriander servieren. Die Gurkenscheiben als Beilage reichen.

Nordseegarnelen-Stulle mit frischer Mayonnaise und Salat

Für 4 Personen 15 Minuten

1 Eigelb, 1 TL Senf, Saft von ½ Zitrone, Salz, 300 ml Rapsöl, Sonnenblumenöl oder Distelöl
4 Scheiben weiche Focaccia, 40 g Romanasalat, fein geschnitten, 40 g Eisbergsalat, fein geschnitten, 60 g Rotkohl, fein geschnitten, 30 g Babyspinat, 20 süß eingelegte Gurkenscheiben (dänische Art), 4 Tomaten, in Scheiben geschnitten, 4 Eier, wachsweich gekocht und in Sechstel geschnitten, 600 g Nordseegarnelen (z. B. Büsumer Krabben), 1 kleine rote Zwiebel, in Ringe geschnitten, frisch gemahlener Pfeffer

Für die Mayonnaise das Eigelb mit Senf und Zitronensaft in einen hohen Rührbecher geben und mit dem Stabmixer pürieren. Salzen und 3 EL Wasser dazugeben. Das Öl nach und nach in einem dünnen Strahl dazugeben und untermixen.

Die Brotscheiben kurz toasten. Mit etwas Mayonnaise bestreichen, dann schichtweise Salat-, Rotkohlstreifen und Spinatblätter, Gurkenscheiben, Tomatenscheiben und zuletzt die Eier dekorativ darauf anrichten. Die restliche Mayonnaise in die Mitte der Brote häufen und die Nordseegarnelen darauf anrichten. Die Stullen mit Zwiebelringen garnieren und mit Pfeffer bestreuen. Für unterwegs können Sie eine Doppelstulle machen.

Nordseegarnelen-Rettich-Röllchen mit Honig-Rosmarin-Dip

Für 4 Personen 30 Minuten

Für die Röllchen:
200 g Daikon-Rettich, 300 g Nordseegarnelen (z. B. Büsumer Krabben)
1 EL Mayonnaise, 1 Schale Rettich-Kresse, 1 Schale Gartenkresse, Saft von ½ Zitrone

Für den Dip und zum Servieren:
2 EL Honig, 3 EL Sherryessig, 3 EL Sojasauce, 10 g Ingwer, gehackt, 1 Zweig Rosmarin, Nadeln abgezupft, 1 scharfe Chilischote, grob gehackt, 4 EL Traubenkernöl, 2 Handvoll gemischte Salatspitzen, Salz, frisch gemahlener Pfeffer

Den Rettich der Länge nach in zwölf hauchdünne Scheiben schneiden und auf der Arbeitsfläche auslegen. Jeden Streifen Rettich mit etwas Garnelenfleisch, Mayonnaise und je etwas Kresse belegen, mit Zitronensaft beträufeln und zusammenrollen.

Für den Dip den Honig mit Essig, Sojasauce, Ingwer, Rosmarin und Chilischote in den Mixer geben und fein pürieren. Nach und nach mit dem Öl emulgieren.

Die Rettichröllchen auf den Salatspitzen anrichten und mit Salz und Pfeffer würzen. Den Dip in ein kleines Schälchen geben und dazu reichen.

verantwortungsbewusst genießen

Herzmuschel
(Cerastoderma edule, Acanthocardia aculeata)

Familie: Herzmuscheln

Vorkommen: Nordostatlantik, Mittelmeer

Saison: Juli und August

Geeignete Garmethoden: Kochen

Kann ersetzt werden durch: Miesmuschel

In der Nordsee und im Mittelmeer werden neben den überall erhältlichen Miesmuscheln auch unterschiedliche Arten von Herzmuscheln gefangen. Der Bestand der bei uns am stärksten verbreiteten Gemeinen Herzmuschel schwankt von Jahr zu Jahr erheblich. Die Herzmuschelfischerei im Wattenmeer ist reine Handarbeit, alle anderen Methoden sind verboten. Gefischt wird sie mit einer Art Harke, an der ein Netzsack befestigt ist.

Venusmuschel
(Venus spp.)

Familie: Venusmuscheln

Vorkommen: weltweit in Küstengewässern

Saison: ganzjährig

Geeignete Garmethoden: Dämpfen, Gratinieren, roh

Kann ersetzt werden durch: andere Muscheln

Die vielen Arten dieser Muschelfamilie kommen in allen Weltmeeren vor. Dabei bevorzugen die Venusmuscheln sandige Böden in Küstennähe. In einigen Ländern wird die äußerst schmackhafte Muschel auch in Aquakulturen gezüchtet. In Deutschland ist sie im Handel noch eine Seltenheit.

Dreiecksmuschel
(Donax spp.)

Familie: Dreikantmuscheln

Vorkommen: weltweit in Küstengewässern

Saison: ganzjährig

Geeignete Garmethoden: Dämpfen, roh

Kann ersetzt werden durch: andere Muscheln

Die Dreiecksmuscheln sind weltweit in Küstengewässern zu finden. In Europa kommen vor allem fünf Arten vor, die oft gemischt im Handel angeboten werden. In der Zubereitung und auch im Geschmack unterscheiden sie sich kaum. Gefischt werden sie vor allem im Mittelmeer sowie an der französischen und spanischen Atlantikküste.

Muscheln mit Knoblauch-Petersilie, Weißwein und Linguine

Dieses Rezept ist besonders gut für Vongole, Clams oder Herzmuscheln beziehungsweise Teppichmuscheln geeignet.

Für 4 Personen

30 Minuten

1 sehr großes Bund glatte Petersilie, Blätter abgezupft (etwa 60 g)
4 Knoblauchzehen
400 g Linguine
Salz
2–4 kg Muscheln (je nach Dicke der Schalen 500–1000 g pro Person)
200 ml trockener Weißwein
50–100 g Butter
50 ml Olivenöl
frisch gemahlener Pfeffer

Die Petersilie mit dem Knoblauch fein hacken, bis sich beides gut vermischt hat.

Die Nudeln in kochendem Salzwasser bissfest kochen.

Inzwischen die Muscheln säubern, geöffnete Muscheln aussortieren. Die Muscheln und den Weißwein in einen großen Topf geben, den Deckel auflegen und den Weißwein zum Kochen bringen. Die Muscheln 5-8 Minuten dünsten, bis sie sich öffnen. Ungeöffnete Muscheln aussortieren und wegwerfen. 25 g Butter, das Olivenöl und die Knoblauch-Petersilien-Mischung dazugeben. Alles gut durchschwenken.

Die Nudeln abgießen und abtropfen lassen. Unter die Muscheln heben und das Gericht mit Pfeffer würzen. Ja nach Salzigkeit der Muscheln mit Butter etwas abmildern.

Rohe Muscheln mit fünf verschiedenen Salsas

Clams, Vongole und Teppichmuscheln kann man wie Austern auch roh auf der halben Schale servieren, dazu reiche ich verschiedene Dips. Wichtig ist dabei die absolute Frische und Top-Qualität der Muscheln. Aufgetaute Muscheln kann man nicht roh essen.

Für 4 Personen

10–15 Minuten pro Salsa plus 30 Minuten Ziehen

16–40 sehr frische Muscheln (z. B. Vongole veraci)

Für die Tomatensalsa:
200 g reife Tomaten, fein gewürfelt, 100 g weiße milde Zwiebel, fein gewürfelt
¼ Bund Koriandergrün, gehackt, 1 TL Zucker, 1 EL Limettensaft
1 Serrano-Chili, fein gehackt, Salz

Für die Maissalsa mit Ancho-Chili:
200 g Maiskörner, gehackt, 100 g rote Zwiebel, fein gewürfelt
2 getrocknete Ancho-Chilischoten, in heißem Wasser eingeweicht und püriert
1 EL Ketchup, 1 EL Zucker, 1 EL Limettensaft, Salz

Für die Tomatillo-Avocado-Salsa:
200 g grüne Tomatillos ohne Hüllen, fein gehackt
1 Avocado, fein zerdrückt, Saft von 1 Limette, 1 Serrano-Chili, fein gehackt
1 Bund Koriandergrün, Blätter abgezupft und mit Öl püriert, Salz

Für die Pipian-Kürbiskern-Salsa:
50 g Pinienkerne, mit Wasser püriert, 50 g Kürbiskerne, mit Wasser püriert
1 Serrano-Chili, fein gehackt, 1 getrockneter Poblano-Chili, eingeweicht und fein gehackt
1 Knoblauchzehe, fein gehackt, 4 Blätter Eisbergsalat, mit Wasser püriert
½ Bund Koriandergrün, mit Wasser püriert, 1 Zweig Bohnenkraut, Blätter abgezupft
4 Radieschen mit Grün, püriert, 1 EL Zucker, Salz

Für die Poblano-Erdnuss-Salsa:
150 g geröstete Erdnüsse, zerstampft
1 getrockneter Poblano-Chili, eingeweicht und fein gehackt
½ Bund glatte Petersilie, fein gehackt
50 ml Orangensaft, 2 EL Limettensaft, 2 EL Olivenöl, Salz

Die Zutaten für die Salsas jeweils gut vermischen und abschmecken. Alle Salsas zugedeckt etwa 30 Minuten ruhen lassen.

Inzwischen die Muscheln waschen und aus den Schalen holen. Auf Teller verteilen und mit den fünf Salsas servieren. Natürlich können Sie auch nur eine oder zwei Salsas zubereiten.

verantwortungsbewusst genießen

Miesmuschel
(Mytilus spp.)

Familie: Mytilidae

Vorkommen: Nordwestatlantik, Nordostatlantik, Mittelmeer

Saison: September bis Februar

Geeignete Garmethoden: Kochen

Kann ersetzt werden durch: Herzmuschel, Grünschalmuschel (Abbildung siehe Seite 265)

Miesmuscheln werden seit Jahrhunderten verzehrt und zu diesem Zweck auch gezüchtet. Besonders empfehlenswert sind Bio-Muscheln aus Hängekulturen. Bei dieser Methode setzt sich die frei schwimmende Muschelsaat einfach an dafür vorgesehenen Leinen fest und wächst ohne Zufütterung bis zur Ernte. Der Meeresboden bleibt unberührt.

Miesmuscheln mit Speck und Blauschimmelkäse

Für 4 Personen

20 Minuten

2 kg Miesmuscheln (oder Grünschalmuscheln)
10 Scheiben milder Frühstücksspeck (Bacon)
40 g Butter
2 EL Olivenöl
6 Schalotten, fein gewürfelt
2 Knoblauchzehen, fein gehackt
100 ml Weißwein
100 g griechischer Joghurt (10 % Fett)
200 g milder cremiger Blauschimmelkäse
100 g Staudensellerie, in dünne Scheiben geschnitten
frisch gemahlener Pfeffer
Weißbrot zum Servieren

Die Muscheln waschen, bürsten und die Bärte herausziehen. Geöffnete Muscheln aussortieren und wegwerfen.

Den Speck quer in schmale Streifen schneiden. Die Speckstreifen in einem Topf ohne Fett knusprig ausbraten. Herausnehmen und warm stellen. Die Butter und das Öl zum ausgebratenen Speckfett in die Pfanne geben, Schalotten und Knoblauch hinzufügen und leicht anschwitzen.

Wenn die Schalotten glasig sind, Weißwein, Joghurt und Blauschimmelkäse sowie die Muscheln in den Topf geben. Den Deckel auflegen und die Muscheln 5–10 Minuten kochen lassen, bis sie sich geöffnet haben.

Alle Zutaten einmal durchrühren, geschlossen gebliebene Muscheln aussortieren und wegwerfen. Zuletzt die Selleriescheiben und die Speckstreifen dazugeben. Das Gericht mit Pfeffer würzen und mit Weißbrot servieren.

Miesmuscheln mit Pastis und Wurzelgemüse

Für 4 Personen

20 Minuten

4 kg Miesmuscheln
400 g Suppengemüse (Karotte, Sellerie, Lauch, Fenchel, Zwiebeln)
½ Bund glatte Petersllie
100 ml Olivenöl
1 Knoblauchzehe, fein gehackt
4 Zweige Thymian
200 ml trockener Weißwein
4 cl Pastis (oder Pernod)
100 g Butter
Baguette zum Servieren

Die Muscheln waschen, bürsten und die Bärte herausziehen. Geöffnete Muscheln aussortieren und wegwerfen. Die Suppengemüse waschen und putzen beziehungsweise schälen und in 5-10 mm große Würfel schneiden. Die Petersilie waschen, trocken schütteln und fein schneiden.

In einem großen Topf oder in vier Portionsmuscheltöpfen das Öl erhitzen. Knoblauch, Thymian und Muscheln hineingeben und kurz braten. Die Gemüse dazugeben, den Deckel auflegen und alles bei hoher Temperatur etwa 3 Minuten braten, dabei den Topf ab und zu rütteln.

Wein, Pastis und Butter hinzufügen und die Muscheln offen weitere etwa 5 Minuten kochen. Gelegentlich umrühren, und dabei geschlossen gebliebene Muscheln aussortieren und wegwerfen. Das Wasser, das aus den Muscheln austritt, sollte mit dem Wein, dem Pastis und der Butter eine leicht sämige Emulsion eingegangen sein und sowohl die Muscheln als auch die Gemüsewürfel umhüllen.

Das Gericht zum Servieren mit Petersilie bestreuen und Baguette dazu reichen.

verantwortungsbewusst genießen

Auster

(Ostrea spp., Crassostrea spp.)

Familie: Austern

Vorkommen: weltweit

Saison: ganzjährig

Geeignete Garmethoden: roh, Überbacken, Frittieren

Kann ersetzt werden durch: jeweils eine andere Austernart

Die meisten Austern, die angeboten werden, sind gezüchtet. Aber im Gegensatz zu Fischzuchten, die die Meeresumwelt eher belasten, wirken Austern reinigend auf die Meere. Weltweit wird die robuste Pazifische Auster am häufigsten gezüchtet. In Europa ist sie ein Fremdling, der sich schnell auch außerhalb der Kulturen verbreitet und die Europäische Auster inzwischen fast verdrängt hat.

Poor-Boy-Austern-Sandwich

Man braucht für dieses Sandwich ein sehr frisches Weißbrötchen mit knuspriger Kruste und fluffigem Inneren.

Für 4 Personen

30 Minuten

Für die Sauce:
100 ml Mayonnaise
2 EL Staudensellerie, fein gewürfelt
2 EL Karotte, fein gewürfelt
2 EL Schalotte, fein gewürfelt
1 TL Thymianblättchen, fein gehackt
1 TL scharfer englischer Senf
1 EL milder französischer Körnersenf
1 TL Tomatenmark
1 Prise Cayennepfeffer

Für die Sandwichs:
je 30 g Eisbergsalat, Radicchio, Chicorée und Rucola
16–20 große Pazifische Felsenaustern
Mehl
1 Ei, verquirlt
100 g Weißbrotbrösel oder Panko (japanisches Paniermehl)
Öl zum Ausbacken
4 frische Baguettebrötchen
8 dünne Tomatenscheiben

Für die Sauce die Mayonnaise mit den Gemüsewürfeln, dem Thymian und beiden Senfsorten sowie dem Tomatenmark vermischen. Mit Cayennepfeffer mild abschmecken.

Für die Sandwichs die Salate waschen und trocken schleudern. Mit einem scharfen Messer in schmale Streifen schneiden und mischen.

Die Austern öffnen und das Fleisch aus den Schalen lösen. Zuerst in etwas Mehl, dann im verquirlten Ei wenden und zum Schluss locker in den Weißbrotbröseln oder im Panko panieren. Im heißen Öl nur kurz ausbacken, nicht ganz durchgaren. Die Austern sollen in der Mitte gerade warm sein.

Die Brötchen halbieren und mit etwas Sauce bestreichen. Salatstreifen darauf verteilen, je zwei Tomatenscheiben auflegen und auf diese nochmals Sauce streichen. Die heißen Austern zum Schluss daraufsetzen, obere Brötchenhälfte auflegen und die Sandwichs servieren.

Austern-Prosecco-Süppchen

Für 4 Personen 40 Minuten

1 kg Fischkarkassen
250 g weißes Suppengemüse (Zwiebel, Sellerieknolle und Fenchel), gewürfelt
2 Knoblauchzehen
3 EL Fischgewürzmischung (grob zerstoßener Koriander, weißer Pfeffer, Fenchelsamen, Anis, Lorbeerblatt, Muskatblüte und wenig Wacholder)
Salz
375 ml Weißwein
50 ml Sahne
100 g Crème fraîche
4 Zweige Estragon
frisch gemahlener Pfeffer, Zucker
50 g kalte Butter
2 Dutzend Austern
200 ml trockener Schaumwein (z. B. Prosecco, Winzersekt, Crémant)

Die Fischkarkassen waschen, wässern, dabei Blutreste und Kiemen entfernen und die Gräten und Köpfe in 5-6 cm große Stücke hacken. In einen Topf geben. Das Suppengemüse, den Knoblauch und die Fischgewürzmischung dazugeben. Mit Wasser nur knapp bedecken und dieses aufkochen lassen. Alles etwa 5 Minuten kochen lassen.

Den Topf vom Herd nehmen und den Fond etwa 20 Minuten ziehen lassen. Anschließend durch ein Sieb in einen anderen Topf passieren. Den Fond wieder zum Kochen bringen, auf die Hälfte reduzieren und mit Salz abschmecken.

Inzwischen den Wein einkochen lassen, bis fast nur ein Sirup zurückbleibt. Diesen Sirup mit dem reduzierten Fond, der Sahne und der Crème fraîche mischen. Den Estragon einlegen und etwas ziehen lassen. Den Fond mit Salz, Pfeffer und Zucker abschmecken. Den Estragon entfernen und den Fond mit etwas kalter Butter aufmixen, um die Bindung zu verbessern und den Geschmack abzurunden.

Die Austern öffnen, das Muschelfleisch aus den Schalen lösen und in ein feines Sieb geben. Das Wasser der Austern über einer Schüssel abtropfen lassen und aufheben.

Die zwölf schönsten Austern auf vier Teller verteilen. Den Rest in den Fond geben und mit dem Stabmixer pürieren. Den Schaumwein dazugeben und mit dem aufgefangenen Austernwasser abschmecken. Auf die Teller verteilen.

Überbackene Austern »Rockefeller« mit Spinat und Mornayauce

Für 4 Personen

45 Minuten

50 ml Weißwein
100 ml Crème fraîche
50 g Parmesan, frisch gerieben
200 g Spinat
1 Schalotte, fein gewürfelt
20 g Butter
Salz, Zucker, frisch geriebene Muskatnuss
12 Austern (Belon, Colchester oder Limfjord)

Weißwein aufkochen und fast vollständig einkochen lassen. Die Crème fraîche dazugeben und den Parmesan mit dem Schneebesen oder Stabmixer einrühren.

Den Spinat putzen, waschen und trocken schleudern. Die Schalotte in der Butter glasig anschwitzen und den Spinat dazugeben. Unter Rühren zusammenfallen lassen und mit Salz, Zucker und Muskat abschmecken.

Die Austern öffnen und aus der Schale lösen. Etwas Spinat auf die tiefen Schalenhälften verteilen. Die rohen Austern darauflegen und mit dem übrigen Spinat bedecken. Mit der Sauce überziehen und unter dem Backofengrill 2–3 Minuten überbacken, bis die Sauce braune Flecken bekommen hat. Sofort servieren.

INFO: Die klassische Mornaysauce ist eigentlich eine Béchamelsauce aus Milch mit Butter-Mehlschwitze gebunden. Ich bevorzuge Crème fraîche, weil sie weniger sättigt.

Pilgermuschel/ Jakobsmuschel
(Pecten spp.)

Familie: Kammmuscheln

Vorkommen: Nordostatlantik, Mittelmeer, Pazifik

Saison: ganzjährig, mit Rogen Ende August bis November

Geeignete Garmethoden: Roh mariniert, Braten, Grillen

Kann nicht ersetzt werden.

Sichere Daten zum Bestand der Pilgermuschel gibt es nicht. Es ist aber durchaus möglich, dass die aromatische, vielseitig kombinierbare Muschel aufgrund ihrer zunehmenden Beliebtheit als Delikatesse bereits überfischt ist oder an der Schwelle zur Überfischung steht. Bei Muscheln aus Wildfang sind die von Hand gesammelten zu bevorzugen, da diese Methode den Meeresboden schont. Es gibt aber auch Jakobsmuscheln aus Kulturen.

Pilgermuschel-Ceviche mit Queller

Für 4 Personen 20 Minuten

200 g Pilgermuschelfleisch ohne Rogen, 10 g Ingwer, fein gehackt, 2 EL japanische Sojasauce, 1 TL ungeröstetes Sesamöl, Saft und Schale von ½ unbehandelten Limette
Salz, frisch gemahlener Pfeffer, 100 g Queller, Olivenöl, frisch gemahlener rosa Pfeffer

Die Pilgermuscheln achteln und mit Ingwer, Sojasauce, Sesamöl und Limettensaft und -schale in einer Schüssel mischen. Mit Salz und Pfeffer würzen und etwa 10 Minuten marinieren lassen.

Kurz vor dem Servieren den Queller waschen, abtropfen lassen und in einer Pfanne in etwas Öl kurz anschwenken. Mit rosa Pfeffer würzen.

Den Queller auf Tellern sternförmig anrichten und die Ceviche in der Mitte verteilen.

Kleine Pilgermuscheln im Sud mit schwarzem Knoblauch

Für dieses Rezept eignen sich die kleinen Pilgermuscheln (Petoncles) mit 5–6 cm großen Schalen besser als große Pilgermuscheln.

Für 4 Personen 20 Minuten

32 kleine Pilgermuscheln mit Schale, 3 Zehen fermentierter schwarzer Knoblauch (Internetversand oder Feinkostladen), 4 EL Olivenöl, 100 ml gelber Reiswein
100 ml Gemüse- oder Hühnerbrühe, 100 g Butter, Speisestärke, 8 Stiele Schnittknoblauch
4 Zweige Thai-Basilikum, Blätter abgezupft, Erdnussöl, Salz, frisch gemahlener Pfeffer

Die Petoncles mit einer Bürste unter fließendem kaltem Wasser reinigen. Mit einer Messerklinge zwischen die Schalen fahren und den Schließmuskel durchschneiden. Die flache Schalenhälfte abheben, das Muschelfleisch ablösen und den dünnen Mantel abziehen. Die Schalenhälfte mit der Muschel ausspülen.

Den schwarzen Knoblauch mit Olivenöl, Reiswein, Brühe und Butter in einem Topf mischen. Aufkochen und etwas reduzieren. Mit dem Stabmixer aufmixen und mit etwas angerührter Stärke leicht binden. Den Schnittknoblauch fein schneiden und dazugeben.

Die Basilikumblätter mit etwas Öl und Salz im Mörser zerreiben. Die Muscheln mit Salz und Pfeffer würzen und auf der Fleischseite etwa 30 Sekunden anbraten. Mit dem Basilikumöl schwenken und anrichten. Den Sud darüber verteilen.

Pilgermuschel-Carpaccio mit Fenchelpüree und Mandarinensauce

Für 4 Personen 45 Minuten

2 Fenchelknollen mit Grün
Butter
Salz, frisch gemahlener Pfeffer
1 Schuss Pastis (oder Pernod)
4 Mandarinen, davon 1 unbehandelt
Zucker
Speisestärke
8 große Pilgermuscheln, ausgelöst ohne Rogen (je 40–60 g)
40 Blätter Babyspinat
etwas Olivenöl

Den Fenchel waschen, putzen und in Stücke schneiden. Das Fenchelgrün fein hacken und beiseitelegen. Den Fenchel in wenig Wasser weich dünsten und abtropfen lassen. Mit etwas Butter ganz fein pürieren, mit Salz, Pfeffer und einem Schuss Pastis abschmecken. Auskühlen lassen.

Alle Mandarinen schälen und den Saft auspressen. Den Saft einkochen, bis er sehr konzentriert schmeckt, eventuell etwas Zucker dazugeben. Mit der angerührten Stärke zu einer sämigen Sauce binden. Die Schale von der unbehandelten Mandarine waschen und in der Mikrowelle trocknen (siehe Tipp). Die getrocknete Schale mit etwas Zucker zu Pulver zermahlen.

Das Fenchelpüree in die Mitte der Servierteller geben. Die Pilgermuscheln in 2-3 mm dünne Scheiben schneiden und blattrosettenförmig auf dem Püree anrichten. Eine Scheibe in die Mitte legen.

Rundherum ebenfalls kreisförmig leicht eingeölte Spinatblätter unter die »Blüte« aus Pilgermuscheln stecken und mit dem Mandarinenpulver bestauben. Zum Schluss die Mandarinensauce um den Rand der Spinatblätter ziehen und die Muschelscheiben leicht salzen.

TIPP: Wenn Sie keine Mikrowelle haben, trocknen Sie die Mandarinenschale am besten auf einem Teller auf der Heizung. Das kann ein paar Tage dauern.

Pilgermuscheln in Lardo di Collonata mit Balsamicolinsen

Für 4 Personen 45 Minuten plus 2 Stunden Einweichen

40 g Umbrische Berglinsen, 40 g rote Linsen, 40 g schwarze Linsen, 2 Schalotten, 2 EL Olivenöl 1 Zweig Thymian, 1 Knoblauchzehe, 500 ml Gemüse- oder Hühnerbrühe, 70 g gemischte Gemüse, sehr fein gewürfelt, 50 ml alter Aceto balsamico, Salz, frisch gemahlener Pfeffer etwas kalte Butter, 8 Pilgermuscheln mit oder ohne Rogen, 150 g hauchdünne Scheiben Lardo di Collonata (weißer Rückenspeck), frische Kräuter zum Garnieren

Die Linsen in kaltem Wasser mindestens 2 Stunden einweichen. Die Schalotten fein würfeln und in Olivenöl anschwitzen, Thymian und Knoblauch hinzufügen und mit der Brühe ablöschen. Die Linsen abgießen und dazugeben. Leicht bissfest garen, dabei öfter den sich bildenden Schaum abschöpfen. Zum Ende der Garzeit sollte die Brühe fast wegreduziert sein und die Linsen gerade noch knapp bedecken. Die Gemüsewürfel dazugeben und das Ganze mit dem Essig, Salz und Pfeffer abschmecken. Etwas kalte Butter dazugeben und unterschwenken.

Die Pilgermuscheln in den Lardo-Scheiben einwickeln, nicht salzen. In einer heißen Pfanne ohne Fett auf beiden Seiten scharf anbraten. Zum Anrichten die Linsen erwärmen und die Pilgermuscheln im Speckmantel darauf anrichten. Mit etwas Balsamicofond und frischen Kräutern garnieren.

Gebratene Pilgermuscheln mit kandierten Zitronen und Selleriepüree

Für 4 Personen 30 Minuten plus 24–48 Stunden Kandieren

1 unbehandelte Zitrone, 200 g Zucker, 200 g Knollensellerie, 30 g Butter, Salz, 4 sehr große Pilgermuscheln in der Schale, 120 ml Weißwein-Velouté (Grundrezept siehe Seite 51), Salz frisch gemahlener Pfeffer, Traubenkernöl

Die Zitrone heiß waschen, abtrocknen und in 1 mm dünne Scheiben schneiden. Aus dem Zucker und 200 ml Wasser einen Sirup kochen und die Zitronenscheiben hineinlegen. Mit Folie abdecken und beschweren. Zitronen 24-48 Stunden kandieren, bis die weißen Häute glasig sind.

Den Sellerie in wenig Wasser weich dünsten, etwas ausdrücken und mit der Butter fein pürieren, mit Salz abschmecken, in einen Spritzbeutel füllen und warm stellen.

Die Muscheln öffnen und vorsichtig säubern, sodass die Schalenhälften nicht auseinanderfallen. Die Muscheln waschen und trocken tupfen. Die Schalen warm stellen.

Die Weißwein-Velouté erwärmen. Die Muscheln mit Salz und Pfeffer würzen und im Öl auf beiden Seiten je 1 Minute braten. Etwas Selleriepüree in die Muschelschalen spritzen, je zwei kandierte Zitronenscheiben und die Muscheln hineinlegen. Die Sauce mit dem Stabmixer aufschäumen und darüberlaufen lassen.

Wellhornschnecke
(Buccinum spp.)

verantwortungsbewusst genießen

Familie: Hornschnecken

Vorkommen: Nordwestatlantik, Nordostatlantik, Mittelmeer, Ostsee

Saison: ganzjährig

Geeignete Garmethoden: Dünsten, Ausbacken

Kann ersetzt werden durch: andere Meeresschnecken

Gefahr droht der Wellhornschnecke weniger durch den überschaubaren Verzehr als Delikatesse. Ihre Population wurde seit den 1970er-Jahren eher durch Chemikalien aus Schiffsanstrichen dezimiert, die ihre Fortpflanzungsfähigkeit beeinträchtigen. Die Rote Liste der Weltnaturschutzunion IUCN bezeichnet sie heute jedoch als wenig gefährdet.

Brandhorn
(Bolinus brandaris)

Familie: Stachelschnecken

Vorkommen: Mittelmeer, Atlantik

Saison: ganzjährig

Geeignete Garmethoden: Dünsten, Ausbacken

Kann ersetzt werden durch: andere Meeresschnecken

Ausgebackene Schnecken Cajun-Style

Für 4 Personen

1 Stunde plus 1 Stunde Wässern

1 kg Meeresschnecken (ergibt etwa 200 g)
300 g grobes Meersalz
200 ml Weißwein
60 ml Milch
4 Eier, getrennt
100 g Maismehl
100 g Weizenvollkornmehl
1 TL Backpulver
½ TL Salz
1 TL Cajun-Gewürz (Selleriesalz, Thymian, Chili, Zwiebeln, Knoblauch, Zitronenschale)
Öl zum Ausbacken

Die Schale der Meeresschnecken unter kaltem Wasser mit einer Bürste säubern. Die Schnecken waschen und mit dem Salz in eine Schüssel geben. Unter langsam fließendem kaltem Wasser etwa 1 Stunde wässern, dabei und ab und zu umrühren.

Die Schnecken aus dem Salzwasser nehmen, mit dem Weißwein in einen Topf geben und etwa 15 Minuten dünsten. Mit dem Schaumlöffel herausnehmen und auf einem Blech abkühlen lassen, die Dünstflüssigkeit aufbewahren. Das Fleisch mit einem Holzspießchen aus dem Gehäuse holen und den runden dunklen Innereiensack abschneiden.

Das Schneckenfleisch in kleine Stücke schneiden und mit 100 ml Dünstflüssigkeit, der Milch und den Eigelben verrühren. Maismehl und Weizenvollkornmehl mit Backpulver, Salz und dem Cajun-Gewürz vermischen. Mit den Schnecken und der Flüssigkeit verrühren.

Die Eiweiße schaumig, aber nicht zu steif schlagen. Unter den Teig heben. Das Öl zum Ausbacken erhitzen und die Schnecken im Teig löffelweise hineingeben und knusprig ausbacken. Auf Küchenpapier abtropfen lassen.

Meeresschnecken aus dem Wok mit Chili und Knoblauch

Für 4 Personen 45 Minuten plus 12 Stunden Wässern

800 g Strandschnecken oder Wellhornschnecken
4 Knoblauchzehen
30 g Ingwer
Erdnussöl
1 Bund Choisum oder Cime di rapa (Stängelkohl), in 5 cm lange Stücke geschnitten und blanchiert
2 EL fermentierte schwarze Sojabohnen, klein gehackt
2 EL Sojasauce
100 ml Shaoxing-Reiswein
½ Bund Thai-Basilikum, klein gezupft

Die Schnecken mindestens 12 Stunden in sauberem Wasser entsanden, dabei das Wasser immer wieder wechseln. Die gut gewässerten Schnecken kann man in der Schale zubereiten und muss sie dann bei Tisch mit Holzspießen aus den Schalen holen, was schön anzusehen ist, aber unpraktisch.

Daher kann man sie auch vor dem Garen aus den Schalen holen, kann die für manche Esser unappetitlichen Innereien abstreifen und dann garen, was ich besser finde.

Den Knoblauch schälen und den Ingwer in Scheiben schneiden. Etwas Erdnussöl im Wok erhitzen und den Knoblauch und den Ingwer darin anbraten. Den Kohl und die fermentierten Sojabohnen dazugeben. Die Schnecken hinzufügen und alles ein paar Minuten unter Rühren braten, bis der Kohl heiß, aber noch bissfest ist – die Schnecken sind dann auch gar.

Die Sojasauce, den Reiswein und das Basilikum dazugeben, falls das Ganze etwas trocken ist, einen Schluck Wasser unterrühren und das Gericht sofort servieren.

Oktopus/Krake/ Tintenfisch
(Octopus spp.)

Familie: Echte Kraken

Vorkommen: weltweit in Meeren der tropischen und gemäßigten Zone

Saison: ganzjährig

Geeignete Garmethoden: Braten, Grillen, Frittieren, Kochen

Kann ersetzt werden durch: Kalmar

Die umweltverträglichste Fangmethode für Oktopus ist die traditionelle mit Fischfallen oder Reusen. Häufig wird er aber auch mit Grundschleppnetzen und Langleinen gefischt mit nicht unerheblichem Beifang. Wissenschaftliche Daten zum Bestand des Oktopus gibt es wenige. Da Oktopoden schnell wachsen und sich einfach vermehren, sind sie jedoch für eine Überfischung weniger anfällig. Im Mittelmeer scheinen die Bestände allerdings trotz eines Managementplans an der Grenze zu Überfischung zu stehen.

Oktopus-Salat mit Kartoffeln, grünen Bohnen und Tomaten

Für 4 Personen

30 Minuten plus 2 Stunden Garen

1 kg roher Oktopus
Salz, frisch gemahlener Pfeffer
Olivenöl
1 Zweig Thymian, Blätter abgezupft
1 ½ Knoblauchzehen
200 g Kartoffeln, geschält und in Würfel geschnitten
200 g grüne Buschbohnen, geputzt
1 rote Zwiebel
½ Bund glatte Petersilie
200 g Tomaten, enthäutet, Samen entfernt, in Würfel geschnitten
Saft von ½ Zitrone

Den Backofen auf 150–160 °C vorheizen. Den Oktopus waschen und trocken tupfen. Mit Salz, Pfeffer, Olivenöl, Thymianblättern und der ganzen Knoblauchzehe einreiben und auf einem Backblech im Ofen etwa 2 Stunden garen. Die Arme müssen nachgeben, wenn man draufdrückt und sich problemlos vom Kopf trennen lassen. Den gegarten Oktopus etwas abkühlen lassen.

Inzwischen die Kartoffelwürfel und die Bohnen in Salzwasser gar kochen und abgießen. Die Zwiebel fein würfeln. Die Petersilie waschen, trocken schütteln und mit der übrigen halben Knoblauchzehe fein hacken.

Wenn der Oktopus so weit abgekühlt ist, dass man ihn anfassen kann, diesen in die einzelnen Arme zerteilen. Haut und Saugnäpfe, die sich dabei lösen, können abgestreift werden, sie können aber auch dranbleiben, wenn sie noch gut anhaften. Der Kopf wird nicht verwendet.

Die Oktopusarme in mundgerechte Stücke schneiden und in einer Schüssel mit Olivenöl, Salz, Pfeffer und Zitronensaft marinieren. Kartoffeln, Bohnen, Tomaten- und Zwiebelwürfel dazugeben. Den Salat mit der Knoblauch-Petersilie bestreuen und lauwarm servieren.

TINTENFISCH STATT THUNFISCH!

Die Ausbeutung der Meere und der Klimawandel beeinflussen und verändern die Ökosysteme. Eine Folge davon ist weltweit das Wachstum der Tintenfisch-, Sepia- und Oktopuspopulationen. Durch die ständige Dezimierung der Thunfischbestände haben diese Räuber weniger natürliche Fressfeinde. Freunde des Meeres sollten sich deshalb häufiger – wenn nicht regelmäßig – einen der leckeren Kopffüßer genehmigen. Natürlich sollten Sie darauf achten, Tintenfisch aus Fischerei mit wenig Beifang zu kaufen und – zumindest im Augenblick – lieber nicht aus dem Mittelmeer.

Oktopus-Okonomiyaki »Osaka-Style«

Das Gericht wird manchmal als japanische Pizza bezeichnet. Ich sehe Okonomiyaki eher als einen dicken, luftigen Pfannkuchen an. In Japan wird er oft bei Tisch auf einer Teppan-Grillplatte zubereitet, sodass jeder Gast seine persönliche Variante mischen lassen kann.

Für 4 Personen 45 Minuten

Für die Sauce:
130 ml Sake, 65 ml Mirin (süßer Reiswein), 50 g Zucker, 20 g Ingwer, in Scheiben geschnitten
20 ml Reisessig, 2 Chilischoten, in Ringe geschnitten, 50 ml Worcestersauce
80 ml dunkle Sojasauce, 50 ml Tomatenketchup, 5 g Madras-Curry-Pulver, 50 ml HP-Sauce
Speisestärke

Für den Teig:
100 g Mehl, 1 Ei, 100 ml Dashi (japanischer Algenfond), japanische Sojasauce nach Geschmack

Für den Belag:
150 g Oktopus, gekocht und in Stücke geschnitten, 100 g roher Kalmar, in Stücke geschnitten
200 g asiatische Eiernudeln (z. B. Soba, Ramen oder Mie), vorgekocht
100 g Chinakohl, in Streifen geschnitten, 1 Karotte, in feine Streifen geschnitten
50 g Sojasprossen, 8 Scheiben milder Frühstücksspeck (Bacon)

Zum Servieren und Garnieren:
50 ml Mayonnaise, mit 1 EL Puderzucker verrührt, 10 g Katsuobushi (Bonito-Flocken)
50 g eingelegter Sushi-Ingwer, klein geschnitten

Für die Sauce alle Zutaten bis auf die Stärke in einem Topf vermischen und aufkochen lassen. Bei niedriger Temperatur etwa 20 Minuten ziehen lassen. Nochmals aufkochen, mit etwas angerührter Stärke binden und durch ein feines Sieb passieren.

Für den Teig das Mehl mit Ei und Dashi glatt rühren. Mit Sojasauce kräftig abschmecken.

Für den Belag die Oktopus- und Kalmarstücke in einer Schüssel mit den vorgekochten Nudeln und dem Gemüse mischen. Den Teig dazugeben und mit den Zutaten verrühren, dabei nur so viel Teig hinzufügen, dass die Zutaten davon umhüllt sind, sie sollen nicht im Teig ertränkt werden.

Den Speck in einer Pfanne auf beiden Seiten anbraten, herausnehmen. Je zwei Scheiben Speck über Kreuz in die Mitte der Pfanne legen. Darauf eine Portion der vom Teig umhüllten Zutaten geben und zu einem 3-4 cm dicken zylindrischen Pfannkuchen formen. Den Deckel auflegen und den Okonomiyaki bei niedriger Temperatur braten. Wenn er beginnt fest zu werden, mit einem Pfannenwender lösen und vorsichtig wenden. Auf der zweiten Seite weitere etwa 5 Minuten braten, dann auf einen Teller geben und warm stellen. Auf diese Weise vier Okonomiyaki backen und warm stellen, bis alle fertig sind.

Die Okonomiyaki auf Servierteller verteilen und mit etwas Sauce bestreichen. Die gesüßte Mayonnaise in dünnen Fäden darüberlaufen lassen und die Bonitoflocken darüberstreuen. Den eingelegten Sushi-Ingwer extra dazu servieren.

Kalmar
(Loligo vulgaris)

Familie: Gemeine Kalmare

Vorkommen: Nordostatlantik, Mittelmeer

Saison: ganzjährig

Geeignete Garmethoden: Grillen, Braten, Frittieren, Kochen

Kann ersetzt werden durch: Oktopus oder Sepia

Wie es um die Kalmare steht, ist wenig erforscht. Ihre hohe Fruchtbarkeit und kurze Lebensdauer machen Kalmare allerdings wenig anfällig für Überfischung. Gefangen werden die Tiere vor allem mit Grundschleppnetzen, aber auch mit den frei schwebenden pelagischen Schleppnetzen, die den Boden nicht beeinträchtigten und auch weniger Beifang aufweisen. Zum Teil kommen allerdings auch Langleinen zum Einsatz, die eine Gefahr für Haie, Rochen, Seevögel und Schildkröten darstellen.

Gegrillte Kalmare mit scharfem Koriander-Dip

Für 4 Personen 30 Minuten

Für die Kalmare:
600 g sehr frische, nicht zu kleine Kalmare (oder Sepien)
Knoblauch
Salz
Thymianblätter

Für den Dip:
1 Bund Koriandergrün
¼ Bund Petersilie
1–2 grüne Chilischoten
1 Knoblauchzehe
Olivenöl
Salz
Limettensaft

Die Kalmare säubern und in kaltem Wasser waschen. Dickere, fleischige Stücke mit einem sehr scharfen Messer oder einer Rasierklinge in kleinen Abständen kreuzweise einritzen. Das verkürzt die Garzeit, macht das Fleisch zarter und sieht hübsch aus. Kurz vor dem Garen die Stücke mit etwas Knoblauch, Salz und Thymianblättern marinieren.

Für den Dip die Kräuter waschen, trocken schütteln und die Blätter abzupfen. Die Chilischoten putzen und grob zerkleinern. Knoblauch schälen. Kräuter und Knoblauch mit dem Olivenöl im Mixer zu einem Püree verarbeiten, dabei die Chilischoten nach und nach dazugeben und zwischendurch probieren, damit die Sauce nicht zu scharf wird. Mit Salz abschmecken. Den Limettensaft erst bei Tisch unterrühren oder separat servieren, dann schmeckt jeder selber ab.

Die Kalmare grillen, dabei keinesfalls übergaren, sie werden dann zäh. Sofort mit dem Dip und knusprigem Weißbrot servieren.

TIPP: Für das perfekte Geschmackserlebnis sollten die Kalmare unbedingt auf dem Grill zubereitet werden. Außerdem müssen sie ganz frisch sein, tiefgekühlte Ware eignet sich nicht so gut für diese Zubereitung.

Gefüllte Calamaretti mit Tomatenragout und Safranaioli

Für 4 Personen 1 Stunde

Für die Calamaretti:
100 g weißes Fischfilet (z. B. Zander), 50 g Garnelenfleisch
Meersalz, Tabasco, gemahlener Macis (Muskatblüte)
1 Eiweiß, 80 g Crème double, 10 g schwarze Tintenfischtinte
½ rote Paprikaschote, sehr fein gewürfelt
400 g kleine Calamaretti, geputzt
2 große rote Chilischoten, geputzt und sehr fein gewürfelt
Olivenöl zum Braten, 1 Knoblauchzehe, 1 Zweig Thymian

Für das Tomatenragout:
500 g reife Strauchtomaten, 1 Knoblauchzehe, 1 Zweig Thymian
Salz, Zucker

Für die Safranaioli:
1 Eigelb, 1 Spritzer Zitronensaft, 1 TL Senf, ½ g gemahlener Safran
Salz, 100 ml Olivenöl

Für die Calamaretti das Fischfilet und das Garnelenfleisch anfrieren. Das angefrorene Fisch- und Garnelenfleisch mit Meersalz, Tabasco und Muskatblüte im Blitzhacker zerkleinern, bis keine Stücke mehr erkennbar sind. Das Eiweiß untermixen und nach und nach die Crème double dazugeben. Dabei rasch arbeiten, das Ganze darf nicht warm werden.

Die Farce durch ein Sieb streichen und wieder glatt rühren. Die Tinte unterrühren und die Paprikawürfel unterheben. Ein Viertel der Calamaretti grob würfeln und ebenfalls in die Farce geben. Die Calamarettituben mit der schwarzen Fischfarce und den Chiliwürfeln locker füllen und mit Zahnstochern verschließen.

Für das Tomatenragout die Tomaten enthäuten und vierteln, die Samen entfernen und die Filets in 2 cm große Stücke schneiden. Kerne, Häute und Saft mit Knoblauch und Thymian etwa 10 Minuten einkochen, mit dem Stabmixer pürieren, mit Salz und Zucker abschmecken und durch ein Sieb streichen. Die Tomatenfilets in dieser Sauce erhitzen.

Für die Aioli das Eigelb mit Zitronensaft, Senf, Safran und Salz vermischen. Dann mit dem Stabmixer nach und nach das Öl untermixen. Abschmecken.

Die gefüllten Calamaretti im Olivenöl mit Knoblauch und Thymian etwa 5 Minuten rundherum vorsichtig braten. Quer aufschneiden und servieren.

Seeigel
(Paracentrotus lividus)

Familie: Stachelhäuter

Vorkommen: Nordostatlantik, Mittelmeer, Pazifik

Saison: November bis April

Geeignete Garmethoden: roh, Kochen

Kann nicht ersetzt werden.

Besser, man entscheidet sich für Seeigel, die in Handarbeit gesammelt wurden statt mit Rechen. So wird das Ökosystem, in dem sie leben, nur wenig beeinträchtigt. Jedoch stuft die Rote Liste der Weltnaturschutzunion IUCN den Echinus esculentus bereits als »der Gefährdung nah« ein. Für den Paracentrotus lividus liegen dagegen keine genauen Angaben vor. Im deutschen Handel bekommt man Seeigel in Spezialitätengeschäften, an der Mittelmeerküste und in Japan gelten die Tiere aber als besondere Delikatesse. Seeigelrogen bekommt man im Feinkostgeschäft.

Gratin mit Seeigelrogen, Süßkartoffel und Taschenkrebs

Für 4 Personen — 20 Minuten

200 g rote Süßkartoffeln
Salz
50 g Butter
Salz, frisch gemahlener Pfeffer
200 g gegartes Taschenkrebsfleisch
100 ml Weißwein-Velouté (Grundrezept siehe Seite 51)
100 g Seeigelrogen

Die Süßkartoffeln schälen und in Salzwasser weich kochen. Abgießen und mit der Butter pürieren, mit Salz und Pfeffer abschmecken und in einen Spritzbeutel mit Sterntülle füllen.

Auf ofenfeste Teller oder Gratinpfännchen mit 12 cm Durchmesser jeweils einen Ring aus Süßkartoffelpüreetupfen dicht an dicht mit etwa 10 cm Durchmesser spritzen. Den Ring mit Taschenkrebsfleisch füllen.

Die Weißwein-Velouté erhitzen und den Seeigelrogen einmixen. Das Krebsfleisch mit der Sauce überziehen und das Ganze unter dem Elektrogrill etwa 1 Minute überbacken, bis das Krebsfleisch schön gebräunt ist.

Risotto mit Seeigelrogen

Für 4 Personen

25 Minuten

8 EL Risottoreis
2 EL Olivenöl
1 Knoblauchzehe
1 Zweig Thymian
Salz
1 Schalotte, fein gewürfelt
100 ml Weißwein
500 ml Gemüse- oder Hühnerbrühe
120 g Seeigelrogen
100 g Butter
1 EL geschlagene Sahne

Den Reis im Öl anbraten, den Knoblauch und den Thymian dazugeben und das Ganze leicht salzen. Die Schalotte hinzufügen und im Öl schwenken, bis sie glasig geworden ist. Mit dem Weißwein ablöschen und mit der Brühe auffüllen.

Den Risotto bei niedriger Temperatur unter häufigem Schwenken köcheln lassen, bis der Reis weich, aber noch im ganzen Korn erhalten ist. Erst kurz vor dem Servieren 60 g Seeigelrogen, die Butter und die geschlagene Sahne unterrühren.

Das Risotto auf Teller verteilen und mit dem übrigen Seeigelrogen garnieren.

SÜSSWASSERTIERE

Weniger bekannt und auch weniger artenreich als die klassischen Meeresfrüchte sind die Schalen-, Krusten- und Weichtiere, die im Süßwasser leben. Wagen Sie einen Sprung ins Unbekannte und entdecken Sie die Flusskrebse, die verborgen in fließenden und stehenden Gewässern leben. Diese Süßwassertiere haben sehr zartes und fein schmeckendes Fleisch. Es lohnt sich also, anstelle eines gewöhnlichen Krabbencocktails einmal einen Flusskrebs-Cocktail mit Avocado zu servieren. Und weil Krebse bekanntlich am besten aus dem Sud schmecken, probieren Sie auch das Rezept für Edelkrebse in scharf-saurem Sud mit Zuckerschoten und Strohpilzen!

Sumpfkrebs
(Astacus leptodactylus)

Edelkrebs
(Astacus astacus)

Familie: Astacidae

Vorkommen: Europa

Saison: August bis Oktober

Geeignete Garmethoden: Kochen

Kann ersetzt werden durch: Hummer, Kaisergranat

Das Verschwinden naturbelassener Ufer, die chemische Belastung der Gewässer und vor allem die Krebspest haben den Edelkrebs zu einem seltenen Gast in unseren Bächen und Seen gemacht. Im Handel findet man deshalb auch nur Tiere aus Krebszuchten, die vor allem Besatzkrebse züchten, um den Edelkrebs auch in der Natur wieder heimisch zu machen. Zu Speisekrebsen werden nur die überzähligen männlichen Tiere.

Krebs-Cocktail mit Avocado-Champignon-Gemüse

Für 4 Personen

1 Stunde

100 g Salz
3 kg große lebende Edelkrebse

Für die Cocktailsauce:
2 EL Ketchup
1 EL Meerrettich (aus dem Glas)
6 EL Mayonnaise
2 EL Gemüse- oder Hühnerbrühe
1 TL Lime Juice Cordial
1 TL scharfe Chilisauce
Salz, frisch gemahlener Pfeffer

Für das Gemüse:
2 Avocados
100 g weiße Champignons
2 Stiele Staudensellerie mit Grün
1 rote Paprikaschote
Saft von ½ Zitrone
¼ Kopf knackiger Salat (z. B. Eisberg, Romana)
1 Handvoll frische Kräuter (z. B. Kerbel, Dill) zum Garnieren

10 Liter Wasser mit 100 g Salz in einem oder zwei Töpfen zum Kochen bringen.

Die Krebse schnell in das sprudelnd kochende Wasser geben und etwa 3 Minuten blanchieren. Danach in Eiswasser abschrecken. Die Krebse schälen: dazu den Schwanz und die Scheren vom Körper abbrechen. Die Schwänze mit einem stabilen Kochmesser längs halbieren und das Fleisch herauslösen. Die Scheren mit dem Messerrücken anschlagen, aufbrechen und das Fleisch herauslösen. Das Krebsfleisch mit etwas Kochwasser bedeckt beiseitestellen, damit es nicht schwarz anläuft.

Für die Cocktailsauce Ketchup, Meerrettich, Mayonnaise, Brühe, Lime Juice und Chilisauce mischen, mit Salz und Pfeffer abschmecken und ziehen lassen.

Für das Gemüse die Avocados, Champignons, Sellerie und Paprikaschote schälen beziehungsweise waschen, putzen und in kleine Stücke schneiden. Mit dem Zitronensaft beträufeln. Den Salat waschen und in Streifen schneiden. Zum Anrichten Teller oder Schalen mit dem Salat auslegen, eine Mischung aus Gemüse und Cocktailsauce darauf verteilen und die Flusskrebsstücke darauf anrichten. Mit Kräuterspitzen garnieren.

Edelkrebse in scharf-saurem Sud mit Zuckerschoten und Strohpilzen

Für 4 Personen 45 Minuten

200 g Röstgemüse (Staudensellerie, Frühlingszwiebel), klein gehackt
100 g Salz
2 Zweige Thymian
2 kg große lebende Edelkrebse
20 ml Erdnussöl
2 Chilischoten, klein geschnitten
25 g Galgantwurzel, gerieben
20 g Ingwer, gerieben
3 Stängel Zitronengras, angequetscht
½ Knoblauchzehe
10 g Tom-Yum-Currypaste (aus dem Asienladen)
100 ml Weißwein
100 ml Vermouth (z. B. Noilly Prat)
500 ml Geflügelfond (Grundrezept siehe Seite 49)
2 große Tomaten, im Mixer zerkleinert
Butter
Thai-Fischsauce
Limettensaft

Für die Einlage:
30 g Zuckerschoten, in Streifen geschnitten
30 g asiatische Strohpilze, halbiert
Koriandergrün
30 g milde rote Chilischote, in Streifen geschnitten

Einen Topf mit 5 l Wasser aufstellen und die Röstgemüse, das Salz und den Thymian dazugeben. Alles etwa 5 Minuten zu einer Court-Bouillon kochen lassen.

Die Krebse schnell in den sprudelnd kochenden Fond geben und etwa 3 Minuten blanchieren. Sofort in Eiswasser abschrecken. Abkühlen lassen und aus den Schalen brechen, die Schalen beiseitelegen. Die Krebsfleischstücke in die ebenfalls abgekühlte Court-Bouillon legen, die Gemüsewürfel mit einem Schaumlöffel aus der Brühe heben.

Die Krebskarkassen mit dem Öl in einen Topf geben und mit den Gemüsewürfeln etwa 10 Minuten leicht anrösten. Die Gewürze und die Currypaste dazugeben und mitrösten. Weißwein und Vermouth angießen, den Fond und die zerkleinerten Tomaten dazugeben. Etwa 20 Minuten köcheln lassen und dann durch ein feines Spitzsieb passieren. Den passierten Fond aufkochen und mit Butter aufmixen, dabei mit Fischsauce und Limettensaft abschmecken.

Für die Einlage die Zuckerschoten und Strohpilze in dem heißen Sud garen. Die Gemüse und Krebse auf tiefen Teller anrichten und den Sud darübergießen. Mit Koriander und Chili garnieren.

MEERESFRÜCHTE

Bei den Krusten- und Schalentieren aus dem Meer verhält es sich ähnlich wie bei den Fischen: Manche Arten sind überfischt und sollten in nächster Zeit nicht mehr gegessen werden. Andere sind aufgrund ihres stark begrenzten Lebensraumes hier nur schwer erhältlich. Der Transport über weite Strecken ist bei den Meerestieren sogar noch problematischer - vor allem, wenn sie lebend in den Kochtopf sollen. Delikatessen wie Hummer besser im Urlaub in Amerika genießen, denn der Amerikanische Hummer ist nicht so gefährdet wie der Europäische. Tiefkühlware ist natürlich eine Alternative. Wer Seegurke essen möchte, sollte das tun, wenn er in der Nähe von Gewässern mit natürlichen Vorkommen ist. Im Folgenden gibt's also keine Rezepte, aber ein paar Kurzporträts.

Hummer
(Homarus americanus, Homarus gammarus)

Familie: Hummerartige

Vorkommen: Nordwestatlantik, Nordostatlantik, Mittelmeer, Schwarzes Meer

Saison: Sommer

Geeignete Garmethoden: Kochen, Braten, Grillen

Kann ersetzt werden durch: Kaisergranat

Der Europäische Hummer ist selten geworden, besser steht es um den Amerikanischen. Da Hummer mit Körben gefangen werden, können zu kleine Exemplare lebend zurückgeworfen werden. Zudem ist die Fischerei auf die beliebte Delikatesse durch Höchstfangmengen beschränkt. Ein Problem ist allerdings der Beifang von Schildkröten und Meeressäugern. Und frische Hummer werden ohne Rücksicht auf das Wohl der Tiere lebend über zum Teil extrem weite Strecken transportiert. Wer auf Hummer dennoch nicht verzichten möchte, sollte auf Tiefkühlware zurückgreifen.

Königskrabbe
(Lithodes santolla, Paralithodes camtschaticus)

Familie: Königskrabben

Vorkommen: nördlicher Pazifik, Nordwestatlantik, Nordostatlantik

Saison: ganzjährig

Geeignete Garmethoden: Kochen

Kann ersetzt werden durch: Rote Riesengarnele

In Europa ist die mächtige Königskrabbe alles andere als gefährdet. Das ursprünglich nur im Pazifik beheimatete Tier wurde zur Zeit Stalins gezielt als Nahrungsmittel im Atlantik angesiedelt und breitet sich seither massiv aus. Umweltschützer befürchten daher, dass die Krabbe mangels natürlicher Feinde in der Barentssee und vor Norwegen die dort heimischen Ökosysteme gefährden könnte.

Seegurke
(Cucumaria spp., Holothuria spp., Stichopus spp.)

Familie: Stachelhäuter

Vorkommen: weltweit

Saison: ganzjährig

Geeignete Garmethoden: Dünsten, Kochen, Braten, Räuchern

Kann nicht ersetzt werden.

Seegurken machen in manchen Meeresregionen 90 Prozent der Biomasse auf dem Meeresboden aus. In ihrer Art gefährdet scheinen sie nicht zu sein. Die unförmigen Meeresbewohner werden vor allem in Asien als Delikatesse gehandelt. In Europa werden sie nur in Spanien als Spezialität geschätzt.

Languste
(Panulirus spp.)

Familie: Paniluridae

Vorkommen: Westatlantik, Mittelmeer, Pazifischer Ozean, Indischer Ozean

Saison: ganzjährig

Geeignete Garmethoden: Kochen

Kann ersetzt werden durch: andere Krustentiere

Gefangen werden die Langusten entweder ganz traditionell und nachhaltig mit Speeren oder auch mit Reusen, Körben oder Stellnetzen. Problematisch sind also weniger die sehr selektiven Fangmethoden, sondern vielmehr, dass zahlreiche Langustenbestände überfischt sind.

Der Weg vom Meer bis auf den Teller

Butter bei die Fische

Bis das zubereitete Fischfilet endlich auf dem Tisch stehen kann, hat es schon eine kleine Reise hinter sich gebracht, die man sich als Verbraucher bewusst machen sollte. Frisch aus dem Meer gefischt, wird der Fisch mit dem Kutter an Land gebracht. Bevor er auf der Theke landet, muss er verladen, transportiert und für den Verkauf aufbereitet werden. Oft liegen zwischen dem Fangzeitpunkt und dem Verkauf also viele Stunden. Weil der Fisch in dieser Zeit quasi von einer Hand zur anderen wandert, kann Vieles, beispielsweise bei Kühlung und Verpackung, schief gehen. Dass der Fisch nach seinem langen Weg wirklich noch frisch und lecker ist, kann letztendlich nur der Verkäufer garantieren. Auf Seite 307 finden Sie einige gute Empfehlungen zu vertrauenswürdigen Adressen, wie zum Beispiel das »FrischeParadies«, das in vielen deutschen Großstädten vertreten ist.

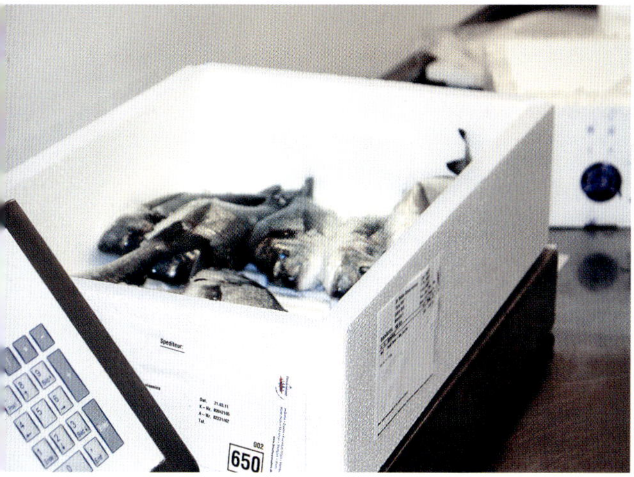

WC

Gute Adressen für den Fischkauf

Blum Fisch-Spezialitäten
Mittelweg 7
25980 Sylt/OT Tinnum
Tel.: 04651 / 34 01
Fax: 04651 / 334 00
E-Mail: info@fisch-blum-sylt.de
www.fisch-blum-sylt.de

Buckow Meeresdelikatessen – Onlineshop
Tel.: 0471 / 48 17 81 52
Fax: 0471 / 48 17 84 35
E-Mail: kontakt@krabben-buckow.de
www.krabben-buckow.de

Lachskontor
F. L. Bodes Nachfolger GmbH & Co. KG
Bischofsnadel 1-2
28195 Bremen
Tel.: 0421 / 536 08 96
Fax: 0421 / 536 08 97
E-Mail: info@lachskontor.de
www.lachskontor.de

FischEinkaufsführer – die guten Adressen im Norden für heimischen Fisch
E-Mail: info@fischeinkaufsfuehrer.de
www.fischeinkaufsfuehrer.de

FrischeParadies KG
Große Elbstraße 210
22767 Hamburg
Tel.: 040 / 38 90 80
Fax: 040 / 38 90 81 10
E-Mail: info@frischeparadies.de
www.frischeparadies.de
Niederlassungen von FrischeParadies finden Sie auch in Berlin, Essen, Frankfurt, Köln, München, Stuttgart, Innsbruck und Wien.

Karsten Hagenah – Die Fischwerker
Schnackenburgallee 8
22525 Hamburg
Tel.: 040 / 82 29 70
Fax: 040 / 85 70 37
E-Mail: info@hagenah.de
www.hagenah-hamburg.de

Hamburger Fischwerker – Onlineshop
Tel.: 040 / 822 97 56
Fax: 040 / 85 70 37
E-Mail: info@hamburger-fischwerker.de
www.hamburger-fischwerker.de

Kocken & Ehlerding Krabbenhandel
Kocken & Ehlerding Krabbenhandels-GmbH
An der Packhalle XIII / 4–6
27572 Bremerhaven
Tel.: 0471 / 722 28
Fax: 0471 / 722 36
E-Mail: mail@krabbenmaschine.de
www.krabbenmaschine.de

Krebsgarten Basthorst
Müller & Teufel GbR
Schlosstraße 7
19089 Crivitz OT Basthorst
Tel.: 03863 / 50 24 60
Fax: 03863 / 55 59 63
E-Mail: info@warnowwildlife.de
www.warnowwildlife.de

Kutterfisch-Zentrale GmbH
GF: Kai Arne Schmidt, Horst Huthsfeldt und Jörg Petersen
Niedersachsenstraße Halle IX
27472 Cuxhaven
Tel.: 04721 / 707 60
Fax: 04721 / 70 76 33
E-Mail: kutterfisch-zentrale@t-online.de
www.kutterfisch.de

Die Müritzfischer
Fischerei Müritz-Plau GmbH
Eldenholz 42
17192 Waren (Müritz)
Tel.: 03991 / 153 40
Fax: 03991 / 15 34 17
E-Mail: kontakt@mueritzfischer.de
www.fischspezialitaeten-mueritz.de

Peters Fisch Gbr
Dorfstraße 38
18551 Glowe OT Polchow
Tel.: 038302 / 780 30
Fax: 038302 / 780 31
E-Mail: info@peters-fisch.de
www.peters-fisch.de

Siebrands Fischereibetrieb
Kleinbahnstraße 23
26736 Krummhörn
Tel.: 04926 / 372 bzw. 04926 / 1384
Fax: 04926 / 466
E-Mail: info@siebrandsfisch.de
www.siebrandsfisch.de

Register

Stichwortregister

Rezeptregister

Glossar

Abschrecken: eine heiße Speise entweder unter kaltes Wasser halten oder in kaltes Wasser tauchen, um ihre Temperatur schnell zu senken und den Garprozess zu stoppen.

Anschwitzen: Lebensmittel, beispielsweise Zwiebeln, in Fett kurz bei niedriger Temperatur garen, sodass sie keine Farbe annehmen.

Ausbrechen: das Fleisch von Krustentieren aus dem harten Panzer herauslösen.

Bart: bei Muscheln ein außen sitzender Mantelrand, der vor dem Kochen entfernt wird.

Binden: Saucen andicken mit einem Bindemittel wie zum Beispiel Mehl oder Speisestärke.

Blanchieren: Gemüse in sprudelnd kochendem Salzwasser kurz kochen, dann kalt abschrecken. Gute Methode, um harte Gemüse vorzugaren, die danach mit weicheren Zutaten weitergekocht werden.

Bonito-Flocken: Getrocknete Flocken von einer Thunfischart. Werden unter anderem für die Herstellung von Dashi verwendet, aber auch zu Bestreuen von fertigen Fischgerichten.

Consommé: kräftige, klare Brühe oder Fond von Krustentieren, Fisch, Geflügel oder Fleisch.

Corail: anderes Wort für den Rogen von Krustentieren und Pilgermuscheln. Wird gerne für die Zubereitung von Saucen verwendet.

Court-Bouillon: intensive Brühe, in der Regel aus Wasser, Essig, Weißwein, Gemüse und Gewürzen, zum Garen von Meeresfrüchten und Fischen.

Crôutons: geröstete Weißbrotwürfel, meist als knusprige Suppeneinlage verwendet.

Dashi: Brühe in der japanischen Küche aus Wasser, Algen und Bonito-Flocken. Sie wird pur und als Basis für Fischsuppen verwendet.

Farce: Füllung für ganze Fische, Fischröllchen oder Krustentiere aus glatt püriertem Fisch oder Krustentieren, meist mit Sahne angereichert und fein gewürzt.

Filet: bei Fisch das von den Gräten gelöste Fleisch der Seiten.

Fond: Konzentrat, das beim langen Garen von Fischen und Meeresfrüchten, bzw. deren Karkassen, in Flüssigkeit gewonnen wird. Die Aromen gehen in die Flüssigkeit über.

Gratinieren: ein Gericht bei starker Oberhitze oder unter dem Backofengrill überbacken, bis eine goldbraune Kruste entstanden ist.

Julienne: feine Gemüsestreifen, werden meist als Einlage für Suppen oder als Beilage verwendet, oft roh oder nur kurz blanchiert.

Karkasse: bei Fischen sind das Gräten, Köpfe und Schwänze, bei Krustentieren gehören Schalen und Panzer dazu. Wird in der feinen Fischküche zur Zubereitung von Fonds verwendet.

Knochenfische: die artenreichste Klasse im Unterstamm der Wirbeltiere. Diese haben ein knöchernes Skelett. Die meisten Speisefische sind Knochenfische.

Knorpelfische: Untergruppe der wasserbewohnenden Wirbeltiere, deren Skelett nicht aus Knochen, sondern aus Knorpeln besteht. Rochen und Haie sind die bekanntesten Vertreter.

Kotelett/Tranche: dicke Scheibe mit Gräten, die aus einem großen Fisch vertikal zur Mittelgräte (Wirbelsäule) geschnitten wird, gut geeignet zum Grillen.

Krustentiere: gastronomische Bezeichnung für Kebstiere aus Meeres- und Süßwasser.

Marinade: eine Flüssigkeit (Wein, Zitronensaft, Essig, Sojasauce), die mit Kräutern und Gewürzen angereichert wird. Dient einerseits zum Haltbarmachen, andererseits zum Würzen von Fischen und Krustentieren. Je nach Rezept verbleibt die Zutat wenige Minuten bis mehrere Stunden in der Marinade.

Medaillons: kleine, runde Fischscheiben, ideal zum Kurzbraten oder Grillen.

Montieren: Sauce oder Suppe mit eiskalten Butterstückchen kräftig aufschlagen. Die Butter bindet die Flüssigkeit, dazu kommt ihr feines Aroma.

Mousse: feine Schaumspeise aus püriertem Krebs- oder Fischfleisch.

Nüsschen: Bezeichnung für das weiße Muschelfleisch der Pilgermuschel.

Passieren: Flüssigkeiten oder Pürees durch ein feines Sieb oder durch ein mit einem Tuch ausgelegtes grobes Sieb gießen. Wird unter anderem bei Fonds gemacht, weil man nur die Flüssigkeit mit den Aromen benötigt.

Plattfische: Fische mit eher plattem Körperquerschnitt (wie beispielsweise Flunder, Seezunge und Glattbutt). Sie haben eine helle Seite ohne Augen (Blindseite) sowie eine gefärbte Seite mit Augen. Es gibt links- und rechtsäugige Arten.

Pochieren: eine schonende Garmethode für empfindliche Lebensmittel, wie beispielsweise Fisch oder Fischklößchen: Sie ziehen langsam in heißer, aber nicht kochender Flüssigkeit gar.

Queller: manchmal auch als Meeresspargel im Handel. Die Gemüsepflanze gehört zur Familie der Gänsefußgewächse und wurde vor nicht allzu langer Zeit für die gehobene Gastronomie wiederentdeckt. Nur junger Queller eignet sich zum Verzehr.

Reduzieren: Flüssigkeiten wie Fonds, Wein, Suppen oder Saucen auf die gewünschte Konzentration einkochen und damit den Geschmack intensivieren.

Rundfische: Fische mit einem eher runden Körperquerschnitt (beispielsweise Adlerfisch, Kabeljau, Forelle, Saibling).

Sautieren: eher kleine Fischstücke werden in Topf oder Pfanne ohne Deckel rasch angebraten.

Schmoren: Zutaten werden bei mittlerer Temperatur in Flüssigkeit langsam gegart.

Schweinenetz: Fetthaltige Haut des Bauchfells vom Schwein. Wird als Hülle für Farcen oder zum Zusammenhalten beispielsweise von Fischrouladen verwendet.

Wakame-Alge: eine Braunalge, die getrocknet gerne in der japanischen Küche verwendet wird. Sie wird auch hier immer beliebter und seit einiger Zeit in der Bretagne angebaut.

Die Autoren

Tillmann Hahn hat sich einen Namen als Botschafter von Regionalität im Einkauf in Kombination mit Internationalität in der Zubereitung gemacht. Er realisiert seine vielfach ausgezeichnete Sterneküche immer auch mit dem Anspruch auf Nachhaltigkeit. Hahn startete seine Laufbahn in den »Schweizer Stuben« in Wertheim und ging dann nach Hamburg und Köln, bevor es ihn ins Ausland zog. Als Küchenchef entwickelte er sich zunächst 4 Jahre in Asien, dann wieder in Wertheim und schließlich seit 12 Jahren in Spitzenhotels an der Ostsee, wo er jeweils neben mehreren Restaurants auch erfolgreich Michelin-Stern-Konzepte dauerhaft etablierte: In Heiligendamm das Restaurant »Friedrich Franz« und in Warnemünde das Restaurant »Der Butt« Tillmann Hahn betreibt jetzt sein ganz neues, eigenes Restaurant »Villa Astoria« in Kühlungsborn. Dort spielen in seiner Ausrichtung auf ein breites Publikum regionale Zutaten wie Fisch aus Ostsee und Müritz und Bio-Produkte die Hauptrollen.

Nicole Knapstein haben zwei Dinge von Kindheit an in ihren Bann gezogen: gutes Essen und das Meer. Frisch und lecker gekocht wurde jeden Tag. Das Meer blieb Urlauben vorbehalten. Erst das Studium brachte sie an die Atlantikküste. Eher durch Zufall kam die Historikerin zum Thema regionale Lebensmittel und an die Ostsee. In ihren Projekten sucht sie das Gespräch mit echten »Fischleuten«. Eine Erkenntnis: die Wahrheit über den Fisch gibt es nicht, aber unendliche Versuche, sich ihr zu nähern, viel Leidenschaft und spannende Geschichten.

Ulrike Kirmse studierte in Dortmund und Plymouth Fotodesign. Schon dort spezialisierte sie sich auf Food- und Still Life Fotografie. Sie genießt es, bei ihren Shootings die Küchen und Gerichte der verschiedener Köche und Länder kennenzulernen. Für die Kochschule war sie an der Seite der Fischer auf dem Meer unterwegs und im Studio fing sie die Fische mit der Kamera ein. Seit 2004 arbeitet sie als freie Fotografin in Hamburg für Verlage und Agenturen.

Ein großer Dank geht an ...

Tillmann Hahn für seine außergewöhnlichen Rezepte, die dem Fisch alle Ehre machen.

Nicole Knapstein für die Denkanstöße zum nachhaltigen Fischgenuss.

Ulrike Kirmse und **Urs Hug** für die liebevolle Gestaltung der Rezepte und Porträts.

Katharina Lisson für die sorgfältige und engagierte Redaktion der Texte.

die Fischhändler Karsten Hagenah und **Bernd Schütze**, die für das Fotoshooting wunderbar frischen Fisch und Meeresfrüchte organisiert haben.

Achim und Christof Hanke, die uns mit ihrem Boot ein Bild von ihrer Fischerei geben, siehe Seite 6, 8, 10, 13, 16, 25, 63, 78, 106, 164, 176, 188, 201, 306, 317.

die Firma kai Europe GmbH (www.kai-europe.com) für die perfekten Küchenutensilien auf den Kochschulfotos, siehe u. a. Seite 35, 36/37, 38, 43, 52.

die Firma Stefanie Hering-Berlin GmbH (www.heringberlin.com) für das schöne Geschirr, das die Fischgerichte optimal präsentiert, siehe u. a. Seite 71, 111, 141, 145, 173, 267.

Produktmanagement: Annika Genning, Eva Dotterweich
Textredaktion Rezepte und Stepanleitungen: Katharina Lisson
Textredaktion Einleitung und Porträts: Gundula Müller-Wallraf
Korrektur: Petra Tröger
Layout und Satz: Susanne Kraus, mcp concept gmbh
Umschlaggestaltung: Caroline Daphne Georgiadis, Daphne Design
Repro: Repro Ludwig, Zell am See
Herstellung: Bettina Schippel
Rezepte, Anekdoten, Küchenpraxis: Tillmann Hahn
Texte Einleitung und Übersichten: Nicole Knapstein
Texte Stepanleitungen: Katharina Lisson
Register und Aufmachertexte: Laura Posset
Fotografie: Ulrike Kirmse, www. ulrikekirmse.de
Foodstyling: Urs Hug, www.kochurs.de

Printed in Italy by Printer Trento

Bildnachweis:
Rezept, Step- und Stimmungsfotos: Ulrike Kirmse, außer Seite 304/305 (FrischeParadies) und Seite 131, 171, 210, 214, 295 (StockFood)

Die Nährwerte von Seite 27 stammen aus: Die große GU Nährwert-Kalorien-Tabelle, Ausgabe 2014/15, Gräfe und Unzer Verlag, München.

Die Deutsche Nationalbibliothek verzeichnet diese Publikation in der Deutschen Nationalbibliografie; detaillierte bibliografische Daten sind im Internet über http://dnb.d-nb.de abrufbar.

ISBN 978-3-86244-637-7